保育の質を考える

安心して子どもを預けられる
保育所の実現に向けて

近藤幹生　幸田雅治　小林美希 [編著]

本田由紀　普光院亜紀　川田 学
池本美香　後藤英一 [著]

推薦のことば

「保育の質」とは何か──「日本の現実」と「世界の変化」

小熊 英二

いろいろな意味で、考えさせられる本である。

この本には、保育に関する重要な現状報告や問題指摘、学術的視点や国際比較などがちりばめられている。私は門外漢だが、あえて整理するならば、ここで提起されている論点は大きく2つであると思う。1つは、ここ20年ほどの保育に関する制度変更と、それによって生じた保育現場の変質である。もう1つは、国際比較を含めた学術的な視点からの、「保育の質」とは何かという問いである。

まず前者の論点について、私なりに要約しよう。

2000年の制度改正で、保育所設置主体の制限が撤廃され、民間企業やNPOなどでも保育所の設置が可能になった。さらに2004年、いわゆる地方分権改革の一環として、公立保育所運営費が一般財源化され、それまで「国2分の1、都道府県4分の1、市町村4分の1」の負担割合だった補助制度が廃止された（本書p.168）。

いきおい、財政難の市町村は、公立保育園の削減と私立保育園の増設に傾いた。待機児童問題の解消を「手柄」にしようとする政治動向ともあいまって、民間企業設立の保育所は増加した。"民間活用"によって、報告書上の「待機児童ゼロ」を達成した横浜市の方式が、評判を集めたりもした。

だがこのような保育の量的拡大は、弊害をも生んだ。その1つが保育士の低賃金であり、2020年公表の「川崎市保育労働実態調査」によれば、株式会社運営の保育所では保育士の過半数が年収250万円未満であるとされる（p.171）。こうした低賃金と長時間労働は、定着率の低さとベテラン保育士の不足を生み、保育状況の悪化や死亡事故の発生を招く。1・2歳児の予期せぬ死亡事故の発

生率は、「プロ」が預かっているはずの保育施設のほうが、全国平均よりも高い（p.205）。

　こうした事態の一因が、市区町村からの委託費の弾力運用である。2000年より前、保育所の設置主体が市区町村と社会福祉法人に限られていた時代は、市区町村からの委託費のうち8割は人件費に使うという使途制限があった（p.75）。これが規制緩和されて、委託費を事業費や管理費に弾力的に転用する民間企業が増加した。人件費を抑えながら、委託費を流用してつぎつぎに新しい保育所を設置すれば、雪だるま式に委託費が増え、企業本部の管理費に転用できる金額も増える。名目的な保育所の供給は増えるが、保育士の待遇は改善されず、保育ニーズのない地域にまで保育所が建つミスマッチも発生した。

　補足して私見を述べれば、2000年前後に保育所の設置主体としてNPOや民間企業も認められるようになったのは、介護保険の導入によって、介護施設の設置主体としてNPOや民間企業が認められるようになったのと軌を一にしている。それまで行政の「措置」だった保育や介護の支給が、受給者が施設を選択することが可能な「契約」に変わり、かつサービスの供給元が増えたことは、プラスの効果もあった。しかし、委託費が事業者に供給され、介護士への分配が事業者に任されてしまっている状況は、介護施設も同様である。

　そして本書の第二の論点は、そもそも「保育の質」とは何かをめぐる学術的な問いである。ここには、国際比較の視点が加わる。

　OECDによる2018年の国際比較調査によれば、日本の保育には特徴がある。まず日本の園長・所長と保育者は、児童の知育に関する諸スキル（「論理的思考力」「批判的思考力」「科学的概念の技能」など）の育成を重視するという回答率が顕著に低い。また「子供たちが互いに助け合うように促す」「子供たちが互いに励まし合うように促す」といった、向社会的行動育成についても、重視するという回答率が低い。日本で重視するという回答が多いのは、「保育者は子供の遊びに加わっているとき楽しそうにする」「子供の目線に合わせる」といった、情緒的発達を促す実践に関する項目である（pp.30-31）。

　どうしてなのか。もともと旧厚生省が所管していた保育園が、教育機関ではなく、親が働くための託児施設だったという経緯もあろう。しかし日本と似たような制度だった他国でも、90年代以降には状況が変化した。

　じつは1990年の「子どもの権利条約」の発効前後から、先進国の「保育」は、「教育的ケア」に変化してきている。スウェーデンは1996年、社会省が所管していた保育制度を、教育研究省に移管した。イギリスは1998年に、ノルウェーは2006年に、オーストラリアは2007年に、デンマークは2011年に、そしてニュージーランドはすでに80年代後半に、同様の改革を進めている（pp.130-131）。

　ただしこれは、幼少時から英才教育をするのではない。そこで導入されたのは、保育所は親が仕事をするための施設ではなく、生涯学習の土台を築くための施設であるというコンセプトである。具体的には、「子どもが自分の意見を持つこと」「自信をつけること」「上手にコミュニケーションできること」「協力しあうこと」「好奇心を育み、学ぶ意欲を引き出すこと」などが重視される（p.131）。

　このような「非認知スキル」、すなわち「社会的・情動的な傾向」を幼少時から養うことは、3歳から英単語をいくつ知っているかといった断片的な知識のつめ込み以上に、生涯にわたって影響する。学齢期以前にこうした「生きる姿勢」を身に着ける教育を受けた子どもと、そうでない子どもを追跡調査した結果、その後の学業成績や収入などに有意な差があったという研究結果は、批判こそあれ広く受け入れられている（p.21）。

　しかし日本では、こうした転換が進んでいない。たしかに、厚労省が管轄する保育園と、文科省が管轄する幼稚園を統合して「こども園」とし、内閣府が統括するといった所管の調整は行われた。しかし、「保育」とは何か、「保育の質を高める」とはどういうことなのか、「早期教育」と「つめ込み教育」はどこが違うのかといった議論が、それほど広く共有されているとは言いがたい。日本で「保育の質」が問われるときは、保育士の配置数や園庭の広さ、子どもの情緒育成という点に議論が集まりがちである。

　率直にいえば、このことは本書においても感じられる。本書には、ここ20年の日本における保育の状況を論じる章と、他国における「保育」の変化を論じた章が、それぞれ複数収められている。前者はジャーナリストや弁護士、保育関係者や行政担当者が執筆しており、後者は教育社会学などの研究者が執筆している。しかし両者の議論がかみ合っているかといえば、そういう印象をあ

まり受けなかった。両者が議論を交わす章があれば、本書の構成はより立体的になっただろうと思うと、惜しまれる点ではある。

　もちろん、保育や行政の現場で苦闘している人々からすれば、「そもそも保育の質とは何か」といった議論は、悠長な話かもしれない。しかし、「保育」とは「非認知スキル」、すなわち「社会的・情動的な傾向」の育成なのだという位置づけは、保育を「専門職」として認知させることに役立つだろう。

　OECDの2018年の調査では、日本の保育者は「社会的に高く評価されていると思う」という回答が顕著に低い（p.34）。またOECD諸国のなかで、日本は学校教員と保育者の賃金格差が最大である（p.144）。つまり日本では、「保育」は専門職であるという認知が確立されていないのだ。今後、日本で保育士の待遇を改善していくためには、保育が「（女なら）誰でもできる仕事」ではなく、「生きる姿勢」の基礎教育であること、それは「英才教育」や「しつけ」とは違う専門能力を必要とする職業なのだという認識を、広めていくことが有効な戦略になりうるだろう。

　本書は、そうした歩みに向けての第一歩になりうるものである。保育関係者をこえて、多くの人々に読まれ、議論の契機となることを期待する。

はじめに

どこでもいいから預けたいわけではない——。

保育園に通う子どもの様子から、保護者の心配する声が聞こえる。待機児童対策とともに「保育の質」の確保と向上が強く求められてきたが、保育士による子どもへの虐待が次々にニュースになっている。わが子が発する「ほいくえん、いきたくない」「せんせい、きらい」という言葉が親の胸に突き刺さっても、働き続ける以上、そこに預けるしか選択の余地はないというジレンマを抱えることになる。

急ピッチに保育園がつくられれば、当然、保育士確保は困難になる。経験の浅い保育士がかき集められるようにして配置され、保育士にかかる負担が重くなっている新設施設もある。責任の重さに待遇は見合わない。長時間・過重労働という環境下で余裕をなくし、「良い保育の実践ができない」と、離職が止まらない現場もある。そのような保育園では、短期間に保育士が入れ替わることで、ますます質が低下する悪循環に陥っている。

一方で、「子どもの最善の利益」を合言葉に、職員が一丸となって質の高い保育を模索している保育園もある。こうした保育の質の格差が広がる現状をどうとらえたらよいのだろうか。受け皿整備を急ぐあまりに、欧米先進国と比較しても立ち遅れている認可保育園そのものの基準が緩和されたことが大きく影響している。その結果、子どもの利益を第一に考えられないような質の低い事業者の参入を促した面があることは否定できない。

保育の質を落としたとしても、ただ預けられればよいと考えている保護者はいないだろう。とはいえ、「受け皿」がなければ保護者は失職しかねない。このバランスを図りながら預けるに足る保育園を整備しなければならないところ、

待機児童「ゼロ」のスローガンが政治的に優先され、その弊害が露呈している状況だ。

　2019年10月からは「幼児教育・保育の無償化」が実施され、3歳児以上の保育料が無償化された。無償化そのものは方向性としては歓迎されるべきことだが、保育の質が低下するのではないかという自治体の懸念の声を無視して、十分な議論もなしに強引に導入された。保育の質の確保のために使われるはずの予算が注ぎ込まれ、財源が確保でき次第取り組むはずだった保育士配置の改善は、再び後回しにされた。無償化に伴い給食材料費が実費徴収されたことにより、低所得層の負担が増えてしまった自治体もある。

　今、真に子どものための施策が考えられているのだろうか。保育は子どもの健全な育成を社会として支える仕組みである。保育の質が確保され、安心して保育所に預けられる方向に転換しなければ、国民一人ひとりの将来を豊かで幸せなものにすることは決してできないだろう。

　本書は、「保育の質」をキーワードに4部構成で論点を整理し、保育の質について掘り下げ、その確保・向上のために何が必要なのか、問題提起をする。第1部では、保育とその質が子ども、保護者、社会に及ぼす効果の重要性を確認した上で、日本における保育の質の現状と保育士の労働条件・労働環境を検討し、これからの日本の保育の方向性について論ずる。次に、保育制度の変遷における待機児童対策と保育の質の関係を振り返り、子どもにとっての質とは何か、行政施策がいかにして質を支えることができるのかを論ずる。さらに、質が低下する保育現場をルポし、保育士が低賃金に留まる背景にある「委託費の弾力運用」などの制度の問題点に迫る。

　続く第2部では、子どもの健全な成長を担う保育所の役割について、発達心理学的な知見を踏まえた保育所の重要性と保育の質を論じるとともに、保育者の立場からの保育所の課題と現場の実践、国際的な視点から見た日本の保育について解説する。

　第3部では、世田谷区の保育の質の維持、向上への取り組みとともに、自治体の保育行政の問題事例を紹介する。児童福祉法によって保育所を設置する責務が自治体にあることから、自治体の姿勢そのものが保育の質を左右するといっても過言ではない。

　また、このような問題意識から、子どもの立場から見た良い保育所とはどういったものなのか、自己形成の場としての保育所についてパネルディスカッションを行い、その内容を第4部にまとめた。

　このように、保育の質に関する第一線の研究者、実務家の方々に各章の執筆をお願いし、ご担当いただいた。すべての執筆者各位に心からの感謝を申し上げたい。また、編集者である明石書店の辛島悠氏による適切なサポートなしには本書が完成することはなかった。

　最後に、本書を手に取っていただいた保育関係者や自治体職員などに感謝申し上げたい。保育の質の視角から現在の保育制度の問題点を明らかにした上で、保育を充実させ、子どもの健やかな成長を社会全体で支えていくためにはどのような取り組みが必要かを引き続き考えていくことが重要である。本書がきっかけとなって、保育の質が向上する方向へと進むことを期待したい。

2021年2月

編　者

保育の質を考える
安心して子どもを預けられる保育所の実現に向けて

目　次

第2部

子どもの健全な成長を担う保育所の役割

第1章　子どもの成長における保育所の重要性

第2章　保育所の課題と新たな実践

第3章　国際的な視点から見た日本の保育

第3部

自治体の保育行政

第1章　世田谷区の保育の質の向上に向けた取り組み

後藤 英一　154

第2章　問題事例から見た保育行政のあるべき姿勢

幸田 雅治・小林 美希　164

第1部

保育所は今

——保育の質の観点から

第1章

保育の質の重要性

本田 由紀

・・

はじめに――日本社会と保育

　「保育」という言葉は、主に乳幼児を保護し育てることを意味し、その担い手や場所についての何らかの前提を、本来はその定義の中には含んでいない。しかし日本では、家庭外で保育を担う施設が「保育所」、そこで専門的知識や技術をもって従事する者が「保育士」とされているため、これらの場所や担い手の活動内容を「保育」と呼ぶ場合が多い。本章もそれにならい、家庭の外で行われる乳幼児のケアのことを「保育」、家庭内のそれは「家庭内保育」と表現して区別することにする。

　保育所が日本の歴史の中に登場するのは、19世紀末から20世紀初めにかけての時期である。この頃以降、母親が就労する世帯もしくは貧困家庭の乳幼児のケアを目的とする民間の「託児所」が、多様な形態で設立されるようになったが、法的規定は存在していなかった（土田 2005）。敗戦後の1947年に成立した児童福祉法において初めて保育所が明記され、1951年には、幼稚園と区別するために、保育所は「保育に欠ける」乳幼児を対象とするという定義が同法第39条に挿入された。その後、1989年の法改正で保育所に「地域子育て支援」の役割が加わるなどの変化を経ながらも、2014年の法改正により「保育に欠ける」が「保育を必要とする」へと修正されるまで、保育所は家庭での保育の欠落を補うための施設と定義されてきた。すなわち、保育所を利用する家庭、より具体的には母親に対して、社会の望ましいあり方からの逸脱と見なすような視線が注がれがちであったのである。

　『私は赤ちゃん』（岩波新書、1960年）、『私は二歳』（同、1961年）、『育児の

百科』（岩波書店、1967年）などの育児書で知られる小児科医の松田道雄は、ある保育所を1959年に訪問した際に、次のような感想を記している。「保育園に子供をたのむのは、親に甲斐性がないからだというような卑屈なところの全然ない親たちがそこにいたのだ。（中略）彼らは、お父さんが洗濯をしていると笑われても恥ずかしいと思わず、あのお母さんは子どもを人にあずけて自分はおめかしをしてつとめにいくと言われても屈しない」[※1]。この松田の言葉からは、当時一般的に、保育園を利用する保護者に対する視線がいかに冷酷であったか、言い換えれば「家庭内保育」が当然視され肯定されていたかを読み取ることができる。

　日本の産業別就業者数は、1950年頃には農林漁業従事者が半数近くを占めていたが、1970年前後には20％を切り、80年頃には10％程度にまで減少する。自営的で職住近接・家族就業の場合が多い農林漁業に代わって増大したのが、製造業、卸小売業、サービス業などの雇用労働であった。それと並行して、特に高度経済成長期の1960年代に増加したのが、都市への人口移動や団地などでの核家族的住居形態であり、女性は「サラリーマンのおくさん」（落合2019：22）として就業から後退した。1975年に最低を記録した女性の就労率はその後に反転して上昇するが、非正規雇用の多さ、管理職比率の低さなどに明らかなように、依然として女性は家庭内の家事・育児の主な担い手と自他から見なされ続けている。中でも、すでに科学的には否定されている「3歳児神話」（3歳までは母親が子どもを育てたほうがよいとする見方）が今なお根強いことが示すように、乳幼児の家庭内保育を母親が担当するという規範の存在が、女性の就労中断や就労からの離脱の背景となっている。

　世界経済フォーラムが2006年以降、毎年公表している「ジェンダーギャップ指数」において、日本は2019年に153か国中121位と、過去最低位を記録した。指数を構成する4つの分野別に見ても、政治144位、経済115位、教育91位、健康40位と、政治や経済といった公的分野における女性のプレゼンスはきわめて低い。世界的に見ても異常といえるジェンダー間の非対称性を特徴とする日本社会の根源ともいえるものが家庭内保育であり、この事態を改善するためには家庭外での保育の量的拡大と質的向上がこの上なく重要であることは論を

※1　和田（2017：108）における引用。

またない。

　さらには、出生率低下と人口減少という、もう1つの日本社会の大きな課題にとっても、家庭の育児負担を外部で担う保育が鍵と見なされるようになってきた。こうした状況下で、保守的家族観を特徴とする自由民主党でさえも、21世紀に入って保育拡充政策に力点を移さざるをえなくなっている。しかし、現状では保育の量的拡大については不十分とはいえ一定の進展が見られているが、他方でまだ社会的注目や政策的注力が明確に不足しているのが、「保育の質」という側面である。

　以下の本章では、第1節において、保育がもつ様々な社会的効果を検討してきた研究の成果を、特に保育の質に注目しつつ紹介する。第2節では、日本の保育の質が国際的に見ていかなる現状にあるかを検討する。第3節では、仕事としての保育、すなわち保育士の労働環境について、やはり国際比較を交えながら吟味する。第4節では、近年の保育政策と、最近年の新型コロナ感染症がいかなる影響を及ぼしたのかについて論じる。最後に、以上の議論を踏まえ、これからの日本の保育の方向性について述べる。

1. 保育の効果

　保育の効果は、子どもに対するもの、保護者に対するもの、そして社会全体に対するものに大別することができ、それぞれ国内外において研究蓄積がある。

（1）子どもに対する効果

　まず、子どもに対する効果を検証した研究としてよく知られているのが、2000年にノーベル経済学賞を受賞したジェームズ・J・ヘックマンが紹介した、「非認知スキル」（社会的・情動的な性向）を高める効果についての研究結果である[2]。ヘックマンが注目するプロジェクトの1つは、1962年から67年にアメリカのミシガン州で行われたペリー就学前プロジェクトであり、もう1つは1972年から77年に生まれた子どもを対象とするアベセダリアンプロジェクトである。いずれも低所得など社会的に不利な度合いが高い家庭の就学前児童を

※2　ヘックマン（2015）を参照。

対象としており、前者は3～4歳時に対して30週間にわたり、後者は子ども
が生後5か月頃から8歳になるまで、それぞれ教育を行った。前者は子どもが
40歳になるまで、後者は30歳になるまで追跡調査を行い、同種の教育を受け
なかった対照群との比較を行っている。両プロジェクトとも、教育を受けた子
どもたちは対照群と比べて非認知スキルだけでなく学業成績や学歴、収入など
が高く、逮捕率などが低いという結果が出ている。ここからヘックマンは、非
認知スキルを高める上で就学前の教育環境が重要であることを力説している。

　ただし、こうしたヘックマンの議論には、いくつかの注意が必要である。第
一に、ヘックマンが紹介しているプロジェクトは「保育」というよりも「幼児
教育」であり、特に、後述する独特な「保育文化」をもつ日本の「保育」はか
なり事情が異なるということである。第二に、ヘックマンの論考が収められて
いる『幼児教育の経済学』では、ヘックマンの議論に対してアメリカの教育学
者や社会学者らからも反論が寄せられている。たとえば、幼児期だけでなく成
長してからの職業教育プログラムも効果があること、そして認知的スキルと非
認知的スキルを分割することの問題点（マイク・ローズ）、乳幼児期の教育的介
入に効果がないことを示す研究結果も多数存在するにもかかわらず、ヘックマ
ンが2つのプロジェクトにおける効果を強調していること（チャールズ・マ
レー）、2つのプロジェクトにおいて、幼児期の教育のどの要素が効果につなが
ったのかが明らかでないこと（ルラック・アルマゴール）、学業成績や収入など
を「効果」と見なすことの妥当性への疑問（アネット・ラロー）などである。
それゆえ、ヘックマンの主張については留保やより詳細な吟味が求められる。

　しかし、ヘックマン以外にも保育の効果を検証した研究は数多く存在する。
各国での研究結果をレビューした山口（2019）によれば、総じて、学業成績に
対する効果は見られるが一定の年齢以降は薄れていること、いくつかのプロジ
ェクトでは社会的・情動的な性向の向上が確認されること、そして家庭環境が
不利な場合ほど効果が顕著に見られること、などが明らかになっている。また、
イタリアのボローニャのケースのように、保育の質が劣悪であった場合、子ど
もの発達にむしろ悪影響があったという研究結果も見られる。[※3]

※3　山口（2019）第5章を参照。ほかに、『日本経済新聞』2019年9月14日付記事「幼保無
　　償化の論点（下）幼児教育の質向上が急務」など。

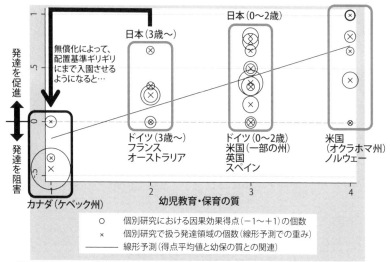

（注）幼児教育・保育の質は職員児童比率と職員学歴条件で評点。日本については国の基準とOECD Family Database 2018を基に引用者が評点。
（出所）T. Huizen and J. Plantenga, "Do children benefit from universal early childhood education and care?" *Economics of Education Review*, 2018（一部加筆）

図表1 幼児教育・保育の質が園児の発達に与える影響

　柴田（2019）が紹介している、幼児教育・保育の質が園児の発達に与える影響に関する各国での研究を体系的にレビューした結果からも、保育の質が高いほど発達に好ましい影響を及ぼし、質が悪ければ発達が阻害されるという総合的な知見が得られている（図表1）。[※4]

　日本国内に関しては、前掲の山口らが厚生労働省の「21世紀出生児縦断調査」データを用いて行った分析では、保育園に通うことにより、2歳半時点の子どもの言語発達は促進され、多動性および攻撃性は減少すること、こうした効果は母親学歴が相対的に低い場合（具体的には高卒未満）において特に顕著に表れることが見いだされた。[※5]

　また、藤沢・中室ら（2017）は、国際的に使用されている保育環境評価スケールを用いて首都圏で選定した27園の保育園における保育の質を測定し、

※4　柴田（2019）図表1。

※5　山口（2019）第5章。保育園と幼稚園の違いについては、細田千尋（2019）「長時間預けるのは発育に影響するか 「保育園児より幼稚園児の方が上」は本当か」『プレジデントウーマン』2019年9月9日付記事（https://president.jp/articles/-/29846）なども参照。

それが1歳時の発育状況（乳幼児発達スケールを用いて子ども別に測定）に影響を与えているという知見を得ている。

　遠藤（2016）が指摘するように、このような保育およびその質の効果は、保育士の行為だけでなく、他の多くの子どもと集団で生活することからも生じていると考えられる。それが家庭環境の不利な子どもにおいて特に観察されるということは、貧困や格差、DVなどが増大するとともに、外国につながりをもち日本社会での生活に困難を抱えがちな家庭・子どもも増加している日本において、良質な保育機会の整備が重要であることを改めて裏づける。

（2）保護者に対する効果

　保育が保護者に対して及ぼす効果として、第一に明らかであるのは、保護者——日本では多くの場合、母親——の就労を可能にするということである。それは裏返せば、保育機会を得られないもしくは利用しないことにより、就労や収入へのアクセスが閉ざされてしまう母親が少なからず存在することを意味する。周（2019）は、世帯が貧困状態にあるにもかかわらず就労していない「貧困専業主婦」に対して調査を行い、「保育所に入所できない」ケースに加えて、「保育園に忌避感をもっている」ために就労していないケースの存在を指摘している。質問紙調査によれば、就労しない理由として「子育てに専念したい」という項目を主婦全体および貧困主婦の半数前後が選択しており、項目中で最多となっている。「保育の手立てが得られない」は主婦全体では19％、貧困主婦では14％である。自発的選択であれ不本意であれ、母親の就労にとって家庭内保育が大きな桎梏となっている。

　しかし、保育が保護者にもたらす効果は就労に限らない。先にも言及した山口（2019）は、保育の利用が保護者自身の状態や親子関係にプラスの影響を及ぼすことを明らかにしている。山口によれば、特に母親の学歴が高卒未満である場合に、保育園に通うことで母親が行う「しつけの質」は高まり、子育てストレスは減少し、幸福度は高まる[6]。こうした影響について、山口は次のように説明している。「まず考えられるのは、保育園で行っている保育の質が高

※6　同様の結果は、安藤・前田（2020）の調査でも確認されている。

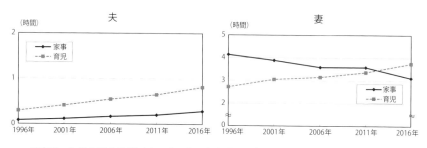

図表2　6歳未満の子どもをもつ夫・妻の家事時間・育児時間の推移（1996-2016年）

いということです。保育士さんは訓練を受け、経験も積んだ専門家です。すで
に見たとおり、高校を卒業していないお母さんの家庭では、しつけの質が低く
なってしまう傾向があるため、保育園で過ごすことで子どもにとっても環境が
大幅に改善されます。（中略）また、外で働くということは、当然、家庭とし
ては収入が増えるということです。お金だけで家族が幸せになるわけではあり
ませんが、お金があることで避けられる面倒や悩みは少なくありません。その
ため、保育園を利用することで、お母さんの金銭的な悩みとそこから生じるス
トレスが軽減されると考えられます」（pp.211-212）。ここから山口は、保育園
が「家族の幸せ」につながりうることを指摘している。

　こうした母親への影響の背景には、先述のとおり家庭内保育の責任の多くを
母親が担い続けている状況がある。2016年に総務省が実施した社会生活基本
調査によれば、6歳未満の子どもをもつ妻の育児時間は平均3時間45分で、夫
の49分と比べて4倍以上となっている。図表2に示した推移を見ると、夫の育
児時間は1996年時点の18分から約30分増加しているが、妻の育児時間は
1996年時点の2時間43分から約1時間増加しており、増加幅は妻が夫の2倍に
も相当する。乳幼児をもつ家庭では夫も妻も以前よりも多くの時間を育児に
割くようになっており、夫の育児時間がやや増えてもそれを上回る勢いで妻が
育児に時間を充てるようになっているのである。このような変化が生じている
理由は、社会生活基本調査からだけでは明らかでないが、子どもの発達に対す
る乳幼児期の家庭内保育・教育の質の重要性が政策やマスメディアによって喧

※7　総務省統計局「平成28年社会生活基本調査　生活時間に関する結果　要約」を基に作成。

伝されるようになっていることが、背景にあるのではないかと推測される。

　また、2019年に日本財団とコネヒト株式会社が育児中の母親を対象として実施した調査[8]の結果によれば、育児や子育ての身体的負担および心理的負担を、「とても」＋「少し」感じている母親の割合は、それぞれ65.5％と59.1％に達しており、いずれも約12％が「とても負担」と回答している。

　このような家庭内保育に関する母親の負担が、家庭外の保育の利用によって大幅に軽減され、母親が就労だけでなく個人としての生活を送る余裕ができることの意味はきわめて大きい。先述のように、男女間のジェンダーギャップが著しい日本において、保育は子どもだけでなくその保護者、特に母親にとって、さらには親子間の良好な関係の形成にとって、不可欠な社会的機能であるといえる。

（3）社会全体に対する効果

　以上に見てきた、子どもと保護者それぞれに対する保育の効果は、より広範で多様な社会事象に対しても連鎖的に影響を及ぼす。柴田（2016）は、OECD28か国についての1980 ～ 2009年の国際比較時系列データを用いて、ある国のある年における保育サービス支出が、翌年・翌々年の他の社会諸事象にどのような影響を及ぼしているかを統計的に推計している。その結果を集約した図表3[9]は、次のことを意味している。すなわち、保育サービスを中心とした子育て支援に対する政府支出を増加させることは、女性の労働力率を高めることにより労働生産性を高め、さらには経済成長率を上昇させ、政府の財政余裕をも生み出す。また、出生率を高める効果、自殺率を低下させる効果、子どもの貧困率を低下させる効果をももつ。より具体的には、保育サービスへの単年度予算を仮に1.1兆円増加させると、その数年後には、労働生産性成長率は約0.52ポイント、経済成長率は約0.64ポイント増加し、財政余裕はGDP比で毎年約0.14ポイント以上増え、年齢調整自殺率は人口10万人あたり約0.21人（日本の人口で推計すると全国で約300人）減少し、子どもの貧困率は約1.7ポイント減少し、合計特殊出生率は約0.01ポイント上昇すると見込まれるという。

　※8　日本財団・コネヒト株式会社「パパ・ママの育児への向き合い方と負担感や孤立感についての調査」。

　※9　柴田（2016：205）図9-1。

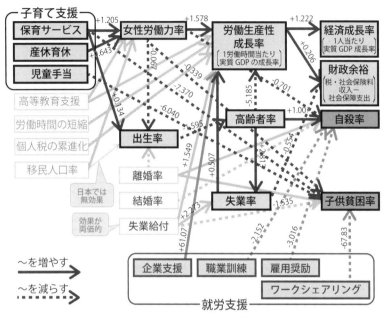

図表 3　子育て支援の社会的効果（数値は係数）

　経済成長の停滞、政府財政の逼迫、少子化、子どもの貧困はいずれも現在の日本が抱える深刻な課題であり、柴田の研究結果によれば、保育の拡充はこれらのいずれに対しても波及的な改善の効果をもつといえる。個々の子どもや保護者といったミクロな対象だけでなく、マクロな社会全体に保育が影響するという知見の重要性は、どれほど強調してもしすぎることはない。

　以上に見てきたように、保育は様々な効果をもち、特に社会的に厳しい状況にある家族においてその効果は特に大きいことを、これまでの研究は明らかにしてきた。しかし日本においては、需要の拡大に対して保育機会が追いついていない状況は解消されていない。2020 年 9 月 4 日の厚生労働省発表によれば、保育の受け皿は前年から 7 万 9000 人増加して 313 万 5000 人分となったが、認可保育園などに入れない「待機児童」がいまだ 1 万 2459 人存在する。さらに、厚生労働省の「待機児童」の定義からは除外されるが、「特定の園のみ希望している」などの理由で認可保育所などに入れていない「隠れ待機児童」が、前

年から4456人増えて全国で8万4850人に上るということが、朝日新聞によっ
て指摘されている。[10]

　しかも、Kachiら（2020）の推計によれば、3歳以降の保育への未就園は、低
所得、多子、外国籍など社会経済的に不利な家庭や、発達や健康の問題（早産、
先天性疾患など）を抱えた子どもで多い傾向が見られる。保育を最も必要とし、
保育によって最も大きな効果を得られるはずの、こうした社会的困難度の高い
家庭に対して、保育機会が届いていないという重大な現実があるのである。

　この事実を踏まえれば、保育機会の量的拡大が喫緊の課題であることは明ら
かである。しかし、量を増やすことを焦るあまり、保育の質がないがしろにさ
れては、かえって子どもなどに悪影響を及ぼすということも、既存研究は明ら
かにしてきた。では、日本における保育の質はどのような状況にあるのか。次
節では、国際比較を交えながら、この問いについて検討する。

2. 日本の保育の「質」

　そもそも、保育の質とは何か。OECDは、2001年以降2017年までの間に、
『Starting Strong: Early Childhood Education and Care』と題する報告書のシリー
ズを第Ⅰ巻〜第Ⅴ巻まで刊行し、保育および幼児教育に関する各国のデータ収
集と分析を重ねてきた。その中の2006年の第Ⅱ巻では、保育の質の諸側面を
以下のように整理している。[11]

　①志向性の質：法律や政策など、文化や社会情勢を背景として政府や自治体
　　の示す方向性・目標
　②構造の質：施設の広さや備えるべき条件、保育者一人あたりの子どもの人
　　数など、物的・人的環境の全般的な仕組み
　③教育の概念と実践：国としてのカリキュラム（日本では保育所保育指針な
　　ど）により示される、教育の目標や内容の基本的考え方
　④相互作用あるいはプロセスの質：子どもたちの育ちにつながる、保育者と

※10　『朝日新聞』2020年9月4日付記事「待機児童、過去最少の1万2439人　ゼロ実現は厳
　　しく」。
※11　厚生労働省「保育所等における保育の質の確保・向上に関する基礎資料」保育所等に
　　おける保育の質の確保・向上に関する検討会（第1回）（2018年5月18日）。

　　　子ども達、子ども同士、保育者同士の相互作用や関係性、環境の構成
　　⑤実施運営の質：地域や現場のニーズへの対応、質の向上、効果的なチーム
　　　作りなどのための園やクラスの運営・管理
　　⑥子どもの成果の質あるいはパフォーマンスの基準：子どもたちの現在や将
　　　来の幸福（ウェルビーイング）につながる肯定的な成果

　また、2015年の第Ⅳ巻では、保育の質を、「子どもたちが心身ともに満たさ
れ、より豊かに生きていくことを支える保育の場が準備する環境や経験のすべ
てである」と定義している。[12]このように、保育の質とはきわめて多面的で複
合的なものであり、その検討は複眼的になされる必要がある。
　そして、日本の保育の質について検討する上では、他国との比較が有用であ
る。国際比較に関しては、OECDが2018年に日本を含む9か国の保育者を対
象として実施した「OECD国際幼児教育・保育従事者調査2018」（以下、
OECD2018調査と略記）からは、豊富な知見が得られている（国立教育政策研究
所編 2020）。本節では、主にこの調査に基づき、日本の保育の質に関する諸側
面が、国際的に見てどのような水準にあり、どのような特徴をもつのかについ
て、いくつかのポイントを概観する。なお、日本でOECD2018調査の対象と
なったのは幼稚園76園、保育所71園、認定こども園69園であるが、公表され
ている集計結果では、すべて「就学前教育施設」とまとめられているため、以
下で示す日本の集計結果には3種類の施設が混在しており、保育所のみの結果
ではないことには注意が必要である。

（1）園・保育士あたり子ども数
　OECD2018調査の結果では、日本の就学前教育施設の1園あたり園児数は
平均約116人であり、9か国中で突出して多く、ノルウェー 47人、韓国53人、
ドイツ67人と比べて2倍ほどにも相当する。また保育者1人あたりが担当して
いる園児数も、日本は平均8.2人と、ノルウェーの3.1人、韓国の3.2人、ドイ
ツの4.3人と比べるとやはりほぼ倍以上になっている。

　　※12　※11に同じ。

　その理由はいうまでもなく、日本の保育士・幼稚園教諭配置基準（1人の保育士・幼稚園教諭あたりの児童数の上限）にある。この基準では、0歳については3人、1～2歳については6人と規定されており、先進16か国平均では0～3歳について7人であることと比べて、むしろ日本のほうが充実した基準となっている。しかし、3～5歳については、日本の保育所は3歳20人、4～5歳30人、幼稚園は3～5歳35人と、先進19か国平均が3歳以上18人であるのに比べて日本の保育者1人あたりの児童数はきわめて多く、先進19か国で最多となっている。[13]　1人の保育者が対応する児童数が多ければ多いほど、個々の児童に対するきめ細かい目配りは難しくなる。

　実際に、新潟県私立保育園・認定こども園連盟が、1歳児に保育を行っている保育所において2019年に実施した実験的研究では、食事の際に保育士1人が子ども3人に対応している場合には子ども1人あたりの声かけ数は平均64回だったが、子どもが6人になると同回数は平均31回となり半減した。また、声かけが一番多い子どもと一番少ない子どもとの声かけ数の違いは、子ども3人の場合は4.6倍（160回対35回）であったのに対し、6人になると18.7倍（54回対3回）にまで拡大した。声かけの内容についても、子どもが6人の場合、保育者が子どもにかける言葉の内容において「共感」や「単語の言いかえや繰り返し」が減り、「指示」の言葉は減らずに残る傾向が見られたとされている。[14]　この結果からも、保育士1人あたりの児童数は保育の質を考える上できわめて重要であることがわかる。それにもかかわらず、日本では他国と比べて児童数が多く、懸念が大きい。

（2）保育者養成、研修

　続いて、保育者がどのような教育経験や勤務経験をもっているかについて、OECD2018調査によれば、日本では、国際標準教育分類ISCED4（中等後非高等教育、日本では専門学校に相当）未満の最終学歴をもつ保育者の割合が調査参加国の中では最も少なく、多くの保育者がISCED4またはISCED5（短期高等教育、日本では短大に相当）の教育を受けている。しかし、ISCED6（大学学部

※13　柴田（2019）。

※14　新潟県私立保育園・認定こども園連盟（日本保育協会新潟県支部）（2019）。

卒に相当）以上の最終学歴をもつ保育者の比率は17.7％と、参加国の中で著し
く少ない。

　また、保育者の養成課程の教育の内容として、「読み書きや話し言葉に関す
る学びの支援」「科学や技術に関する学びの支援」が含まれていたと回答した
保育者の割合は、日本ではそれぞれ72.8％と46.6％であり、調査参加国中で最
も低い。対照的に、ノルウェーでは89％の保育者が「科学や技術に関する学
びの支援」についての養成教育を受けている。

　他方で、「子供の育ちや学び、生活の観察・記録」および「特別な支援を要
する子供の保育」が含まれていた割合は、日本でそれぞれ96.2％と86.1％であ
り、参加国中で最も高い。

　こうした保育者の学歴や養成課程の教育内容は、それ自体で保育の質の良し
悪しに直結するといえるわけではないが、保育者の社会的位置づけや、すぐ後
で述べる保育の内容・方法に影響を及ぼしていると考えられる。

（3）保育の理念と実践

　図表4は、OECD2018調査から、「子供が将来の人生を生き抜くために育て[15]
たいスキルや能力」として園長・所長と保育者が答えた項目の比率を、調査参
加国平均と日本について示している。日本の特徴は、「話し言葉の技能」「身体
能力や運動能力」「論理的思考力」「批判的思考力」「数学的技能や重要な数学
的概念の理解」「読み書きの技能」「重要な科学的概念の技能」「ICTに関する
技能」など、いわゆる知育に含まれる諸スキルについて、回答率が明確に低い
ということである。対照的に、「他者とうまく協力しあえる能力」については、
日本と参加国平均の間に差はなく、いずれの参加国でも非常に重視されている。

　図表4は保育の理念に関する結果であるが、そこで見られた特徴は、保育実
践にも明確に反映されている。OECD2018調査における保育の実践に関する
結果によれば、参加国平均よりも日本で「非常によくあてはまる」とする回答
の比率が高いのは、「保育者は子供の遊びに加わっているとき楽しそうにする」
「保育者は、話をしたり聞いたりするときには子供の目線に合わせる」という

※15　国立教育政策研究所（2019）。

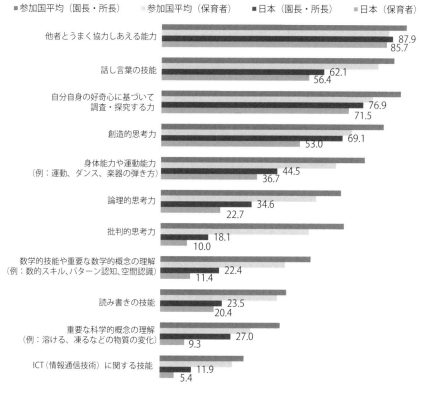

■参加国平均（園長・所長）　■参加国平均（保育者）　■日本（園長・所長）　■日本（保育者）

他者とうまく協力しあえる能力　87.9　85.7

話し言葉の技能　62.1　56.4

自分自身の好奇心に基づいて調査・探究する力　76.9　71.5

創造的思考力　69.1　53.0

身体能力や運動能力（例：運動、ダンス、楽器の弾き方）　44.5　36.7

論理的思考力　34.6　22.7

批判的思考力　18.1　10.0

数学的技能や重要な数学的概念の理解（例：数的スキル、パターン認知、空間認識）　22.4　11.4

読み書きの技能　23.5　20.4

重要な科学的概念の理解（例：溶ける、凍るなどの物質の変化）　27.0　9.3

ICT（情報通信技術）に関する技能　11.9　5.4

図表 4　子供が将来の人生を生き抜くために育てたいスキルや能力に関する
保育者および園長・所長の信念（％）

※　調査では、「あまり重要でない」「ある程度重要」「非常に重要」の3つの選択肢のうち、「非常に重要」との回答について整理している。

2項目であり、逆に、【数的発達】、【リテラシー（読み書き）発達】に含まれる諸項目では押しなべて日本の回答率が低い。さらに、「保育者は子供たちが互いに助け合うよう促す」「保育者は子供同士で共有することを促す」「保育者は子供たちが互いに励まし合うよう促す」「保育者は少数のグループで遊ぶ子供たちに、他の子供も仲間に入れるよう促す」といった項目から構成される【向社会的行動】を促す実践についても、日本では回答率が低い。他方、【情緒的発達】を促す実践については、日本と他国の間に差は見られない。

　保育の理念と実践に関するこれらの結果からは、日本の保育が遊びや情緒を重視しており、知育に関しても子ども間の関係形成に関してもあまり強く介入

しないという特徴をもっていることがわかる。こうした非介入的な保育実践の背景には、先述のように、3歳以上については保育者1人あたりの児童数が多いことも関係していると推測される。このような性質をもつ日本の保育理念・保育実践については、やはりその是非を即断することはできない。しかし、「小1ギャップ」「小1プロブレム」という言葉で表現されてきたように、保育所（および幼稚園）における理念・実践と小学校でのそれとの間にあまりにも大きな断絶があるとすれば、それは子どもたち自身にとって望ましいことではない。また、教育格差に関する研究によれば、格差は就学前の早期から発生している。[16] 小学校側の実践の修正も視野に入れつつ、保育の側も、日本独特の保育理念や保育実践を柔軟に再検討してゆくことが、保育の質の向上にとっては必要とされるであろう。

3. 保育士の労働条件

　保育の質を高めるためには、保育に従事している保育士の労働条件・労働環境を良好なものにしていくことが不可欠である。しかし日本では、保育士の労働条件が劣悪であり、それが保育士不足の原因となっていることを指摘する記事が、マスメディアやインターネット上で多数見られる。[17]

　事実、保育士の離職理由についての調査結果では、最多の「職場の人間関係」に続いて「給料が安い」「仕事量が多い」「労働時間が長い」などが多くあげられている（図表5）。[18] また、OECD2018調査でも、保育者の職務上のストレスの要因として、日本では「資源（リソース）（例：財政的支援、物的支援、保育者）が不足していること」「事務的な業務が多すぎること（例：書類の記入）」「子どもの育ちや学び、生活の充実に責任を負っていること」「保護者の心配事に対処すること」などを4〜5割の保育者があげており、特にこの中の後三者については調査参加国平均と比較しても日本で多くあげられている（図表6）。[19]

※16　松岡（2019）。

※17　たとえば『朝日新聞』2016年5月23日付記事「埼玉）保育士ら40人、待遇改善訴え　浦和駅でビラ配り」、『東洋経済オンライン』2018年3月18日付記事「30代保育士が明かす『ブラック保育園』の実態　いじめ、賃金未払い、過重労働、突然の解雇…」ほか多数。

※18　厚生労働省「資料3　保育士の現状と主な取組」保育の現場・職業の魅力向上検討会（第1回）（2020年2月6日）。

※19　国立教育政策研究所（2019）。

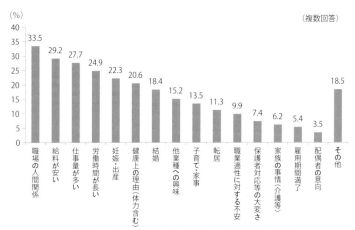

図表 5　過去に保育士として就業した者が退職した理由
（出所）東京都福祉保健局「東京都保育士実態調査報告書」（2019 年 5 月公表）

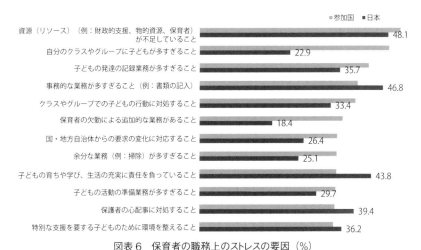

図表 6　保育者の職務上のストレスの要因（%）
※　調査では、保育者に対して、「あなたの園での業務に関して、以上のことはどの程度ストレスに感じますか」と尋ね、「全く感じない」「いくらか感じる」「かなり感じる」「非常によく感じる」の 4 つの選択肢のうち、「かなり感じる」「非常によく感じる」との回答について整理している。

さらに同調査では、もし予算が 5％増えたとすれば優先させるべき支出先をたずねており、日本の保育者について見ると「保育者の給与を上げる」「支援職員を増やして、事務負担を減らす」「保育者を増やして担当グループの規模を小さくする」などをあげる比率が高い。ただし、これらは他国ではむしろ日本より高い比率で選択されており、各国に共通する課題であるといえる。

図表7　平均年齢、勤続年数、きまって支給する現金給与額（職種別・性別）

	男女計				男				女			
	構成比	平均年齢	勤続年数	きまって支給する現金給与額	構成比	平均年齢	勤続年数	きまって支給する現金給与額	構成比	平均年齢	勤続年数	きまって支給する現金給与額
全職種	100.00%	42.3年	11.0年	323.9千円	58.30%	42.1年	11.4年	341.7千円	41.70%	41.2年	8.8年	266.2千円
保育士	100.00%	36.8年	8.1年	239.3千円	5.80%	32.0年	5.9年	260.3千円	94.20%	37.1年	8.2年	238.0千円
幼稚園教諭	100.00%	33.7年	8.0年	241.3千円	4.60%	37.4年	10.6年	298.0千円	95.40%	33.5年	7.9年	238.6千円
看護師	100.00%	39.3年	8.2年	331.9千円	10.30%	36.9年	7.6年	341.3千円	89.70%	39.6年	8.3年	330.8千円
福祉施設介護員	100.00%	41.9年	7.0年	239.7千円	35.80%	39.0年	6.8年	254.7千円	64.20%	43.5年	7.2年	231.4千円
ホームヘルパー	100.00%	46.8年	7.5年	241.1千円	21.70%	40.1年	6.0年	259.1千円	78.30%	48.6年	7.8年	236.2千円

（出所）平成30年賃金構造基本統計調査
※　「きまって支給する現金給与額」とは、労働協約又は就業規則などにあらかじめ定められている支給条件、算定方法によって6月分として支給される現金給与額のこと。手取額でなく、税込み額である。
※　現金給与額には、基本給、職務手当、精勤皆勤手当、家族手当が含まれるほか、時間外勤務、休日出勤等超過労働給与も含まれる。

　実態としての賃金水準を見ると（図表7）、確かに保育士の平均賃金は全職[20]種に比べて年収換算で約80万円低い。しかし、賃金水準の低さは、看護師などを例外として女性全般に関していえることであり、日本の賃金の男女格差の大きさという深刻な問題を反映している。保育士の場合は、上で指摘したリソース不足や仕事の多さ、責任の重さなど、仕事内容の負担が大きいことに見合った報酬が得られていないという実感が強いものと考えられる。

　加えて、OECD2018調査では、日本の保育者において、「保育者は社会的に高く評価されていると思う」「保護者は私を保育者として高く評価している」「子供たちは私を保育者として高く評価している」という項目に対する肯定的回答の割合は、それぞれ31％、63％、76％であり、いずれも調査参加国の中で最低水準となっている。

　他方で、保育という仕事そのものへの満足感や「やりがい」については、OECD2018調査を含め保育士を対象とする多くの調査で高い肯定率が得られており、それと報酬等の労働条件とがアンバランスな状態であるという、「やりがいの搾取」（本田 2011）が典型的に見られる。このような状況は、保育士不足に伴う保育機会の拡充にとって問題であるだけでなく、保育を支える保育士の仕事へのモチベーションを損ない、ひいては家庭や社会に対して大きな影響を及ぼす保育の質をも阻害しかねない問題であり、ドラスティックな改善が求められる。

※20　※18に同じ。

4. 近年の政策とコロナ禍が日本の保育にもたらしたもの

しかし、保育の質の改善に対して、むしろ逆行するような動きが、近年の日本では多々生じている。

むろん、日本の保育が量・質ともに課題を抱えていることについては、政策的・社会的にかねてより関心が寄せられており、政府は少子化対策の一環として 2013 年の「待機児童解消加速化プラン」、2015 年の「子ども・子育て支援新制度」、2016 年の企業主導型保育事業の創設、2017 年の「子育て安心プラン」、2019 年の「無償化」の導入など、矢継ぎ早に政策を繰り出してきている。2020 年に入ってからも、厚生労働省において「保育所等における保育の質の確保・向上に関する検討会」および「保育の現場・職業の魅力向上検討会」が相次いで議論のとりまとめや報告書を公表している。

その結果、保育の受け皿や利用率には一定の改善が見られたが、先述のとおり、家庭の困難度が高く最も保育を必要とする層にはいまだ保育機会は十分に届いていない。受け皿を増やすために保育の場の多様化が進んできたことにより、営利や補助金を目的とした劣悪な保育所が増加したという指摘も多数なされている。保育士の待遇改善のために施設に支給される公的助成金を、経営者が保育士の賃金に充当しないという事例が少なくないことも報告されている。

また保育の「無償化」は、これまで応能負担で相対的に高額の保育料を払ってきた富裕層を優遇する結果をもたらす上に、純粋な「無償化」にはなっておらず給食費の実費は請求されるため、かえって費用負担増になる家庭も存在するなどの問題を含む。そもそも、無償化ではなく保育の量・質の向上に財源を充てるべきであったという批判も多く、筆者もそれに同意する。

こうした保育政策や現下の保育現場の諸問題については、本書の以後の各章で、より詳細な検討がなされているのでぜひ参照されたい。

もう 1 つ述べておくべきは、2020 年に瞬く間に世界に広がった新型コロナウイルス感染症（COVID-19）が保育と家庭にもたらした打撃である。2020 年 2 月 27 日に政府が学校の休校を突然宣言した際、保育所に関しては感染症対策を講じつつ原則として開所するよう厚生労働省から通知が出された。しかしその後、休園や登園自粛の事例が広がり、4 月 7 日に政府から緊急事態宣言が発

出されてからは、5月25日に全国で解除されるまで、特に感染状況が深刻な地域において、休園や登園自粛がさらに広がった。たとえば、4月9日時点の東京23区では、「未定」の江東区を除いて全区が原則休園もしくは登園自粛要請の方針を示していた。[21]緊急事態宣言解除後も、各地の保育所で職員や児童の感染が判明する事態が相次ぎ、その場合は臨時休園を余儀なくされた。こうした状況は、保護者、子ども、保育所のいずれに対しても、厳しい結果をもたらした。

　まず保護者に関しては、家庭外で子どもが過ごす場である学校や保育所が閉じられたことにより、いうまでもなく子どもの世話をする責任は一手に家庭が担わなければならないことになった。休業やリモートワークを導入した企業も少なくなかったことは、保護者が在宅して子どもの世話をすることを一応は可能にしたが、その負担や仕事の阻害は、特に女性に集中して生じていた。

　東京大学大学院教育学研究科附属発達保育実践政策学センター（CEDEP）が4月30日〜5月12日に実施した調査によれば、新型コロナウイルスの感染拡大の影響により、1日の育児時間が平均5時間以上増えた比率は、母親では47.1％であるのに対し、父親では29.3％であった。新型コロナの影響により仕事を休んだ母親は24.9％、父親は5.0％であり、職場や外での仕事を続けた母親は34.0％、父親は62.0％であった。[22]さらに、労働政策研究・研修機構の分析によれば、5月時点の失業・休業者の比率は女性が男性の約2倍であり、中でも子育て女性は7月時点でも失業・休業からの回復が鈍い。[23]このような女性の就労への打撃に加え、育児や家事の増加により女性のストレスが増大していることを示す民間の調査が多数発表されている。

　コロナによる保育の中断や阻害は、子どもに対しても悪影響を及ぼしている。未就学児の保護者有志が認定NPO法人フローレンスの助言のもとに、未就学児の保護者に対して5月4日〜10日にインターネット上で実施した調査によれば、半数の保護者が臨時休園により子どもに良くない変化があったと回答して

※21　『Huffpost』2020年4月9日付記事「緊急事態宣言、東京23区の保育園はほぼ全て『休園』か『自粛要請』に【新型コロナ】」。

※22　東京大学大学院教育学研究科附属発達保育実践政策学センター（2020b）。

※23　周燕飛（2020）「JILPTリサーチアイ　第47回　コロナショックの被害は女性に集中（続編）－雇用回復の男女格差－」（https://www.jil.go.jp/researcheye/bn/047_200925.html）。

いる。具体的な変化の多くは、赤ちゃん返りや指しゃぶり、夜泣き、暴力的になる、精神的に不安定になるなど、情緒面に関するものであった。[24]

　さらに、保育士にとっても、新型コロナ感染症の拡大は感染リスクへの対処の必要性をもたらしただけでなく、子どもをもつ保育士の休業等による人員減や、登園自粛中の保護者対応の必要性により、仕事の負荷がいっそう増大する結果をもたらした。前掲のCEDEPによる保育士調査の結果、ストレスを「とても」もしくは「やや」感じている保育士がそれぞれ4割を超えており、具体的なストレスの内容としては「物資の確保（マスク、消毒的等）」68.7%、「情報の不足・不確かさ」61.4%、「保護者対応」60.3%などが多くあげられている。[25]

　このように、近年の日本の保育政策やコロナ禍は、保育の質を高めるどころか、逆に保育現場や家庭に対して様々な混乱や格差、負担と不安の増大をもたらしている。

おわりに

　以上、本章では、保育とその質が子ども、保護者、社会に及ぼす効果の重要性を確認した上で、日本における保育の質の現状と保育士の労働条件・労働環境を検討し、保育の質の維持と向上に様々な問題が存在することを指摘してきた。

　すでに述べたように、著しいジェンダー格差と少子化という重大な課題に直面している日本にとって、質の高い保育機会があまねくゆきわたるようにすることは、喫緊の課題である。そのためには、子どもの成長という視点から、保育士1人あたり児童数や施設設備というハード面と、保育の内容・方法や保育士の社会的地位といったソフト面の双方にわたり、保育の質の諸側面を不断に吟味するとともに、その向上のための公的リソースの投入が不可欠である。しかし、現下の日本政府は、一見これらの課題に取り組もうとしているようでも、政権与党の中に保守的な家族観や「自助」の強調が根強いことにより、むしろ保育政策は迷走ともいえる実情にある。コロナという新たな危機は、その問題

※24　『毎日新聞』2020年5月16日付記事「『子に良くない変化感じる』5割　保育園・幼稚園休園で　保護者有志調査」。

※25　東京大学大学院教育学研究科附属発達保育実践政策学センター（2020a）。

状況をいっそう深めている。

　男性の育児への関与が少なく、また少子高齢化が進み老齢人口が増える中で、日本に暮らす人々全体の間で保育への関心が高いとはいえないことも、こうした状況の背景にある。しかし必要なのは、保育の質の重要性について、いっそう説得的なデータと議論を以て示し、広く強い人々の声を集めることにより、政府や自治体を突き動かしていくことだろう。本書がその一助になることを願ってやまない。

《文献》
安藤道人・前田正子（2020）「認可保育所入所と就労・抑うつ・家事育児分担：入所・保留世帯に対するアンケート調査結果」『社会保障研究』5（2）：237-249.
磯野富美子・鈴木みゆき・山﨑喜比古（2008）「保育所で働く保育士のワークモチベーションおよびメンタルヘルスとそれらの関連要因」『小児保健研究』67（2）：367-374.
遠藤利彦（2016）「子どもの社会性発達と子育て・保育の役割」秋田喜代美監修／山邉昭則・多賀厳太郎編『あらゆる学問は保育につながる――発達保育実践政策学の挑戦』東京大学出版会.
落合恵美子（2019）『21世紀家族へ――家族の戦後体制の見かた・超えかた（第4版）』有斐閣選書.
Yuko Kachi, Tsuguhiko Kato, and Ichiro Kawachi（2020）"Socio-economic disparities in early childhood education enrollment: Japanese population-based study." *Journal of Epidemiology*, 30（3）：143-150.
国立教育政策研究所編（2020）『幼児教育・保育の国際比較：OECD国際幼児教育・保育従事者調査2018報告書――質の高い幼児教育・保育に向けて』明石書店.
国立教育政策研究所（2019）「OECD国際幼児教育・保育従事者調査2018 - 質の高い幼児教育・保育に向けて - 結果のポイント」（https://www.nier.go.jp/youji_kyouiku_kenkyuu_center/pdf/oecd2018_points.pdf）.
柴田悠（2019）「保育無償化による、子供への思いがけぬ悪影響」『プレジデントウーマン』2019年9月16日付記事（https://president.jp/articles/-/29935）.
柴田悠（2016）『子育て支援が日本を救う――政策効果の統計分析』勁草書房.
周燕飛（2019）『貧困専業主婦』新潮社.
土田美世子（2005）「保育所機能の歴史的変遷と子育て支援保育」『京都光華女子大学研究紀要』：161-179.
東京大学大学院教育学研究科附属発達保育実践政策学センター（2020a）「保育・幼児教育施設における新型コロナウイルス感染症に関わる対応や影響に関する調査報告書vol.1〈速報版〉」.
東京大学大学院教育学研究科附属発達保育実践政策学センター（2020b）「新型コロナウイルス感染症流行に伴う乳幼児の成育環境の変化に関する緊急調査　速報版（結果の要点）vol.1」.

新潟県私立保育園・認定こども園連盟（日本保育協会新潟県支部）（2019）「1歳児の保育士配置の検討：3対1と6対1の比較」.

藤澤啓子・中室牧子（2017）「保育の『質』は子どもの発達に影響するのか－小規模保育園と中規模保育園の比較から－」RIETI Discussion Paper Series 17-J-001.

ジェームズ・J・ヘックマン著／古草秀子訳（2015）『幼児教育の経済学』東洋経済新報社.

本田由紀（2011）「やりがいの搾取」『軋む社会――教育・仕事・若者の現在』河出文庫.

松岡亮二（2019）『教育格差――階層・地域・学歴』ちくま新書.

山口慎太郎（2019）『「家族の幸せ」の経済学――データ分析でわかった結婚、出産、子育ての真実』光文社新書.

和田悠（2017）「松田道雄の保育問題研究運動論――1960年代の『季刊保育問題研究』にみる」『立教大学教育学科研究年報』60：105-120.

第2章

行政施策は保育の質をどのように支えうるか

普光院 亜紀

・・・・・・・・・・・・・・・・・・・・・・・・・・・・・・・・・・

1. 子どもが体験する保育の質

　もう20年近く前になるが、公立保育園の民営化についての保護者に向けた説明会で、自治体職員が「保育の質は下げません。民間になれば、延長保育を実施するので、保育の質は上がります」と説明したというので、保護者が「行政の人は何もわかってない！」と嘆いていたことがあった。

　保育の質について簡単に言うことは難しいが、延長保育を行うことが保育の質の向上ではないことは、保育所に子どもを通わせたことがある保護者なら誰でもわかる。しかし当時、保護者にとっての利便性を保育の質と取り違えている行政担当者や自治体首長は少なくなかった。メディアも保育施設の駅ビル内設置を「ママ助かる」ともてはやしていた。

　保育所[※1]（認可保育園、以下同）のゼロ歳児保育や延長保育の実施率は今ほど高くなく、1997年の児童福祉法改正以降、保育所の運営を保護者の働き方に合わせる大改革が始まっていた。保護者の就労を支えるのも保育の重要な役割であり、延長保育が普及することは、会社員の保護者がふえる時代には不可欠なことだった。こういった背景があっての先の自治体職員の発言だったが、しかし、延長保育を実施することは量の拡大であって、質の向上ではない。

　2015年10月に発行されたOECDの『Starting Strong Ⅳ』[※2]は、保育の質について「子どもが心身ともに満たされ、より豊かに生きていくことを支える環境や経

※1　認可保育園と一般にいわれるが、国の基準を満たし認可された保育園の法令上の正式名称は「保育所」。本稿では、「保育所」と記載する。

※2　OECD（経済協力開発機構）の乳幼児教育・保育(ECEC)に関する報告書。2017年にⅤが発表されている。

験」という包括的定義を示した。つまり、保育の質は、子どもが今現在を健やかに幸せに過ごすことができ、未来を豊かに生きる力を培うことができる環境や経験を提供しえているかどうかによって測られなければならないということである。

　保育の社会的な機能は、保護者の就労支援、子育て支援、児童福祉、教育など、様々な側面からとらえることができるが、その営みの直接の受け手は子どもである。子どもは、自分で保育を選ぶことはできないが、預けられれば、その営みの中で毎日10時間を生活するのであり、その質のすべてを、身をもって体験する当事者である。万一、その保育の質が低いために、不快だったり、不安だったり、心身の発達に悪影響を受けるような状態に置かれていても、子どもが自分で利用をやめたり、施設に苦情を言ったりすることはできない。

　こういった保育の特質を踏まえ、保育の質というとき、まず一番に「子どもにとっての保育の質」であることを周囲の大人が理解している必要がある。保護者が、保育者が、保育事業者が、自治体が、国が「子どもにとっての保育の質」について真剣に考えることをしなければ、様々な「大人の事情」の中で、子どもが不利益を被るようなことも起こってしまう。

2. 保育の質は子どもの育つ権利を保障する

　では、「子どもにとっての保育の質」をさらに掘り下げるとどうなるのか。

　前述のOECDの包括的定義もひとつの指標だが、日本の保育所の保育内容の基準である保育所保育指針を通して、具体的に踏み込んでみよう。

　保育所保育指針は、「第1章　総則」の「保育の目標」において、「保育所は、子どもが生涯にわたる人間形成にとってきわめて重要な時期に、その生活時間の大半を過ごす場である。このため、保育所の保育は、子どもが現在を最も良く生き、望ましい未来をつくり出す力の基礎を培うために、次の目標を目指して行わなければならない」と記し、保育所で行うべき養護（生命の保持、情緒の安定）と教育（健康、人間関係、環境、言葉、表現）の目標を示している。

　そこに求められるのは、安全や衛生、栄養バランスが配慮された食事といった目に見えてわかりやすいものだけではない。たとえば、信頼できる大人からの応答的なかかわりがあること、ありのままの自分を認められること、そんな安心の足場が保障される中で、自らの意欲や好奇心を発揮したり、仲間とのか

かわりの中で関係を試行錯誤したりできる環境や機会があることなど、見えにくいが子どもの人格形成にとって非常に重要で基礎的な内容が示されている。このように健康的な生活と安心のもとで、全人格的な発達を促す教育を行うことを、保育所保育指針は「養護と教育を一体的に行う」と表現し、保育所保育の特性として定義づけている。

　乳幼児期の発達の特徴に沿って表現すると、次のようになる。

　乳幼児期は、人生で最も発達が著しい時期であり、心身の様々な機能が相互に触発し合いながら発達していくことが、発達心理学や脳科学の知見として明らかにされている。その「学び」は情報量にすると膨大なものであり、多くが自ら体験（感じる、動く）しなければインプットできない段階から始まる。つまり、乳幼児期の子どもは心身を活発に活動させることで自ら必要な発達を獲得していくという特性をもっている。このとき、不可欠な要素として、養育者（親、保育者）とのかかわりがある。乳幼児期の養育者との愛着関係（アタッチメント）が社会情緒的な発達に大きな影響を与えることは数々の実証的研究が明らかにしている。養育者との信頼関係（安心）に支えられて乳児は探索活動を始めるのであり、やがて、その人に伝えようとして言葉を発するようになる。

　保育所保育指針が「養護と教育を一体的に行う」というのは、生活面・情緒面のケアが教育と分かちがたくつながっていることを表現している。そして、保育所において、子どもが、安心できる環境のもとで、信頼できる大人とのかかわりに触発されながら、あるいは仲間同士のかかわりにも触発されながら、主体的に遊びや生活の活動をできることを、保育の質として求めているのである。

　このように書くと、保育事故などの深刻な実態とは関係のない理念的な話だと思う人もいるかもしれないが、子どもの命が守られること、子どもの人権が守られること、子どもの発達をよりよく促すことの間には境目はない。保育事故の事例を見ても、一見、命にはかかわらないように見える部分の不十分さからリスクの増大は始まっている。

　このような保育の質を直接つくり出すのは保育者であり、保育の質は「保育者のあり方」に大きく依存している。しかし、保育者の努力だけでは保育の質は確保できない。何が必要かについては、OECDの『Starting Strong Ⅱ』が掲げた「保育の質の諸側面」がよくとらえている。「諸側面」の内容はあとで紹

介するが、施設や備品・素材などの物理的な環境、人員配置、労働条件、マネジメント、チームワーク、研修などの育成体制によって、保育者の保育は支えられるのであり、逆にこれらの支えを欠く場合には、保育者は力を発揮できなくなり、保育の質の確保が困難になる。

そこには公費が支出される「制度」がなければならない。保護者が払える範囲の利用料でサービスを購入するというやり方では、家庭の事情にかかわらずすべての子どもに必要な質をそなえた保育を提供することはできない。公費を入れ、その公費が子どものために使われるように仕向ける枠組みもなければならない。

利用者は意見表明をまだ十分にできない子どもであり、保護者などが外から質をとらえることは難しいという保育の特性を踏まえれば、また、人格形成期の子どもの育ちを支えることが社会全体にとってメリットになるととらえる世界的潮流に立てば、保育制度がきわめて重要な政策であることは明らかである。しかし、日本では、この30年間、保育制度が行政改革の風当たりの中で少子化対策として動かされてきた経緯があり、ここまで書いてきた一見あたりまえの事柄がまったく理解されない局面もあった。

3. 待機児童対策が保育の質に与えた影響

待機児童問題は、私自身が保育園児の保護者だった1990年代からすでに社会問題になっていた。当時は、「保育園を増やして」と言うと、「それは働くお母さんのわがままだ」と言われる時代だった。1990年の1.57ショック以降、国は少子化対策に注力し、仕事と子育ての両立支援策を次々に打ち出していたが、世の中を動かす立場の多くの男性たちが「家庭で母親が子育てに専念するのが一番」と口にしてはばからなかった。

1997年には、保育を措置制度[※3]から市町村との利用契約制度に変更する児童

※3　「措置」は法令に基づき行政が権限をもって行う行為。それまでの保育所への入園は「措置」であったため、利用者主体の制度とはなっていなかったとされ、これを市町村と保護者の間の公的な利用契約制度に改めることで、利用者が施設を選択できる制度になると説明された。それ以前も保護者は希望園を書いて入園申請を行っており、制度改正後も待機児童が多く施設を自由に選ぶ状況とはならない地域が多かった。むしろ、措置制度の廃止は市町村の責任の後退につながるという議論が当時広く行われた。なお、市町村と保護者の公的契約が措置制度とどう違うかについては、法律家の間で諸説ある。こういった議論の一方で現在、施設と保護者の直接契約である認定こども園制度に保育所が移行する流れが全国的に広がっており、実質的な直接契約化が進んでいる。

福祉法の改正が行われ、保育の利用を一般化すると説明された。ゼロ歳児保育や延長保育の普及に制度面のテコ入れがされ、これからは利用者が保育を選ぶ時代だと説かれた。保育所が保護者から選ばれることで、競争原理が働いて保育の質は向上するはずだという議論が政府の検討会などでなされていた。この制度変更の利用者へのインパクトは強く、この年の4月の待機児童数は4万人を超えた。この頃、被雇用者における共働き世帯と専業主婦世帯の世帯数は逆転し、共働き世帯は多数派となっていた。女性の職業意識の高まりと、国の少子高齢社会をにらんだ共働き一般化策が相俟って、ライフスタイルは大きく変化していった。

　そもそも国が共働き一般化に旗を振っていたにもかかわらず、待機児童問題がいつまでたっても解決しなかった背景には、先に書いたような根強い「3歳児神話」があったこと、行政改革で自治体にもコスト削減が求められていたこと、全体が少子化に向かう中で保育ニーズの増加に懐疑的な見方も強かったことなどがあっただろう。

　2008年にリーマン・ショックが起こると、やや落ち着いてきていた待機児童数が再び増加に向かい、保育所の入園事情はこれまでになく悪化した。2013年には杉並区で保育所入所の「不承諾通知」を受け取った親たちが集団で異議申し立てを行った「保育園一揆」が起こり、2016年には「保育園落ちた日本死ね！！！」という匿名ブログの書き込みが国会で取り上げられ、待機児童問題は常にその解消が政治目標に掲げられるようになっていった。

　本来、保育の量と質はトレードオフの関係であってはならないのだが、対策の遅れが量の不足を決定的なものとし、質に悪影響を及ぼしたことは否めない。その流れの中で、量を増やすための「規制緩和」が進められた。硬直的な制度の改革は必要だが、規制なのか、子どもの環境を守る基準なのか、十分な議論がされたとは言い難い。

　そのため、子どもの安全・安心を願う多くの保護者にとっては、理不尽なことの連続となった。

（1）「詰め込み」による待機児童対策
　日本の保育所等の面積基準は、図表1のようになっている。

図表1　保育施設の種類による面積基準の違い

保育所	2歳未満児：1人あたり3.3平方メートル以上（厚生労働省通知で、児童がほふく等自分で動くようになれば3.3平方メートル以上必要と補足しているが、基準には「乳児室1人あたり1.65平方メートル以上、または、ほふく室1人あたり3.3平方メートル以上」と記されている）。 2歳以上児：1人あたり1.98平方メートル以上、屋外遊戯場1人あたり3.3平方メートル以上。
自治体の助成を受ける認可外保育施設	自治体によって異なる。東京都の認証保育所では、おおむね保育所の基準に準じながらも、A型は2歳未満児1人あたり2.5平方メートルまで弾力化が可能、B型は2.5平方メートル。
自治体の助成等を受けない認可外保育施設	子ども1人あたり1.65平方メートル。

　1998年、児童福祉法改正以前に行われていた乳児保育指定保育所制度（ゼロ歳児保育を実施する保育所への補助金制度）では、ゼロ歳児の面積基準は1人あたり5平方メートルであったが、ゼロ歳児保育一般化により制度はなくなり基準も廃止された。

　同時に、面積基準を超えなければ、保育所の定員を最大25％まで上回って受け入れてよいとする「定員超え受け入れ」の規制緩和が行われた。当初はいくつかの制約条件が設けられていたが段階的に緩和され、2010年には年度当初から無条件で25％まで受け入れてよいことになった。

　これにより、自治体の多くが施設を増やさないで待機児童を吸収する方向に流れたが、「定員超え受け入れ」をめいっぱい行っても、保育ニーズの増加に追いつくことはできず、待機児童は解消しなかった。「定員超え受け入れ」の限界が近づくにつれ、面積基準そのものの緩和にも目が向けられるようになっていた。

　2009年10月7日の地方分権改革推進委員会第3次勧告を受けて、保育所の保育室面積や保育士の配置などについての最低限度を定めた国の最低基準を廃止し、自治体の条例に委ねることが政府の検討課題となった。これに対して、全国の保育所、保護者は大きな危機感をもち、2009年10月、保育園を考える親の会[※4]は「保育所にかかわる国基準の堅持・向上を求める緊急アピール」を発表。全国の個人や団体から多数の賛同署名が集まり、11月26日の参議院会館で開かれた院内学習集会には、保護者、保育団体、保育所経営者、報道陣な

※4　筆者が代表を務める市民グループ。保育園等に子どもを通わす保護者らで1983年に活動が始まり、現在に至る。

ど会議室に入りきれないほどの人が集まった。2012年に地方分権一括法により児童福祉法等が改正されたが、条例への委譲は一部に限定された。面積基準や人員配置基準、調理室の基準など人権にかかわる基準については国の基準を「従うべき基準」とし、その他については国の基準を「参酌基準」として自治体が条例で決められることになった。

　なお、その附則4条により、待機児童の多い地域などに限り国の基準を下回る面積基準を条例で定めてよいという特例措置が2014年度末（2015年3月末）までの期限つきで実施され、その後2回延長され2022年度末までとなっている。

　これを受けて東京都は保育所の2歳未満児の面積基準を1人あたり2.5平方メートルまで緩和しているが、都内の基礎自治体でこれに合わせたところは見当たらない。その一方で、大阪市は待機児童が多い地域での全年齢の面積基準を1.65平方メートルまで引き下げた。大阪市をはじめとしたいくつかの自治体は、面積基準の緩和の延長や拡大を求める提案を国に寄せており、自治体による考え方には大きな開きがある。

　2010年10月29日、愛知県の保育所で、0歳児クラスの1歳4か月児が、保育士の見守りのないところで食事（おやつ）を喉に詰まらせ意識不明になり、39日後に死亡する事故が起こった。この保育所では、1人あたりの面積が1.65㎡を下回るまで0歳児を入園させた結果、「芋の子を洗うような状態」（施設長談）になったという。やむなく当該児を含む月齢の高い0歳児4人を1・2歳児の部屋に移したが、その部屋も1人あたり3.3平方メートルを下回るような状況であった。1・2歳児と混合の状況で特に配慮もないまま保育が行われた結果、保育士による食事の見守りが適切に行われず、このような事故が発生した。

　2012年4月、市による第三者委員会が設けられ、翌2013年2月に報告書[※5]が公表された。検討報告では、おやつの内容（ラムネやカステラ）や水分補給についての問題、保育形態の変更に伴うリスクの認識不足、最低基準（面積基準）の改善の必要性などが指摘された。

※5　「碧南市『保育事故』第三者委員会報告書」https://www.city.hekinan.lg.jp/material/files/group/13/houkoku.pdf（2020年2月7日閲覧、現在このアドレスでの閲覧は不可）

　このように保育室の物理的な環境は、子どもの生活と保育士の保育に直接影響を及ぼし、ときには子どもの安全も脅かす。子ども同士が密になることでトラブルやけがが増えることがよく指摘されるが、そのことによって保育者の負担も増え、子ども一人ひとりに注意を払ったり応答的に対応したりといったことも難しくなる。また、子どもがそれぞれ自由におもちゃを広げて遊ぶスペースがなければ、保育者は子どもに号令をかけて一斉に同じことをする保育に偏りがちとなり、教育の質、子どもの人格の尊重にも悪影響が及ぶ。

　保育園を考える親の会が「見学して預けたくないと思った施設はどんなところか」を会員に聞いた自由記述アンケート[※6]では、回答者の4分の1が「狭い、きゅうくつ」と答えていた。ほとんどが面積基準を2.5平方メートルまで弾力化している東京都の認証保育所についての記述だった。有効回答数は71件と少数だったが、きわだつ結果だった。

　待機児童が多い東京都では、預けたくなくても預けざるをえない保護者は多いので、事業者として普通に利益の最大化を目指せば「詰め込み」になってしまうのは自然ななりゆきでもある。下手をすれば、自治体もそれでよいと考えてしまう。誰が子どものことを考えるのか、何が子どもを守るのか。大阪市のような判断をする自治体がある限り、国の基準は必要だ。

　建築の専門家が中心になって海外の制度、保育施設の生活の実情、現地の状況などの調査を基にまとめられた「機能面に着目した保育所の環境・空間に係る研究事業　報告書」（全国社会福祉協議会　2009年）は、現行の面積基準について2歳未満児4.11平方メートル、2歳以上児2.43平方メートルに改善すべきことを提言している。

（2）保育士配置と処遇の改善の先送り

　保育の質が「保育者のあり方」に大きく依存することはすでに述べた。あり方というのは、専門性や適性などの資質、経験、意欲、ゆとり（人員体制、労働環境）などのすべてを含む。保育士に資質や意欲のある人材を集め、ていねいに育成する環境をつくらなければ、保育の質を高めることはできない。今現

図表2　保育施設の種類による人員配置基準の違い（子ども対保育士）

保育所	0歳児：3対1 1・2歳未満：6対1 3歳児：20対1 4・5歳児：30対1 ※すべて有資格者でなければならない。
自治体の助成を受ける 認可外保育施設	自治体によって異なる。東京都の認証保育所では、1人あたりの子どもの人数は保育所と同じだが、有資格者・常勤を6割以上と定め、4割までは無資格者でもよいことになっている。
自治体の助成等を受けない 認可外保育施設	1人あたりの子どもの人数は保育所と同じだが、おおむね3分の1以上は有資格者でなければならない。

在、保育士不足が深刻になり、ようやく保育士の待遇改善や負担軽減が言われるようになっているが、これまで十分な対策を打ってこなかった影響が現れていることは否めない。

　現行の保育士配置基準は図表2のとおり。

　戦後に保育所制度が開始して以来、保育所の保育士配置基準は少しずつ改善されてきたが、1969年以降は変わっていない。

　1998年には、保育士の基準配置数に短時間保育士（パート保育士）を含めてよいとする規制緩和が行われた。当初は、基準配置数の2割までとされたが、段階的に緩和が進み、2002年には1クラスに常勤1名以上などの条件になった。どこの保育所でも、保育補助としてパート保育士が活用されているが、基準配置数（担任）がパートになるのはどうなのか、時間ごとに担任が入れ替わるのでは子どもの安心・安全が損なわれるのではないか、担任が一人ひとりの子どもを理解してかかわる保育が難しくなるのではないかという懸念があり、保育園を考える親の会は反対を表明した。

　1999年には、1971年から東京都が実施してきた公私格差是正補助金が廃止された。これは、民間保育所の保育士の待遇を公立保育所に近づけるために行われてきたものだった。廃止後、ベテラン保育士の給与を下げたり、身分を切り替えてもらったりせざるをえない民間保育所が続出した。

　2003年には保育士資格が国家資格となった。

　2004年に公立保育所の運営費が一般財源化されたが、これはその後の自治体の公立保育所の運営に大きな影響を与えた。民営化が促されるとともに、財政が厳しい自治体では保育士の非正規化が著しく進むことになった。2011年

の全国保育協議会調査では公立保育所の保育士の半分が非正規雇用であること
が明らかにされた。[※7]

2012年、子ども・子育て支援新制度に関する法改正の附帯決議で質を伴っ
た改革が求められ、3歳児の配置基準（子ども対保育士）を15対1に改善するこ
とが予定されたが、消費増税が8％にとどまったためか、15対1の配置をでき
た保育所に補助金を出す制度に変えられた。このとき、財源が確保でき次第、
1歳児の基準を5対1、4・5歳児の基準を25対1に改善する計画もあったが、
2019年の消費増税は幼児教育無償化の財源となった。

2014年3月、政府の産業競争力会議の雇用・人材分科会は、保育人材の不足
を補うために、子育て経験者に研修を行って「准保育士」という民間認証資格
を与え、基準配置数に含めることを提案した。保育現場では保育士の専門性の
否定だという反発が広がった。保育士不足は、保育士の待遇が職務に見合って
いないことを労働市場が警告している現象にほかならないが、そこにもっと低
い待遇で応じる人材を入れるとすれば、それは保育の質にとって自殺行為にほ
かならないと考えられ、保育園を考える親の会は反対の意見書を提出した。
2015年に研修を受けて認定される「子育て支援員」の制度がつくられたが、
保育所の基準配置数には含まれないことになった。

給与水準については、国や自治体から認可施設に支給される給付費（保育所
では措置費、委託費などともいわれる）の算定基準になる公定価格において、保
育士給与が低く見積もられていることが、長年の間、問題とされてきた。人事
院勧告によるベースアップはあるが、短大卒程度・勤続10年で昇給が頭打ち
になるような給与体系に基づいているといわれる。

待機児童対策推進のためには保育士確保が喫緊の課題と認識した国は、2013
年度から処遇改善加算を行っており、2017年度までの5年間でベースアップ等
も含めて10％程度の処遇改善を行ったと発表している。さらに、2017年度には、
新しく保育士のキャリアアップの仕組み（処遇改善加算Ⅱ）を開始した。給付
費に1人月額最大4万円までの処遇改善を行うための加算を実施するものだが、
キャリアに関する要件と人数制限があり、全員が対象になるわけではない。ま

※7　全国保育協議会「全国の保育所実態調査報告書2011」（2012年9月）http://www.
zenhokyo.gr.jp/cyousa/201209.pdf（2020年6月19日閲覧）

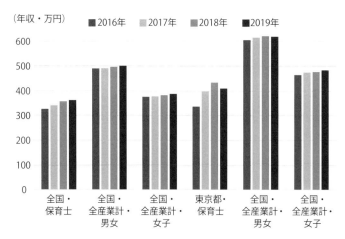

（年収・万円）

■2016年　■2017年　■2018年　■2019年

図表 3　平均年収の比較（民営・常用雇用・フルタイマー、税込、賞与・手当込み）
（出所）賃金構造基本統計調査より筆者が作成

た、所定の研修受講が義務づけられているが、地域によっては達成が難しく、2020年12月現在経過措置で免除されている。研修の提供体制や研修時間が十分に確保できない保育現場の状況もネックになっている。

　東京都では、国のキャリアアップの仕組みに上乗せし、大幅な処遇改善を行っている。その効果は図表3の賃金構造基本統計調査にも表れている。

　制度における処遇改善は少しずつ進んでいる。コロナ感染症対策による財政悪化もあり不安はつきないが、今後は、一時的な加算ではなく、できる限り恒久的な基本給での改善につなげていく必要があるだろう。

　また、制度での改善が着実に保育者に届くようにすることも重要である。給付費は施設に手渡されるが、その配分は事業者が決める。次章でも紹介しているように、給付費の使途に関する規制が緩和されているため、人件費に十分なお金を充当していない事業者も見られる。かつて保育所の人件費率は8割といわれていたが、現在では社会福祉法人でも6〜7割、株式会社においては5割程度になっているところも多い。保育施設の急増により、保育事業者は多様になっており、子どもにとっての保育の質向上への志向性をもっていない事業者も増えていることを感じている。給付費の使途の公開、適正化のための指導等も考えるべき時期にきている。

　なお、給付費は配置基準の保育士数で人件費を算定するため、配置基準より

も多く人を配置している施設では、1人あたりの給与も低くなってしまうことも発生する。意欲と適性がある人材を集め、育成し、保育の質を追求していく職員集団をつくり上げるためには、保育士の処遇改善と配置基準の改善の両方を行っていかなければならない。

　2016年3月11日、東京都中央区の株式会社立の認可外の事業所内保育施設で、入園して間もない1歳2か月児が無人の部屋にうつぶせ寝で寝かされ、約2時間半後に心肺停止の状態で発見された。

　事故後、東京都が設けた検証委員会の報告書※8によれば、次のような状況が明らかになっている。

　この施設では、保育経験3年3か月の施設長が、寝つきが悪いと他の子どもを起こしてしまうからと、無資格の非常勤職員に、本児を別室で「うつぶせ寝」で寝かすように指示し、寝付いたあとは別の用事を命じていた。事故当日は、認可外保育施設の指導監督基準を満たす職員がいたが、他の常勤職員も当該園での勤務実績が1年～3年、保育経験が1年～4年程度しかなく、非常勤の職員は無資格で系列園を行き来するような勤務であった。

　施設長は会社に施設長を命じられたとき、保育士としての現場経験が1年3か月しかなく、いったんは断ったが、本部からサポートを約束されて着任したという。この会社には、月に1～2回スーパーバイザーが施設を訪問する制度があったが、具体的な日々の保育内容に関する日常的な相談や指導などは十分に行われていなかった。

　また、非常勤職員は本社の指示によって施設に派遣されており、事故の際、本児を寝かしつけた非常勤職員は、3月に入ってからこの施設での2回目の勤務であり、本児とは前日に初めて会っていた。

　保育施設で子どもが安定した生活を送るためには、保育者が子どもの健康状態、発達の状況、家庭での生活、個性を理解し、一人ひとりに合わせた対応をしつつ、子どもとの信頼関係を築いていく必要がある。慣れなかったり、生活

※8　「東京都教育・保育施設等における重大事故の再発防止のための事後的検証委員会報告書」（2017年3月8日）https://www.metro.tokyo.lg.jp/tosei/hodohappyo/press/2017/03/08/documents/08.pdf（2020年2月7日閲覧）

リズムの違いから一斉の午睡が難しい場合には、子どもの生活リズムに合わせて時間をずらしたり、部屋を分けてそれぞれ保育士がついたりなど、工夫やチームワークで違うやり方もできるはずだ。

　報告書は、事故の背景として、SIDSや窒息のリスクに関する知識、応急処置に関する知識・経験不足、職員の専門性の向上を支える体制の不十分さなどの問題があったことを指摘している。

　なお、この事業所内保育所は、複数の企業が認可外保育施設と法人契約を結び、従業員に事業所内保育所として利用させるもので、ちょうどこの年に国が待機児童対策の目玉として打ち出した企業主導型保育事業の一類型に類似したものだった。

　事業所内保育所は、企業が設置する従来の形であれば、企業自身が従業員の子どもを預かるという立場になるため保育の質に関しても自ずと責任をもつことになるが、このように複数企業が保育施設と契約する形の場合、委託企業の福利厚生担当者が事務手続きをするだけで、保育の質については委託先の保育施設に頼る形になる。

　認可外保育施設を指導検査（＝指導監査）する立場の東京都は、認可・認可外の保育施設の急増により、指導検査の実施率が低迷し、立入調査は全体の2割程度しか実施できていない。当該施設に関しても、開設されて約5年がたっていたが、事故後に初めて立入調査を行っている。また、基礎自治体では、認可保育所や認証保育所に区の職員が月1回、巡回しながら困りごと等の相談に対応する巡回支援を実施していたが、その他の認可外保育施設については、都への届出情報でしか把握できず、区民以外の利用が多いこともあって関与できていなかったという。

　保護者は認可の保育所を希望していたが、待機児童になり、職場に相談したところ、この施設を紹介された。契約企業には大企業が名を連ねていたため、それなりの体制が整っているものと思ったという。

　しかし、実際には、安全管理の基本事項も徹底されていなかった。0・1歳児にとってうつぶせ寝はSIDSのリスクがあることや、午睡中も子どものそばにいて呼吸や顔色の観察が必要なことなどは、保育施設の事故防止のマニュアル等には必ず書かれていることだった。

　報告書の中ではふれられていないが、事故前の話として保護者から聞いたことにこんな内容があった。慣らし保育のために送っていったとき、気になって玄関横の窓から中をのぞくと、本児がずっと泣いているにもかかわらず、周囲の保育士たちは荷物をチェックしたり連絡ノートを見たり雑談をしたりしていて、本児にふれることも声をかけることもしないまま20分近くが経過したという。保護者が電話をかけて頼み、子どもはようやくだっこされた。

　これは、一見、死亡事故とは関係がないことのように見えるが、子どもと保育者の愛着関係形成が重要な1歳児期の保育としては、異様な光景と言わざるをえない。子どもが泣いたとき手がふさがっていてすぐに対応できないことはあると思うが、保育者は子どもに声をかけながら、なるべく早く子どもの訴えに応えようとするものだ。このような保育者の意識は、午睡時に本児が寝ている部屋を何度か通過しながら本児の様子を見ることもしなかったという事故の日の保育状況と無関係とは思えない。

　保育士の専門性、経験値、人数などが不足しているような無理な体制での保育実施は、保育の質を脅かす。保育士が足りないから規制緩和しようという政策では、次世代の健やかな育ちは保障できない。保育士が専門性を高められるように、保育士が日々、子どもの最善の利益を考えて保育ができるように、制度が支援し、環境を整えることが必要である。

（3）園庭削減による待機児童対策

　以前はほとんどの保育所が地面の上に平屋もしくは2階建で建てられ、園庭がつくられていたが、待機児童が急増する中で、都心部ではビルの中に設置される保育所が急増した。

　国は2000年に企業やNPOなどによる保育所の設置を認めるとともに、保育所の土地・建物を原則自己所有とする規制をはずし、賃貸施設でもよいこととした。さらに2001年には、園庭を近くの公園等で代替してもよいことを全国に通知した。これによって、ビル等をフロア借りして設置される保育所が徐々に増えていった。

　東京都心区で新しくつくられた保育所の状況を見れば、この政策がいかに

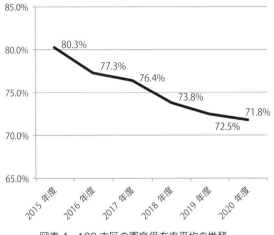

図表 4　100 市区の園庭保有率平均の推移

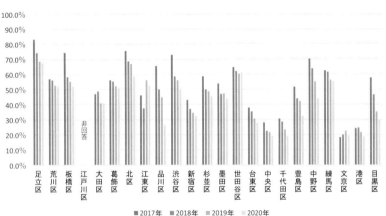

図表 5　東京 23 区の保育所の園庭保有率

（出所）保育園を考える親の会「100 都市保育力充実度チェック」各年度版より作成
調査対象は、首都圏の主要都市と政令市の 100 の市区。有効回答数は年度によって異なる。

「有効」な待機児童対策であったかがよくわかる。ビル等に保育所がつくれなければ、これらの地域の待機児童の状況はもっと悲惨なことになっていただろう。幼稚園のように地面の上に建つ保育所はこの地域では「ぜいたく」に映る。面積基準の緩和の議論でも必ず言われることだが、地価の高い地域で「ぜいたく」を言っていては、保育所はつくれない。

　園庭がないと保育の質を確保できないとは言わない。都内は、立派な都市公園も多い。毎日木々が茂る自然豊かな公園へ散歩に繰り出している保育所も少なくない。園庭がなくても、工夫次第で保育の質は確保できるし、園庭があっても活用できていなければ意味がない。制約のある条件のもとで保育の質を高める努力をしている施設や保育者は、もっとほめられるべきだとも思う。

　それでも、広々とした快適空間を備えた商業施設はいくらでもつくられるのに、一歩入ったところの雑居ビルでは子どもたちが狭い室内でひしめいている状況、小さな児童公園にいくつもの保育施設の散歩が次々とやってきて、保育士が必死で子どもを囲い込んでいる状況を見ると、何かおかしいと思う。こんな街づくりしかできないというのは、この社会の仕組み自体がどこかおかしいのではないかと思われるのだ。

　小さくてもいい。園庭があれば、居室の延長線上に子どもの活動空間が広がり、心身の発達を促す活動を確保しやすくなり、子どもの目に映る景色も違ったものになる。自前の戸外環境が活用できることで、保育の自由度が広がって保育者は保育を豊かに考えることができるし、保育者の負担を減らすこともできる。そんなことを、街づくりをする人々にもっと知ってもらいたい。

4．行政施策は保育の質をどのように支えうるか

　ここで、先にふれたOECDの「保育の質の諸側面」について紹介したい。ここまで見てきたことからも明らかなように、保育の質を高めるためには、保育現場における自律的な働きとともに、それを制度で支援したり指導したりする行政の働きも欠かせない。

（1）「保育の質の諸側面」から見た行政施策の役割

　「保育の質の諸側面」は、OECDが2006年に発表した『Starting Strong Ⅱ』で示された。原典では、図表6のような階層的な表現はされていないが、制度と対照させるために土台となる事柄を下に置いて筆者が作図した。さらに、これらOECDの「保育の質の諸側面」について、日本の保育の質にかかわる制度がどのように関連しているかを示している。

　「成果の質」とは、子どもの現在および未来の幸せにつながる成果である。

その成果を生み出すのが「プロセスの質」である。

　「プロセスの質」は、子どもが直接体験する養護と教育の営みそのものである。関係性の質とも説明されており、子どもと保育者、子ども同士、子どもとその他の環境などの間の相互的な関係によって促される子どもの学び・発達のプロセスをとらえている。養護の営みや、一人ひとりの子どもの幸せの追求が行われることでその効果が増大するとも書かれている。

　「実施運営の質」は、「プロセスの質」を醸成する組織づくりの質といえる。マネジメント、計画の作成、チームワークの形成、保育者の専門性の構築などがあげられ、情報共有を促すリーダーシップにより支えられると説明されている。行政は、事業者の啓発・指導、ガイドラインの提供、研修の実施や支援、評価、その他によってこの質を支えることができる。

　「構造の質」は、主に行政の責任において公定される物的・人的な構造と説明されており、施設設備、クラスの規模、保育者の配置や資格、労働条件などが例示されている。本稿ではここまで、主に「構造の質」に関する施策を取り上げてきた。行政が最も具体的に影響力を及ぼすことができる側面である。

　「教育（保育）の概念と実践」は、国のカリキュラム等に書かれるものとされている。日本では、保育所保育指針、幼保連携型認定こども園教育・保育要領、幼稚園教育要領などが該当する。これらは現場の保育、保育者養成のよりどころにもなるものである。行政は、これらが示す理念や手法を周知する立場であるが、行政担当者自身がまず、保育施策に携わるときにこれらを学ぶ必要がある。

　「志向性の質」は、国や自治体の幼児期の政策への志向性をとらえる。日本では、児童福祉法、子ども・子育て支援法、学校教育法などの法律があり、これらに基づいて施策が実行される。

　図表6では、こういった「保育の質の諸側面」に作用する行政施策を右側に列挙している。

　子どもが直接体験する保育の質は「プロセスの質」である。しかし、「プロセスの質」は関係性の質であり、その実体は個々に柔軟に変化する日々の営みであるため、行政施策により外形的・一律的に規定することは難しい。「プロセスの質」の向上は、保育現場で、保育者が子どもと向き合い、子どもへの理

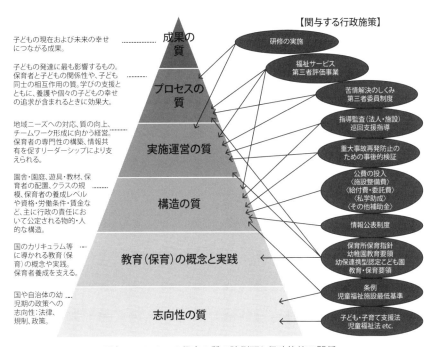

【関与する行政施策】

子どもの現在および未来の幸せ……………**成果の質**
につながる成果。

子どもの発達に最も影響するもの。
保育者と子どもの関係性や、子ども………**プロセスの質**
同士の相互作用の質。学びの支援と
ともに、養護や個々の子どもの幸せ
の追求が含まれるときに効果大。

地域ニーズへの対応、質の向上、
チームワーク形成に向かう経営。………**実施運営の質**
保育者の専門性の構築、情報共
有を促すリーダーシップにより支
えられる。

園舎・園庭、遊具・教材、保
育者の配置、クラスの規
模、保育者の養成レベル………**構造の質**
や資格・労働条件・賃金な
ど、主に行政の責任に
おいて公定される物的・人
的な構造。

国のカリキュラム等
に導かれる教育（保………**教育（保育）の概念と実践**
育）の概念や実践。
保育者養成を支える。

国や自治体の幼
児期の政策への
志向性：法律、………**志向性の質**
規制、政策。

研修の実施

福祉サービス
第三者評価事業

苦情解決のしくみ
第三者委員制度

指導監査（法人・施設）
巡回支援指導

重大事故再発防止の
ための事後的検証

公費の投入
〈施設整備費〉
〈給付費・委託費〉
〈私学助成〉
〈その他補助金〉

情報公表制度

保育所保育指針
幼稚園教育要領
幼保連携型認定こども園
教育・保育要領

条例
児童福祉施設最低基準

子ども・子育て支援法
児童福祉法 etc.

図表6　OECD の保育の質の諸側面と行政施策の関係

6つの側面の名称の邦訳は、イラム・シラージら著、秋田喜代美・淀川裕美訳『「保育プロセスの質」評価スケール──乳幼児期の「ともに考え、深めつづけること」と「情緒的な安定・安心」を捉えるために』（明石書店、2016年）に基づく。図および図中の解説は、6つの側面の解説も含め、OECD『Starting Strong II』の原文を参考に筆者が作成。

解を深めながら、主体的・自律的に柔軟に行われなければならない。

　一方で、「プロセスの質」を保育施設の内部の努力だけで向上させることも難しい。ここまで見てきたように、行政施策による支えやかかわりによって、「実施運営の質」「構造の質」「教育の概念と実践」が強化され、それによって保育現場は「プロセスの質」を向上させることができる。つまり、行政施策は「実施運営の質」「構造の質」「教育の概念と実践」を高める作用を及ぼすことで、間接的に「プロセスの質」の向上を助ける役割を担っている。

　公費の投入やそれに伴う基準の規定と運用、指導や支援などの行政施策もまたその質を問われなければならない。そのためには、「志向性の質」にあたる制度の理念が明確でなければならないが、果たしてそうなっているだろうか。

　「構造の質」の基準についてはここまで多くを述べてきたので、以下に、その他の課題をピックアップしたい。

（2）保育者の資質向上を支援する

　ここまで繰り返し述べてきたが、保育の質を直接的に支えるのは保育者である。保護者の感想にも「担任によって子どもの育ちが違う」というものがあるが、それほどに保育者は子どもにとって大きな存在である。

　保育者が資質を高める方法としては、まず研修などによる知識・技能の向上があげられると思うが、同時に、日々の地道な振り返り（保育の記録をとり自己評価をする）や職員同士の話し合いが重要であることが指摘されている。特に近年、打ち合わせや職員会議などで、常に子どもや保育について話し合うような「同僚性」の高い職員集団をつくることで、保育の質を高められることが指摘されている。また、研修も、他の保育施設の保育を見学して意見交換をするなどの交流研修の有効性が言われている。[※9]

　しかし、研修にしても振り返りにしても、保育者にそのための時間がなければ十分に取り組むことはできない。保育標準時間11時間プラス延長保育の保育を、配置基準ギリギリの人数の8時間勤務の保育士とわずかな短時間保育補助がローテーションで回しているような施設では、その余裕がない。

　研修や振り返りの時間の確保は、まず行政施策による支援（配置基準の改善など）が必要であり、次に、保育事業者が職員育成の意識をもって経営を行わなければならない。これは、次項の「事業者の質」にかかわることである。

（3）「事業者の質」への着目

　保護者から保育施設に関する相談に応じたり、保育事業の審査の仕事に従事したりする中で、私は今、保育の質が二極化しているのではないかという懸念を抱いている。

　保育の質への探究心をもち、職員全体で問題意識をもって子どもを理解し、その現在と未来を豊かなものにしようと努力している施設と、保育所保育指針さえ読む間もなく未成熟な職員集団がギリギリの保育を行っている施設がある。その違いをつくっているのは、個々の職員の資質や意欲もあるが、それを高め

※9　厚生労働省 保育所等の保育の質の確保・向上に関する検討会「中間的な論点の整理」（2018年9月26日）https://www.mhlw.go.jp/content/11907000/000512804.pdf（2020年6月19日閲覧）

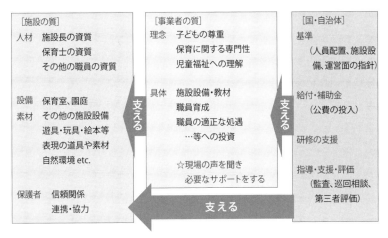

図表7　保育の質を支える構造（筆者作成）

るはずの「実施運営の質」の差が大きいのではないかと考えられる。「実施運営の質」は、施設長のリーダーシップによる部分も大きいが、その施設長を支えるべき事業者に問題がある場合も少なくない。

図表7は、私が考える保育現場・事業者・行政が保育の質を支える構造である。

事業者は多様化しており、保育の専門性（主に子どもにとっての保育の質の理解）が低い事業者も発生している。そのような事業者は、現場に対して必要な支援を十分に行わないため、現場と対立していたり、現場の意欲をそいでしまうこともある。子ども・子育て支援新制度の開始当初は、認可のハードルを下げて、外形的基準を満たしていれば基本的に認可するという仕組みにする代わりに、事業者の経営層に保育の専門性を求めることになっていたが、果たしてその取り決めはどのように機能しているだろうか。専門性の低い事業者への啓発をどのように行うかも課題である。

また、行政は施設ごとの給付費の使途を開示させ、公費が保育の質のために適切に使われているかどうかを把握し指導することで、現場を支援してほしい。また、運営内容については、指導監査や巡回指導支援などの実施率を高めて現場を把握するとともに、問題があると思われる場合は、現場だけではなく事業者への指導も行う必要がある。

（4）指導監査と巡回支援指導、第三者評価

　指導監査の実施率が極端に低い自治体は、早急に改善する必要がある。また、結果は利用者等が閲覧できるように公表してもらいたい。同時に、指導監査の方法等が自治体によってばらつきがあり、施設からは保育の質に対して的外れな指導もあるという指摘もされている。第三者評価との差別化も含め、行政の役割を踏まえつつ、「子どもにとっての保育の質」をとらえる指導のあり方を再構築してもらいたい。

　指導監査に加え、施設に直接関与する仕組みとして、巡回支援指導[※10]を導入する自治体が増えている。これは、元公立保育所保育士などが施設を巡回して施設の相談にのりながら助言や指導を行う仕組みで、指導監査と連携して行われることが期待されている。国も2017年より、指導員の配置や研修を支援する補助制度を設けている。

　保護者の苦情や内部告発などで何らかの懸念が提示されたとき、これらの制度が迅速に対応できる体制をつくることは急務と考えられる。

　2019年の2月、3月には、認可・認可外保育施設での虐待まがいの不適切保育が次々に報道され、問題になった。そのうち1つの事案では、保護者等の訴えに基づく市の指導後も保育士の暴言等は改善されておらず、保護者がICレコーダーを子どもの鞄に潜ませて録音した音源を証拠として公開したことによって、ようやく施設は保育士の処分に踏み切った。明確な基準違反に見えない事象であっても、その向こう側に子どもが苦しむ実態があり、日々満たされぬ生活を送り、心を傷つけられている可能性がある。

　第三者評価制度[※11]は、受審料補助がある東京都などでは普及しているが、他の自治体では受審率がきわめて低く、2019年度の全国平均で保育所6.99％、幼保連携型認定こども園0.80％、地域型保育事業（小規模保育など）0.11％にすぎない[※12]。また、この制度の目的は、①評価のプロセスや結果の検討により

※10　世田谷区は「巡回指導相談」、東京都は「巡回指導」など、自治体によって名称や巡回範囲が異なる。

※11　社会福祉法78条1項・2項に基づく国の制度であり、都道府県の推進組織により運用されている。

※12　福祉サービス第三者評価事業ホームページ（全国社会福祉協議会）より。http://shakyo-hyouka.net/evaluation5/（2020年6月15日閲覧）

事業者が自発的に質向上への努力を行うことと、②評価結果の開示によって保護者の施設選択に資することが謳われているが、施設が評価機関に受審料を支払う仕組みであるため、厳しい評価は抑制される傾向があり、②の効果については疑問がある。

　指導監査との関係を整理する必要があるが、基準等の遵守状況を検査する指導監査とは、目的や法的な効果が異なるものであり、第三者評価があれば指導監査が不十分でもよいということにはならない。

5.　保育の質は社会の未来をつくる

　待機児童問題はまだ解消されていないが、保育ニーズ急増の局面は過ぎつつあるように見える。保育の量拡大にかけてきた労力や費用が、これからは質に傾けられていくのではないかと期待していたが、楽観できない情勢である。2019 年の消費税の増税は保育の質改善の財源を確保するチャンスだったが、財源は幼児教育無償化に費やされることになった。そして今、コロナ感染症拡大が世界をゆるがし、今後の経済情勢は不透明になっている。財源不足を背景に、また規制緩和論が再燃しないかという不安はあるが、そろそろ私たちは歴史に学ばなくてはならない。本稿で、制度の変遷を振り返ったのは、その思いからだった。

　一方で私は、日本の社会全体が少しずつだが保育への理解を深めており、また子どもに関する議論も子どもの人格を尊重する方向に進んでいると感じている。

　私が保育所の保護者だった 1990 年代から 2000 年代にかけて、産業界からは、認可の保育所がいかに時代遅れか、営利事業者ならもっと消費者ニーズに合った託児サービスを提供できるというような議論が噴出していた。今は、保育の質は子どものものであることを、保育業界以外の多くの人が語るようになった。

　この間、日本は子どもの権利条約にも批准した。[※13] 子どもの権利条約は、世間一般の話題に上ることは少ないが、子どもにかかわる法令は条約に沿って少しずつ変えられてきている。2016 年には、児童福祉法の第 1 条に子どもの権利

※13　子どもの権利条約は、1989 年に国連で採択され、日本は 1994 年に批准した。

が謳われる改正があった。児童虐待への問題意識の高まりは、物事を子どもの立場から考える機会を増やしている。

　保育については、保育所を利用する子どもの父親・母親が、メディア関係者、政治家、行政担当者にも増えてきて、話が通じやすくなったと思う。私は保育園を考える親の会の活動を通して、長年にわたってメディアの取材を受けてきたが、かつては記者に幼稚園・保育所の違いから説明しなければならなかった。今は、取材といいながら、保育の問題の当事者として熱く語る記者に出会えるのがうれしい。

　発達心理学や脳科学、教育の分野における新しい知見や見解も、子ども一人ひとりが大切にされることの重要性を次々に明らかにしている。非認知能力（社会情動的スキル）に関する研究もそのひとつである。子どもを狭いところに詰め込んで、疲れ果てた保育者が号令で支配する保育では次世代は育たないことを、もっと伝え合って、もっと議論していかなければならない。

※14　学力テストや成績で測定される能力を認知能力（認知的スキル）、それらでは測定できない忍耐力、社交性、自尊心などの能力を非認知能力（社会情動的スキル）という。ヘックマンは、非認知能力は社会的成功と強く関係しており、幼児期から培われると主張した。OECDは、認知的スキルと社会情動的スキルは相互に高め合うものであるとし、明確なエビデンスは明らかになっていないものの各種の知見からは、社会情動的スキルが、養育者との愛着関係、対話の多さ、家庭、学校、地域社会の中での協力的な関係性において培われることを示唆している（OECD編著『社会情動的スキル──学びに向かう力』明石書店、2018年）。

第3章

公共の存在である保育所の変質

小林 美希

・・・・・・・・・・・・・・・・・・・・・・・・・・・・・・・・・・・・・・・

1. 保育の現場から

　「みんなが先生の話を聞かないから、今日は公園に行きません」

　都内にある私立の認可保育所を訪れると、2歳児を前に保育士（20代後半）が冷たく言い放っていた。少し離れたところから見ていると、保育士は園児らに「あんたたちなんか、言ってもどうせわからないんだから」と大声で威圧する。さらに「今日は○○ちゃん・君がふざけていたので、絵本を1冊しか読めませんでした」と言葉を重ね、子どもたちは、しゅんとしていく——。

　保育士たちはみな、若い。唯一の40代のベテラン保育士も「あなただけ遅くてダメね」と言いながら、2歳児の二の腕を摑み、ぐいぐい引っ張って水道まで連れていき、手を洗わせる。ほかの保育士（20代後半）は、2歳児クラスで子どもを集めて話し始めた時に、少しふざけた男の子に対して「あああーー、○○くん、いけないんだー」と指さして注意する。子どもたちが保育士に呼応するように「あああーーー、○○くん、いけないことしたー」と全員で指さすのだ。男の子は、うつむき、か細い声で「ごめんなさい……」とつぶやいた。

　3歳児クラスでは、保育士が朝の会を始めようとした時に子どもが「漏れそう」と言ってトイレに行きたいと訴えていたが、保育士は「行っちゃダメ！」と指示している。そして保育士は、「おはようございます、と言ってから礼だよ」と、厳しく指導。できない子を名指しして「○○くん、おじきしながら『おはよう』って言っているよ。ちがうよ！おはようって言ってから、おじぎだって、先生、言ってんじゃんっ！」と怒鳴り、「おしゃべりしている子は、後ろに行って立っていてください！！」と繰り返す。

　朝の会が始まり、保育士のピアノの伴奏に合わせて子どもたちが歌い始めると、保育士が突然、ピアノの鍵盤を怒りに任せて叩きつけた。歌っている途中で友達と目を合わせて笑った子がいただけだったが、保育士は「ちょっと、ふざけないで！」と大声を張り上げて注意した。

　昼食時も保育士は園児を叱り続け、凍りつくような空気の中で、子どもたちは食事をしている。保育士の思うように子どもができないと、「ちゃんとできない子はあっちに行って」と、抵抗する園児を抱きかかえて無理やり別の場所に隔離するなど、日常茶飯事だ。こうした行為を見かけて心配になった保護者が園に意見を寄せると、保育士は「真剣に向き合った」と言い訳をする。

　そのクラスの子どもたちが次々と「保育園行きたくない」「先生やさしくない。おこりんぼう」と、保護者に訴えるようになっていった。

　泣いている子がいても、30分以上放置される。主任や園長は、そうした保育の様子を見ても指導しない。保育士の言葉がけが常に命令口調で、見かねた保護者の何人もが「子どもの尊厳が守られていない」と園長に抗議したが、園長は、「担任とその子の関係性がある」といって保護者の心配に真剣に答えない。

　そして、この保育所に限らず問題視されるのが、忘れ物への対応だ。ある地域では自治体をあげて「親教育だ」といって、オムツや衣服を忘れると、貸し出しをしない。オムツのストックがなければ、親がお迎えにくるまでオムツ交換をしないまま。ズボンを忘れれば、パンツのまま過ごさせる。それが嫌なら忘れるな、というわけだ。

　夏のプールの時期は、持ち物も多くなる。水着は持っていてもタオルを忘れれば、子どもを水遊びさせない。ある保育所の5歳児クラスでは、プールの前に保育士が全員に向かって「今日は、○○ちゃんと○○くんがタオルを忘れたので、プールに入れません」と説明をする。保育士の言葉に、5歳児自身が「かわいそう。かしてあげればいいのに」と思い始める。

　これでは子どもたちは、忘れ物をして困っている友達を放置し、「自分のせいでしょ」と言う冷たい人間に育っていくかもしれない。それが保育士に想像できていない。保護者が意見を言っても「持ち物は保護者が用意するものです」とシャットアウトする。確かに忘れ物は親の責任だろう。しかし、目の前で子どもが困っている。経験の浅い保育士ばかりが増え、業務過多のなかで保

育士の思考は停止してしまっている。

　筆者が『ルポ保育崩壊』（岩波新書、2015年）、『ルポ保育格差』（同、2018年）で保育士による虐待の実態を問題視したが、ここのところ、虐待報道が目立ってはいないか。たとえば、2019年11月12日の東京新聞では、東京都足立区の認可保育園で50代の園長と主任保育士が複数の園児に対し、トイレに閉じ込める、不適切な言葉をかけるなど「虐待」が疑われる不適切な保育を繰り返したと報じられている。首都圏を中心に病院内保育施設の運営や保育士の人材派遣を行う株式会社「明日香」（横浜市）が運営する施設だったという。

　虐待までいかないまでも、不適切な保育がいたるところで横行している。保育所の建設ラッシュにより、新規開設された保育所では、人材確保を新卒に頼らざるを得なくなる。リーダー保育士が経験1〜3年目ということは珍しくない。初めて保育所に預けられて泣く子に向かって、新人の保育士が「なんで泣くのよ！」と大声をあげる。保育士のチームワークが図れず、外で子どもを連れて歩くことが危険で新年度の4〜5月は散歩に一度も出掛けられないという事態が多くの現場で起こっている。

　新人ばかりで余裕がないと、保育士の頭の中は、「早く朝の会を終える」「時間どおりに散歩に出掛けて帰る」「早くお昼ご飯を食べさせ、早く寝かしつける」と、まるで作業に追われるようになる。午睡（お昼寝）の間に、連絡帳や日誌を書きあげなければならない。

　すると、靴をはいたり脱いだり、着替えたりという行為を待てなくなる。お散歩に出る時間に1分でも登園が間に合わないと事務室で留守番をさせる。食事の時も何をするにも「早く、早く！」と子どもは急かされる。食べるのが遅い子には咀嚼を考えず、ご飯やおかずをスプーンで突っ込み、まるで餌やり状態。1歳の子に対しても「行儀が悪い！」と手を上げる保育士すらいるのだ。

　保育士が乳児向けに使う「壁にぺったん」という言葉。聞こえは可愛いが、厳しく言いつけると、まるで軍隊のようになる。1歳児でも、保育士が命令すれば従って、壁を背にして、ちょこんと座るようになる。オムツ交換も、まるで人権無視。保育士同士がおしゃべりしながら、流れ作業のように行われる。そして、保護者がお迎えに行っても、ただ「今日も元気でしたー！」とだけ言われて、保育園での様子がわからない。すべての保育所ではないにせよ、保育

の現場は今、このような状況に陥っている。

この背景には、急激に保育所が増えて人材育成が追いつかないことがある。安倍晋三政権の下で待機児童対策が加速化されると、2013年度から17年度末までの5年間だけでも53万5000人分の保育の受け皿の整備が行われた。続く18年度も約11万2000人分の保育所がつくられたが、待機児童解消の代償となったのは保育の質だった。安倍政権が株式会社に保育所整備を委ねた結果、保育所が保育士にとっても悲惨な職場と化したケースが少なくない。

2.「やりがい搾取」される保育士たち

保育士のAさん（20代）は、新卒向け会社説明会などを通して「大手なら安心だろう」と保育運営会社大手に就職を決めた。

都内の保育所に配属されて働き始めると、ボーナスは基本給17万円が年に約2か月分しか支給されないことがわかった。年収は約280万円程度。保育所は7時30分から20時30分まで開園しており、休憩時間はまったくない。早番は朝7時から16時のシフトだが、閉園まで残業することも多い。深夜0時近くまで居残ることもしばしばだが、残業代は支払われない。それでも、園児の喜ぶ顔が見たいという、やりがいがAさんを支えた。新人であるのにもかかわらず、3歳児クラスの担任を任された。担任は1人体制のため、保育計画などの書類業務はすべて家に持ち帰ってこなした。

年度途中で辞める人が多く、常に人手不足だった。ある日を境に、突然出勤しなくなる保育士もいた。120人定員の保育所で15人の保育士が一斉に辞めた年もある。3年いると「古株」と言われた。保育士が頻繁に入れ替わるため、園児は荒れていった。4年目になると、入社した時から在職する保育士はほかに誰もいなくなり、Aさんは「もう辛い。保育園には行かれない」と、黙って職場を去った。

このように保育士が「やりがい搾取」（本田由紀氏による造語）されていては、保育の質が保てなくなっても不思議ではない。この数年、国をあげての保育士の処遇改善が行われてきたが、いったい、保育士の賃金はいくらなのか──。

東京都の資料から、保育所の職員1人あたりの平均賃金を知ることができる。2015年度から東京都は独自に予算をつけて保育士の処遇改善のための「キャリア

アップ補助金」（15年度は1人あたり月2万3000円、17年度から同4万4000円）を出しており、16年度から同補助金を受ける保育施設に「賃金改善実績報告書」の提出を求めている。そこには、教育・保育従事者の常勤と非常勤、保育従事者以外（園長や調理員など）それぞれの「職員1人当たり賃金月額」が記載されている。

東京都の担当部署によれば、この賃金月額は、「ボーナスや国から出る処遇改善費を含んだ年間の賃金総額を12か月で割ったものとなる（交通費など実費で支給されるものは除く）。賃金総額に福利厚生の意味合いのある家族手当のようなものを入れるかどうかは保育施設の判断に委ねられている」としており、"年収"に近い賃金の実像を知ることができる貴重な資料だ。

筆者は都内の認可保育所について情報開示請求で得られた「賃金改善実績報告書」（2016年度）から、「教育・保育従事者の常勤職員の職員1人当たり賃金月額」を基に、各保育所で働く保育者の平均賃金の年額を調べ、2019年9月号の月刊『世界』（岩波書店）から約1年、10回にわたって「ルポ　保育園株式会社」を連載した。

2016年度に各保育所から報告された賃金には、国が出す処遇改善加算Ⅰが含まれるが、17年度に新設された保育士のキャリアに応じて支給される処遇改善加算Ⅱは含まれていないため、その法人の処遇に対する考えがうかがえる。ただ、それを差し引いても、あまりに低い保育士の給与の実態が浮き彫りになった。

株式会社（NPO法人、学校法人等も含む。表も）の認可保育所については、開示請求で411か所の資料を得た。ただし、明らかな記載ミスのあった11か所を除外し、残り400か所の賃金年額を平均すると、約322万円という低さだった。一方の社会福祉法人は、文書の開示請求で984か所の資料が得られて、明らかな記載ミスのあった19か所を除外し、965か所を平均した。すると、年間賃金は409万円で高めの水準であった。

株式会社には年300万円未満の保育所が105か所もあり、そこには業界最大手の日本保育サービスや他の大手、保育業界では有名なブロッサム（現在は「さくらさくみらい」に社名変更）などの企業が名を連ねていた。賃金の低い順から表にまとめるが、資料には末尾に「上記について相違ないことを証明いたします」と代表者の署名・捺印があるため、表や原稿では数字をそのまま使っている（図表1）。

図表 1　都内の株式会社等の認可保育園の平均年間賃金（常勤保育従事者）単位（円）

市区町村	設置者	保育所名	2016年度	2018年度
港区	アイグラン	あい保育園赤羽橋	2,021,820	3,026,052
文京区	同仁キリスト教けやき学園	同仁美登里保育園	2,147,772	4,022,028
文京区	グローバルキッズ	グローバルキッズ後楽二丁目園	2,225,508	3,573,912
千代田区	テノ．コーポレーション	ほっぺるランド西神田	2,230,020	3,463,476
大田区	千趣会チャイルドケア	えがおの森保育園・かまた駅前	2,271,072	3,604,968
小金井市	グローバルキッズ	グローバルキッズ武蔵小金井園	2,284,620	3,562,620
町田市	日本保育サービス	アスク木曾西保育園	2,336,640	3,159,660
小平市	学研ココファン・ナーサリー	ココファン・ナーサリー花小金井	2,355,396	2,871,828
豊島区	ブロッサム（さくらさくみらい）	こまごめさくらさくほいくえん（さくらさくみらい　駒込）	2,395,908	3,279,480
板橋区	テノ．コーポレーション	ほっぺるランド板橋小豆沢	2,397,156	3,298,212
北区	日本保育サービス	アスクうきま保育園	2,401,188	3,990,816
世田谷区	テルウェル東日本	ぽこころ保育園祖師谷	2,423,652	–
小金井市	日本保育サービス	アスクむさし小金井保育園	2,442,060	3,975,360
板橋区	テノ．コーポレーション	ほっぺるランド本蓮沼	2,488,644	3,263,244
練馬区	ブロッサム（さくらさくみらい）	はやみやさくらさくほいくえん（さくらさくみらい　早宮）	2,492,028	3,308,436
大田区	千趣会チャイルドケア	えがおの森保育園・おおもり駅前	2,508,528	3,295,164
目黒区	ブロッサム（さくらさくみらい）	とりつだいさくらさくほいくえん（さくらさくみらい　都立大）	2,555,004	3,112,680
中央区	コビーアンドアソシエイツ	コビープリスクールはこざき	2,557,176	3,244,176
小平市	モード・プランニング・ジャパン	小平一橋学園雲母保育園	2,560,332	3,875,220
新宿区	サクセスアカデミー（ライクアカデミー）	にじいろ保育園高田馬場南	2,578,464	3,402,828
目黒区	Kids Smile Project	キッズガーデン中目黒	2,590,632	3,519,180
国分寺市	マイキャリアクラス（スリーシーズ）	キャリー保育園国分寺	2,592,888	2,388,756
練馬区	ライフサポート	ゆらりん大泉学園保育園	2,602,128	3,871,752
板橋区	ブロッサム（さくらさくみらい）	なかいたばしさくらさくほいくえん（さくらさくみらい　中板橋）	2,602,356	3,328,080
杉並区	アイグラン	あい保育園久我山	2,614,068	3,427,044
荒川区	タスク・フォース	ポポラー東京東日暮里園	2,616,792	–

中央区	テンダーラビングケアサービス	テンダーラビング保育園東日本橋	2,622,780	3,741,984
府中市	NPO法人エイドセンター	キッズエイド武蔵保育園	2,627,328	2,608,956
江東区	日本保育サービス	アスクもんなか保育園	2,637,120	3,941,712
練馬区	アートチャイルドケア	アートチャイルドケア中村橋	2,643,300	3,232,200
品川区	ブロッサム（さくらさくみらい）	きたしながわさくらさくほいくえん（さくらさくみらい北品川）	2,655,216	3,216,000
新宿区	テノ．コーポレーション	ほっぺるランド神楽坂	2,678,796	3,058,680
渋谷区	テノ．コーポレーション	ほっぺるランド渋谷	2,684,616	3,264,144
中野区	ブロッサム（さくらさくみらい）	なかのさくらさくほいくえん（さくらさくみらい　中野）	2,689,800	3,211,104
中央区	テノ．コーポレーション	ほっぺるランド日本橋堀留町	2,694,240	3,013,920
中央区	アイグラン	あい保育園水天宮	2,697,396	3,478,140
練馬区	ベビーステーション	ベビーステーション石神井公園	2,699,088	2,994,024
中央区	日本生科学研究所（ミアヘルサ）	日生東日本橋保育園ひびき（ミアヘルサ保育園ひびき東日本橋）	2,708,628	3,217,428
小平市	モード・プランニング・ジャパン	小平花小金井雲母保育園	2,710,068	3,563,556
江戸川区	日本保育サービス	アスク西一之江保育園	2,712,504	-
板橋区	テノ．コーポレーション	ほっぺるランド板橋清水町	2,712,684	2,856,216
中野区	サクセスアカデミー（ライクアカデミー）	にじいろ保育園中野野方	2,713,176	3,452,172
中央区	ブロッサム（さくらさくみらい）	つきのみさきさくらさくほいくえん（さくらさくみらい月の岬）	2,734,104	3,251,712
板橋区	日本生科学研究所（ミアヘルサ）	日生あずさわ保育園ひびき（ミアヘルサ保育園ひびきあずさわ）	2,738,748	3,123,588
新宿区	長谷川キッズライフ（HITOWAキッズライフ）	太陽の子新小川町保育園	2,738,856	3,372,588
杉並区	日本生科学研究所（ミアヘルサ）	日生永福町駅前保育園ひびき	2,741,928	3,665,220
新宿区	サクセスアカデミー（ライクアカデミー）	にじいろ保育園高田馬場西	2,757,600	3,455,472
杉並区	ライフサポート	ゆらりん荻窪保育園	2,758,968	3,443,376
中央区	モニカ	モニカ人形町園	2,760,780	3,112,752
葛飾区	グローバルキッズ	グローバルキッズ奥戸園	2,777,736	3,476,040

（出所）東京都保育士等キャリアアップ補助金「賃金改善実績報告書」（2016年度）、2018年度は東京都福祉保健局の
　　　ポータルサイト「こぽる」（とうきょう子供・子育て施設ポータル）（2021年1月11日時点）から筆者作成

図表2　株式大手9社・都内の常勤保育従事者の平均年間賃金

社名	2016年度	2018年度
テノ．コーポレーション	269万円	325万円
サクセスアカデミー（ライクアカデミー）	303万円	356万円
グローバルキッズ	309万円	355万円
アイグラン	314万円	336万円
ベネッセスタイルケア	322万円	383万円
WITH	331万円	343万円
長谷川キッズライフ等（HITOWAキッズライフ等）	335万円	344万円
ポピンズ	336万円	322万円
日本保育サービス	332万円	386万円

（出所）2016年度の賃金は東京都保育士等キャリアアップ補助金「賃金改善実績報告書」、2018年度は東京都の「こぽる」（とうきょう子供・子育て施設ポータル）に2021年1月15日時点で掲載されたものから筆者作成。千円単位は四捨五入

国は毎年度、「私立保育所の運営に要する費用について」という通知を出して、運営費用の単価を指す「公定価格」のなかの保育士の"年収"を全国平均で示している。集めた資料と同じ2016年度は、約379万円だ（法定福利費は含まない）。保育単価は地域によって変わり、東京都は地方より高く設定されているうえ、独自の処遇改善があるため、当然、保育士の年間賃金は国が示す年間賃金より高くなるはずだ。

公定価格で示される年379万円に届かないケースを調べると、株式会社の認可保育園で全体の9割強を占めた。社会福祉法人の場合は、全体の3割強だった。株式会社は歴史が浅いことと新設園が多いため保育士の年齢が総じて低いこともあり、その分、保育所内の平均賃金が低くなりがちだ。とはいえ、預ける側にとっても働く側にとっても新人ばかりの保育所かどうかは選ぶ重要なポイントとなる。そして、事業者側や国などには、「低賃金の保育所は一部の話だ」という主張もあるが、決して一部ということではないことがうかがえる。

月刊『世界』の連載では、2016年度の賃金データを基に拡大中の株式会社の平均の年間賃金をまとめたが、約269万～約339万円という幅で決して賃金が高いとはいえない状況だった。これら大手は、福岡市本社で「ほっぺるランド」を全国展開するテノ．コーポレーション、「にじいろ保育園」のサクセスアカデミー（現ライクアカデミー）、グローバルキッズ、「あい保育園」のアイグラン（本社・広島市）、ベネッセスタイルケア、「まぁむ」「うぃず」保育園のWITH（本社・埼玉県）、「太陽の子保育園」の長谷川キッズライフ（現HITOWAキッズライフ）、ポピンズ、「アスク保育園」の日本保育サービスの9社であった。取材を申し込むと、ライクアカデミー、日本保育サービス、テノ．

コーポレーション、ポピンズは当時、取材を拒否した。それらの企業は現在、すべてがグループ会社で株式を公開しており、情報開示に積極的であるべき企業ばかりだった。

　社会福祉法人大手でも年間賃金が約327万円などの低賃金傾向が見られた。取材からは記載ミス、配置人員が多いことで1人あたりの賃金が低くなる、新卒の割合が高いなどの理由があることがわかったが、新しくできた社会福祉法人で園数を急拡大させている法人で低賃金傾向があった。

3. 保育士が本来得られるはずの給与とは

　賃金を調査し、改めて保育士が低収入だということがわかったが、保育士は本来、いくら給与を得ることができるのだろうか。筆者は内閣府の資料を基に、機械的に計算した（図表3）。

　前述したように、国は毎年度、通知で「公定価格」の中の保育士の"年収"（法定福利費は含まない）を示している。配置基準を基にした金額となり、本稿執筆時点では、2020年度は全国平均で約395万円だとしている。その年収395万円をベースに、常勤・非常勤を問わず全職員が対象の「処遇改善加算Ⅰ」がつく。処遇改善Ⅰにはキャリアアップの取り組みに応じた「賃金改善要件分」と職員の平均経験年数に応じた「基礎分」の2種類があって、まず「賃金改善要件分」を足すと保育士の年収は約417万円になる。全国の保育士には、平均して年収417万円が公定価格と処遇改善加算Ⅰの一部が用意されていることになる。

　次に、技能や経験を積んだ保育士につく「処遇改善加算Ⅱ」は、おおむね経験3年以上の「リーダー」役の保育士に月5000円が、おおむね経験7年以上で「副主任」を任される保育士には最大で月4万円が支給される。ただし処遇改善加算Ⅱは加算額に制約がある。内閣府によれば、定員90人の保育所（園長1人、主任保育士1人、保育士12人、調理員等3人）の場合で、月5000円の対象は3人分、月4万円は同5人分となっている。これを単純計算すると、経験3年以上の保育士の年収は約423万円、経験7年以上で約465万円になる。

　そこに、もう1つの「処遇改善加算Ⅰ基礎分」が職員の平均経験年数に応じて2％から12％の加算がついていく。1％は約3000円なので、月約6000円から約3万6000円が前述した年収に上乗せされていく。

図表3　国が想定している保育士の年間賃金（全国平均）

年額	2020年度	2019年度	2018年度	2017年度
国の想定（公定価格）	約395万円	約393万円	約388万円	約384万円
全職員につく処遇改善加算Ⅰを含む	約417万円	約415万円	約406万円	約402万円
経験3年以上（処遇改善加算Ⅱ）	約423万円	約421万円	約412万円	約408万円
経験7年以上（処遇改善加算Ⅱ）	約465万円	約463万円	約454万円	約450万円

（出所）内閣府や厚生労働省の資料を基に筆者作成
（注）千円単位は四捨五入。賃金額には法定福利費は含まない。経験3年以上は処遇改善加算Ⅱで月5000円つく場合、経験7年以上は処遇改善加算で月4万円ついた場合。この他に、処遇改善Ⅰとして職員の平均経験年数に応じ2～12％がつく（1％あたり約3000円）。

図表4　保育士が実際に受け取る年間賃金（全国平均）

内閣府（2017年度）	約315万円
同上（2019年度）	約362万円
厚生労働省（2017年）	約342万円
同上（2019年）	約363万円
東京都（2017年度）	約382万円

（出所）内閣府「幼稚園・保育所・認定こども園等の経営実態調査集計結果（速報値）」、厚生労働省「賃金構造基本統計調査」、東京都「保育士等キャリアアップ補助金の賃金改善実績報告等に係る集計結果」より筆者作成

　少なくとも、公定価格の約395万円から処遇改善加算Ⅱを月4万円得た場合の年収約465万円に、年間で3万6000円から43万2000円の幅で残りの処遇改善加算Ⅰがついていくのだから、理論上、最高で約500万円の年収を得ることが可能となるのだ。配置基準どおりという前提ではあるが、公費はそこまで見積もって支給しているということなのだ。

　処遇改善加算を行う直前の2012年度と比べ、2020年度までの間に、保育士の給与は月額で約4万5000円も上がっている。それに加えて処遇改善加算Ⅱをとっていれば月に最大で4万円となる。この8年で、年収にして最大で102万円も改善している（図表5）。

　保育士が低賃金であることの引き合いに、全産業の平均年収との差が大きいことが取り上げられるが、国が出している人件費分を事業者がきちんと支払っていれば、2019年の会社員の平均年収の436万円（平均勤続年数12.4年、国税庁「民間給与実態統計調査」）を前後する計算になる。自治体によっては、国の処遇改善加算のほかに自治体独自の処遇改善を行っているところもある。都内で働く保育士は、東京都のキャリアアップ補助金が月平均で約4万4000円が出ているため、年収は国の想定より年間で約53万円も多くなる。なお、東京23区は最も公定価格が高く設定されており、筆者が入手した国の内部資料によれば、東京23区の公定価格上の年間賃金は約443万円（2020年度）となって

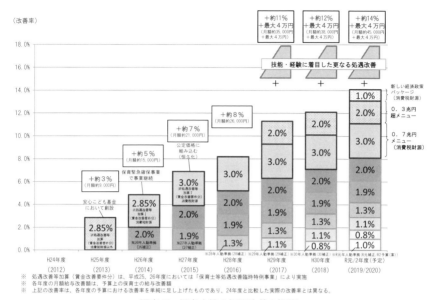

図表5　保育士等の処遇改善の推移

※　処遇改善等加算（賃金改善要件分）は、平成25、26年度においては「保育士等処遇改善臨時特例事業」により実施
※　各年度の月額給与改善額は、予算上の保育士の給与改善額
※　上記の改善率は、各年度の予算における改善率を単純に足し上げたものであり、24年度と比較した実際の改善率とは異なる。

（出所）内閣府子ども・子育て本部「令和2年度における子ども・子育て支援新制度に関する予算案の状況について」

いる。

　しかし、保育士が実際に手に取る給与は少ない。内閣府「幼稚園・保育所・認定こども園等の経営実態調査集計結果（速報値）」（2019年度）で約362万円、厚生労働省の「賃金構造基本統計調査」（2019年）で約363万円となる。平均値で見ても、国の想定より約30万〜100万円も年収が少なくなっている。

4.　保育士の賃金を抑制する「委託費の弾力運用」のからくり

　すでに全産業平均と遜色のない人件費が国から出て、処遇改善費まで出ているのに、なぜ、保育士が手にする給与が低くなるのか。要因の1つに、配置基準以上に保育士を雇うことで1人あたりの給与が低くなる問題もあるが、もう1つの大きな構造問題がある。それは、国が認める「委託費の弾力運用」という制度によって、大元の賃金が削られ、バケツの底に穴が空いたような状態になっているからなのだ。搾取の構造を許す「委託費の弾力運用」とは、どのような制度なのか。

　まず委託費とは、私立の認可保育所が受け取る運営費のことを指す。国、都

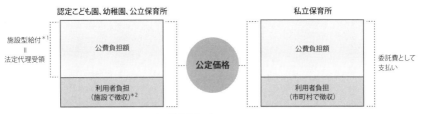

図表6　公定価格の仕組み（イメージ図）
（出所）内閣府子ども・子育て本部「令和2年度における子ども・子育て支援新制度に関する予算案の状況について」

道府県、市区町村が負担する税金と、保護者の支払う保育料が原資になっている、いわば公金だ。委託費は、地域、保育所の定員、園児の年齢別で子ども1人あたりの単価である「公定価格」に基づいて計算され、毎月、市区町村を通して保育園に支払われる（図表6）。

　委託費の使途は、「人件費」「事業費」「管理費」の3つ。内閣府の資料から、「人件費」には常勤、非常勤の保育士などの給与、法定福利費、嘱託医、年休代替要員費、研修代替要員費などが含まれている。次に「事業費」には、給食費、折り紙や玩具、絵本などの保育材料費、水道光熱費（保育で使う分）などが含まれる。そして「管理費」は、職員の福利厚生（健康管理や被服費など）、旅費交通費、研修費、事務消耗品、土地建物の賃借料、業務委託費、水道光熱費（事務で使う分）など。保育に必要な経費が「積み上げ方式」で積算されていることから国は、委託費は「支給された保育園のなかで使い切る性質のものだ」と説明している。

　内閣府によれば委託費の8割が人件費、そして事業費と管理費はそれぞれ約1割程度と積算して支給している。この人件費と事業費と管理費の各費目について、相互に流用していいというのが「委託費の弾力運用」という制度で、国が通知を出して認めている。時代によって名称が異なるが、現在の正式な通知名は「子ども・子育て支援法附則第6条の規定による私立保育所に対する委託費の経理等について」で、役人や業界のなかでは「経理等通知」と呼ばれることも多い。

　委託費の弾力運用を行うには、一定の基準をクリアする必要がある。具体的

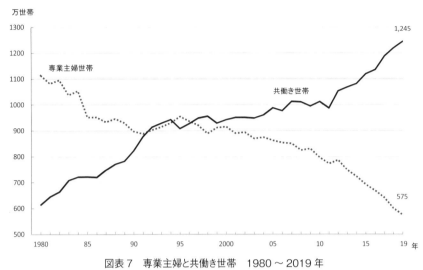

図表 7　専業主婦と共働き世帯　1980 ～ 2019 年

（出所）厚生労働省「厚生労働白書」、内閣府「男女共同参画白書」、総務省「労働力調査特別調査」、総務省「労働力調査（詳細集計）」。独立行政法人 労働政策研究・研修機構（JILPT）ホームページより引用
※ 1　「専業主婦世帯」は、夫が非農林業雇用者で妻が非就業者（非労働力人口および完全失業者）の世帯。
※ 2　「共働き世帯」は、夫婦ともに非農林業雇用者の世帯。
※ 3　2011 年は岩手県、宮城県および福島県を除く全国の結果。
※ 4　2013 年～ 2016 年は、2015 年国勢調査基準のベンチマーク人口に基づく時系列用接続数値。

　には、△職員の配置基準や施設の面積基準が遵守されていること、△給与規定があり、適正な給与水準で人件費が適正に運用されていること、△給食が必要な栄養量が確保され嗜好を生かした調理がされている。日常生活に必要な諸経費が適正に確保されていること、△児童の処遇が適切であること——などがあり、ほとんどの私立の認可保育園が対象となっている。

　認可保育所の運営は公共性が高いことから、もともとは自治体と社会福祉法人にしか設置が認められていなかった。そして委託費には「人件費は人件費に」「事業費は事業費に」「管理費は管理費に」という使途制限があった。

　ところが 1991 年にバブルが崩壊し不況が訪れたこと、男女共同参画が進んだことなどにより、共働き世帯が増加していった。山一證券が経営破たんした 1997 年も景気後退によって働く女性が増え専業主婦世帯と共働き世帯の数は、完全に逆転した。保育所の需要が高まり、待機児童が社会的な問題になった（図表 7）。

　そして 2000 年、営利企業（株式会社や有限会社）や NPO 法人、宗教法人などの認可保育所の設置が容認された。ただ、人件費 8 割という使途制限があって

図表8　「委託費の弾力運用」規制緩和の歴史

1944年5月10日「私立児童福祉施設の財務事務の取扱について」（児発第231号通知）
予算に定められた目的以外に使用してはならない。各科目の少額の流用は差し支えないが、予算科目の性格を変更するような流用は認められない
1967年4月14日「児童福祉施設における措置費の経理について」（児発第194号通知）
事務費（本俸、手当、社会保険事業主負担、旅費など）や事業費（給食費、保育費、児童用採暖費）の各費目の支出は、定められた使途以外の経費に充てることは原則できない
2000年3月30日「保育所運営費の経理等について」（児発第299号通知）
適切な施設運営が確保されているなど要件を満たすことを前提として運営費等の弾力運用が認められる
当該保育所の経営で人件費、管理費、事業費を各区分にかかわらず流用が可能になる
人件費、修繕、備品等購入それぞれ積み立てをし、次年度以降の当該保育所の経費に充てることができる（積み立ての目的以外に使用する場合は協議が必要）。積み立ての上限額はない
運営費を同一の設置者が設置する保育所などへの経費（施設整備、修繕、土地や建物の賃借料、借り入れ金の償還や積み立てのための支出、租税公課）に充てることができる
協議で認められれば「保育所施設・設備整備積立金」を同一の設置者が設置する他の保育所の施設・設備に充てることができる
前期末支払い資金残高の10％までを公益事業への繰り入れることができる
当期末支払い資金残高は運営費収入の30％以下とする
2004年3月12日「社会福祉法人が経営する社会福祉施設における運営費の使用及び指導について」
介護施設への流用が可能になる
2005年3月9日「保育所運営費の経理等について」の一部改正について（雇児発第0309002号）
年度（4月から3月）の12か月分の運営費の額の3か月分まで弾力運用が可能になる
2015年9月3日「子ども・子育て支援法附則第6条の規定による私立保育所に対する委託費の経理等について」（府子発第254号通知）
株主への配当が認められる
同一の設置者が運営する企業主導型保育事業への流用が可能になる
前期末支払い資金残高の公益事業への繰り入れの限度10％だったものが投資額の制限なしへ
前期末支払い資金残高を活用できる公益事業はそれまで事業規模が小さく保育所にの運営と一体的に行われるものに限定されていたが、事業の制限を撤廃
会計監査法人の費用計上が認められる
役員報酬の費用計上が認められる

（出所）厚生労働省、内閣府の通知を基に筆者作成

は、営利企業が進出するメリットがない。営利企業の参入と同時に、委託費の弾力運用が大きく規制緩和されたのだった。この規制緩和で人件費、事業費、管理費の相互流用が認められた。そして、人件費や園舎の修繕費、備品などの購入費を上限額なく積み立てられるようになった。積み立てを目的外で使う場合は、社会福祉法人は理事会の協

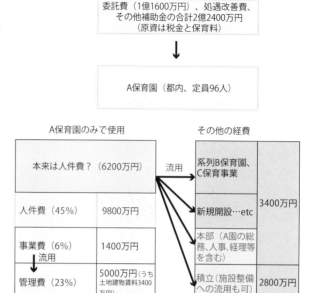

委託費（１億1600万円）、処遇改善費、その他補助金の合計２億2400万円
（原資は税金と保育料）

↓

A保育園（都内、定員96人）

A保育園のみで使用 　　　　　その他の経費

本来は人件費？（6200万円）　流用

人件費（45%）　9800万円

事業費（6%）　1400万円
↓流用

管理費（23%）　5000万円（うち土地建物賃料3400万円）

系列B保育園、C保育事業

新規開設…etc　3400万円

本部（A園の総務、人事、経理等を含む）

積立（施設整備への流用も可）　2800万円

図表９　委託費の弾力運用のイメージ
（注）本部経費と積立はA園のための費用も含まれる。
（出所）実際の財務情報を基に筆者作成、数字は四捨五入し端数は合わない。

議が必要だが、そこで認められれば新しく開園する保育所の建設費用に回すことも可能となった。また、同一法人が設置する保育所や保育関連事業に委託費を流用することもできるようになった。

　2004年３月、さらに規制緩和が進み、同一法人で運営する介護施設にも委託費を流用可能となった。続く2005年３月、委託費を流用できる金額が大きく緩和されて、年度（４月から翌年３月まで）の３か月分（年間の委託費収入の４分の１）もの委託費を弾力運用できるようになったのだ（図表８）。

　大手株式会社が運営する都内のＡ認可保育園の財務情報を例に、解説してみよう（図表９）。委託費のほか東京都独自の処遇改善費や市区町村独自の補助金を合計した収入が２億2400万円。そのうち人件費は45％、事業費は６％かけられている。土地・建物の賃借料が3400万円かかり管理費は23％に膨らんでいる。Ａ保育園の収入を弾力運用して、約2800万円が積立て、約3400万円が本部経費や系列のＢ保育園、Ｃ保育事業、新規開設の費用などに回されている。

A保育園の常勤保育従事者の平均年間賃金は約346万円だった。

　本部に経費を回している場合、本部で人事、事務、経理などを一括しているというのが理由になる。それが効率的だったとしても、少なくとも本部経費以外は、もともとはA保育園ですべて使うべき収入だ。それがあまりに多額の委託費が流用されるのでは、制度の主旨から外れる。年間の4分の1もの委託費が流用可能で、多額の流用は違反しないようギリギリまで流用しようという確信犯だと見られかねない。実際、東京都の調べでは株式会社全体で平均して収入の約2割を流用している。

　保育所の財務情報を見ていくと、1〜2億円の収入から数千万円もの金額を積み立てや他施設に流用しているケースはザラにあり、複数の事業者や園長から「保育士の待遇を良くしていれば年間数千万円も他にはなかなか回せない」との疑問の声が聞こえた。他に流用することにより保育士の給与が低くなる、子どものための費用が削られるのでは本末転倒だ。だが、裏返せば、保育に企業参入を促すには、そうやって企業が利益を確保する仕組みが必要だった、ということになる。

　営利企業に認可保育所の設置が解禁されたことは、業界に激震をもたらした。そして、その規制緩和前夜、厚生大臣だったのは小泉純一郎氏だった。2001年からの小泉政権下で委託費は介護施設への流用も可能となり、年間収入の4分の1まで流用できるようになっていった。そして、時を経て、小泉政権を継承するかのように、安倍晋三政権も経済界からの規制緩和の要望を受け、委託費の弾力運用の通知を改訂して2015年に株式会社の株主の配当まで認めたのだ（図表8）。

　安倍政権下で待機児童解消が目玉政策となって急ピッチで保育所がつくられるなか、「ビジネスチャンスだ」といって異業種のからの参入が加速した。施設整備に委託費が流用され、株式会社の右にならえと社会福祉法人も規模拡大し、株式会社化していった。

　厚生労働省「社会福祉施設等調査」から、10月1日時点の設置主体別の認可保育所の推移を見ると、営利企業の急増ぶりがわかる。2013年にわずか488か所だった営利企業の認可保育所は、2015年に1000か所の大台を超えて2018年に2059か所へ、2019年は2457か所になっている。安倍政権が2020年度末に

待機児童ゼロを掲げて追い込みがか
かっていたはずで、2020年はもっ
と増えていると見られる。

　社会福祉法人は2013年に1万
1839か所だったものが、2019年に
1万5318か所に増えている。一方で、
市町村の公立保育所は9120か所か
ら8282か所に減っている。公が担
う役割であるはずの保育が、サービ
スへと変質していき、行きすぎたコ
スト管理のなかで保育が歪められて
いる。

　営利企業が急増した結果、国が想
定する人件費8割が崩れているのが
現状だ。国の想定は、人件費が約8
割、事業費と管理費がそれぞれ約1
割となっているが、実際に支出され

	国の想定	都内（社会福祉法人）	都内（株式会社）
人件費	81%	70.5%	51.9%
事業費	11%	8.7%	7.9%
管理費	8%	11.6%	23.6%
合計	100%	90.8%	83.4%

図表10　弾力運用の弊害

（出所）内閣府、東京都の資料を基に筆者作成
（注）国の想定は全国平均、社会福祉法人と株式会社は都内の
実績。「管理費」には給食調理などの業務委託や土地建物の
賃借料が、「その他」には、積立（人件費、修繕費）・他施
設への資金流用、新規開設費用がある。

る人件費比率はもっと低い。東京都「保育士等キャリアアップ補助金の賃金改
善実績報告書等に係る集計結果」（2017年度）から、実際に支出されている人
件費、事業費、管理費（事務）の比率の平均値を示した（図表10）。

　社会福祉法人の人件費は約7割、事業費と管理費が約1割。一方の株式会社
は人件費が約5割、事業費が1割弱、管理費が2割強だった。人件費が抑えられ、
給食調理の業務委託や賃料がかさみ管理費が膨らんでいる。

　株式会社の認可保育の歴史が浅いことで、人件費比率が低くなりがちだが、
次々に保育所をつくっていくため、新卒採用の割合が高くなり保育士が若く全
体の賃金も低くなる。そのほか、土地や建物の賃貸料がかさむことなどの要因
で人件費が圧迫される。

　東京都は社会福祉法人と株式会社を比較するため、前述の集計結果で、定員
数、職員の平均経験年数を同じ条件（定員66～76人まで、職員の平均経験年数5
年）にして費目区分の割合を算出している。その数値を見てもやはり、人件費

分が土地建物の費用に吸収されてしまっていることがうかがえる。

　さらに問題なのは、前述した「処遇改善加算Ⅰの賃金改善要件分」までもが同一法人が設置する別の保育所に充てることができることだ。法人にとっては、自治体独自の処遇改善費のつかない保育所を運営していれば、賃金に不公平がないようにと回すことができ、メリットがあるだろうが、保育士にとってみれば、自分についた処遇改善がほかの保育士に回ってしまうため、給与の上がり幅が少なくなるデメリットがある。

　国の通知「私立保育所の運営に要する費用について」で毎年度、保育士の平均年収が示されているが、多くの法人から「そんな通知があることも知らない」という声が聞こえる。行政が守ってほしいと思う賃金水準に対する認識の甘さがあり、行政が行う「実地検査」を調べると、保育所運営の実態がわかる。

5.「実地検査」から見えてくるもの

　東京都福祉保健局のホームページで、保育所に対して行う「実地検査」の結果を見ることができる。指導監査部が行う「指導検査」は、施設や事業者に、根拠法や設備運営に関する基準、通知、消防法や労働基準法などに基づいて実施される。毎年度、「指導検査基準」が示され、それに基づいて指導検査が行われる。東京都では指導検査は3つに分類され、「実地検査」が法人や施設のある場所で行う一般的な指導検査になる。「集団指導」は事業者を集めて講習会方式で行うもので、「監査」は法令違反や著しく適正を欠いた運営が疑われる場合や改善が長期にわたって認められない場合に重点的に行う指導検査のことを指す。

　毎年度、指導検査の結果報告書も公開されており、東京都は2017年度に対象となる認可保育所2460か所のうち、実際に231か所に実地検査に入った。検査の実施率は9.4%で、文書指摘を受けたのは半数以上の137か所だった。2019年度は、認可保育所2969か所のうち237か所に実地検査に入り、実施率は8.0%だった。半数の118か所で文書指摘があり、最多は「適正な保育士の配置」についてだった。

　ただ、検査結果の内訳で株式会社か社会福祉法人なのかは示されていないため、筆者は、ホームページに掲載されている認可保育所3175か所の2017 ～ 19

年度分の検査結果を調べた。すると、合計で392か所に文書指摘があった（同じ保育所が複数年、文書指摘を受けているケースも1か所としてカウントしている）。

保育士の配置が適正にされていないと文書指摘を受けたケースは153か所に上った。株式会社と社会福祉法人の内訳はおおむね半々だった。個々に見ると、拡大路線を走ってきた、「ポピンズナーサリースクール」を展開するポピンズ、「太陽の子保育園」などの長谷川キッズライフ、「まちの保育園」のナチュラルスマイルジャパン、「まなびの森保育園」のこどもの森、などの株式会社大手が含まれていた。

また、施設会計に関して文書指摘を受けている保育所は124か所に上った。うち営利企業は16か所に留まり、ほとんどが社会福祉法人だった。指摘される項目には、「現金を金融機関に預けること」などの比較的軽微なものから「不適正な支出がある」という深刻なものまで幅がある。「不適正な支出」や委託費の弾力運用に関する違反に絞ると28か所あった。詳しくは、第3部第2章で紹介する。

一般的に、地方に本部がある社会福祉法人が東京に進出して違反が見られるケースも目立ち、行政側も「問題視している」という。

2011年に名古屋市で設立された社会福祉法人フィロスは、都内にある「ゆめの樹保育園なりたにし」を含む3施設で「不適正な支出がある」などほかに多岐にわたる文書指摘を受けていた。「ゆめの樹保育園おぎくぼ」は、2017年度に14項目も文書指摘を受け、「真実な内容を明瞭に表示した会計処理を行うこと」と指摘されている。同園には翌年度も都と杉並区の合同検査が入り、施設長が業務に専念していないなど指摘を受けている。フィロスが都内で運営する認可保育所について、2018年度の常勤保育従事者の平均賃金を調べると、「こぽる」（とうきょう子供・子育て施設ポータル）で情報が開示されているすべての施設で年額360万円を下回っていた。前述したように、都内の社会福祉法人の保育園965か所の平均年間賃金は2016年度でも409万円である。それと比べても、同法人傘下の保育園の賃金は低い。

社会福祉法人檸檬会は2007年に設立された社会福祉法人で、約70か所の保育所や学童保育を運営している。東京都による監査が2017年度と18年度に連続して「レイモンド花畑保育園」に入っており、「施設長が運営管理の業務に

専従していない」「避難訓練および消火訓練を実施していない月がある」「職員の勤務の管理が不適正」「調乳担当者の健康チェックが未実施」と文書指摘を受けていた。2019年度は「レイモンド鳥越保育園」で「在籍児に見合う面積が不足している」との指摘を受けている。鳥取県に本部がある社会福祉法人こうほうえんも、2017〜19年度に検査が入った「キッズタウン下落合保育園」「キッズタウンにしおおい」「キッズタウン東十条保育園（2年連続）」でいずれも文書指摘を受けている。檸檬会と、こうほうえんには、本部役員に本来は法令を順守させる立場のはずの中央官僚の出身者が据えられている。

　そのほか、社会福祉法人で「中野ひかり保育園」（南光会）で「食物アレルギー対策が適切でない」。「つむぎ保育園」（武蔵村山正徳会）は、「家庭保育依頼を行っている」と指摘を受けた。「ひかり学園」（ひかり学園）では、「事故防止策が不十分」「就業規則等の内容が不十分、給与を適正に支給していない」に加えて、「個人情報保護に関して適切な措置を講じていない、利用者の人権や虐待防止を講じていない」と文書指摘があった。

　株式会社では、育児サポートカスタネット社が運営する「森の保育園」が、「食事の中止または簡易な食事にしている」と文書指摘を受けている。

6. 幼児教育・保育無償化の実情

　このような検査結果から、安上がりの保育を選んだ行政の責任を問うべきではないか。国の予算がかけるべきところにかけられない最たる例は、2019年10月に始まった幼児教育・保育保無償化だろう。

　消費税の増税とセットという形で始まったが、安倍政権の人気取り政策として疑問視する声は当初から大きい。幼保無償化では、認可保育所などに通う3〜5歳児は全世帯を対象に保育料の全額が無償になる。認可外に通う3〜5歳児は月最大3万7000円が補助され、子ども・子育て支援新制度の対象となる幼稚園は3〜5歳児の利用料が無料になるが、新制度の対象でない幼稚園は2万5700円を上限に無償化される。いずれも預かり保育については「保育の必要性の認定」を受けた場合、1万1300円を上限に無償化される。0〜2歳児については認可保育などに通う住民税非課税世帯はもともと無償で、認可外保育は月最大4万2000円が無償化された。利用者負担が高い0〜2歳児でこそ原則

図表11 保育所利用児童の所得階層別児童数および分布

		2010年度		2014年度		2010～14
		児童数	割合	児童数	割合	割合増減
第1階層	生活保護世帯	20,554	1.6%	22,605	1.5%	-0.1%
第2階層	市町村民税非課税世帯 （～約260万円）	170,790	13.5%	184,526	12.2%	-1.3%
第3階層	所得割課税額48,600円未満 （～約330万円）	157,806	12.5%	158,605	10.5%	-2.0%
第4階層	所得割課税額97,000円未満 （～約470万円）	276,962	21.9%	308,010	20.4%	-1.5%
第5階層	所得割課税額169,000円未満 （～約640万円）	308,751	24.4%	396,661	26.3%	1.9%
第6階層	所得割課税額301,000円未満 （～約930万円）	277,034	21.9%	367,983	24.4%	2.5%
第7階層	所得割課税額397,000円未満 （～1,130万円）	30,722	2.4%	39,552	2.6%	0.2%
第8階層	所得割課税額397,000円未満 （1,130万円～）	23,352	1.8%	32,994	2.2%	0.3%
合計		1,265,971	100.0%	1,510,936	100.0%	0.0%

（出所）厚生労働省「福祉行政報告例」（2010～14年度）
※　私立保育所に関するデータ。
※　「児童数」および「構成割合」は各年10月1日時点。

無料化が望まれる。保育所での3～5歳児の無償化は、低所得者より高所得者の家庭のほうが恩恵を受けることも問題視され、エビデンスに基づかない政策といえる。

　3～5歳児の9割以上が何かしらの保育施設や幼稚園に通っているため、その年齢層を無償化することで「保育料がタダになるなら預けよう」という需要を喚起せず、待機児童は増えないと国は見込んでいたが、実際はそうはいかなかった。無償化には当初、年間で約7800億円の消費税増税分が充てられる見込みだったが、ふたを開けてみると2020年度の予算は約8900億円に膨らんだ。内閣府は「予想以上に3歳児以上や所得の高い家庭の利用が増えた」と分析している。

　待機児童が多い中では、職業が安定していると見られる保護者の子どもほど認可保育所に入る可能性が高くなるとともに、無償化の恩恵も受けやすくなるという矛盾もある。厚生労働省の「福祉行政報告例」から私立の保育所に預けている児童の世帯年収がどのくらいなのか見てみると、高所得世帯の増加ぶり

がわかる（図表11）。

　同調査は子ども・子育て新制度前までの調査しかないため、2010年度と2014年度を比べると、最も増加率が高いのが一番年収の高い層で「1130万円以上」が141.3％、次いで増えているのが「640万～930万円未満」の132.8％となる。生活保護世帯、世帯年収が約260万円未満から約470万円未満までの階層の増加率は約100～111％に留まり、所得階層のちょうど真ん中を境に差がついていることがわかった。

　親が非正規雇用である、パートタイム労働であると待機児童が多ければ認可保育所には入りにくくなり、認可外保育所を利用せざるを得ないケースは多い。親の経済格差がそのまま保育格差につながっている状況だ。そのうえ、無償化で所得が高く保育料が高い世帯のほうが低所得の世帯よりも恩恵を受けるのでは、ますます格差が開いてしまう。

　さらには、基準に満たない認可外保育所でも5年間の猶予を設けて無償化の対象としたことで、劣悪な施設の延命を助長しかねないという大問題が残された。待機児童が解消されない中での無償化は、機会の不平等にもなり得る。

　現在、保育所を利用する親は雇用の規制緩和によって非正規雇用が増えて不安定になっている。その子どもたちはといえば、保育の規制緩和で質が低下した保育所に放り込まれるという事態になっている。今の親子は、雇用と保育の二重の規制緩和のひずみの中にいる。無償化自体は歓迎されるべきことではあるが、まず、これを解消しなければならないのではないか。

7.　保育士配置基準と経済界からの規制緩和圧力

　保育所が次々にできて、経験者が2割程度しかいない現場もある中で、保育士の配置を増やすことは必要不可欠だ。現在の保育士配置基準は、戦後間もなく決められたもので十分な体制とはいえない。

　厚生労働省は2012年の段階で、1歳児の「6対1」（園児6人に保育士1人）を「5対1」へ、4～5歳児の「30対1」を「25対1」に対応できるよう計画していたのだが、「消費税以外での財源の目途さえつけば」という前提だ。この配置基準の引き上げは、約1300億円が必要だと試算されていた。無償化に年間で消費税から約9000億円も投入されるのであれば、質を確保するために保育士の

配置を増やすことに費やすほうが先決のはずだ。無償化は、ある意味、有権者にとってわかりやすいポピュリズム（大衆迎合）にすぎず、また、消費税の増税を正当化するためのものにすぎない。

　そして、保育をビジネスととらえる経済界からの規制緩和圧力は絶えることがない。一番のターゲットが配置基準の保育士比率の引き下げなのだ。2014年9月の国家戦略特区ワーキンググループでは、「提案に関するヒアリング」として、保育大手のポピンズから「特区における保育士・保育所制度に関する改革提案書」が出された。東京都が先駆けて、配置基準の6割以上が保育士であればいいとする認証保育所を2001年から実施している。同提案書では、「認可保育施設での保育士要件の7割化」が提案されている。基準の3割は保育士以外でいいというのだ。

　ちなみにポピンズ関連では、2018年度に認可保育所「ポピンズナーサリースクール久我山」「ポピンズナーサリースクール桜台」で「保育士が適正に配置されていない」と、東京都による実地検査で文書指摘されている。また、大田区での2016年度の実地検査でも、認可保育所「ポピンズナーサリースクール長原」は、「重要事項の掲示が未実施」「保育士が適正に配置されていない」「献立表（補食）が未作成」「虐待への対応が不適切」「事故報告が速やかに行われていない」「経理規定に従って会計処理が行われていない」と問題を文書で指摘されている。このような事業所の提案を是とはできない。

　多くの企業が考えているのは、いかに人件費などのコストをカットして利益を上げるか、なのだ。認可保育所は、あくまで保育を必要とする家庭のためにある福祉施設であって、いち企業の利益を生み出すためにあるものではない。憲法第89条には、公の支配に属しない事業に対して、公金を支出、利用してはならないとある。

　委託費の弾力運用は度重なる規制緩和によって、2005年に年間収入の4分の1も流用が可能となり、安倍政権下の2015年には株主への配当まで認められるようになってしまった。委託費の弾力運用が「保育への再投資」という言葉にすり替えられ、国も見て見ぬふりをして確かに受け皿は増えた。しかしその反面で保育士が低賃金で疲弊し、運営基準を満足に守ることができない保育所が多く存在している。

8. コロナ禍における休業補償をめぐって

　事業者によっては委託費の弾力運用によって「人件費を満額支払わなくても
いいものだ」という認識が広がった。この誤った認識が表面化したのが、コロ
ナ禍での休業補償の対応だ。

　新型コロナウイルスの感染が拡大して2020年4月7日に政府による緊急事態
宣言が発令されると、休園や登園自粛要請が行われて登園児数が激減した。そ
れにより縮小保育になったことで、保育士が自宅待機命令を受けるようになっ
た。休業中の補償について、国が何度も「コロナの影響を受けたとしても委託
費を満額支給している。保育士を休業させても人件費を通常どおり支払うこ
と」と知らせたが、賃金の満額支給に応じない事業者が全国各地で散見された。

　筆者が4月下旬に第一報を打つと、問題は全国に波紋を広げ、現場の保育士
たちが声をあげ始めた。国会でも問題視されて6月17日、内閣府、文部科学省、
厚生労働省が連名で、この事態を是正するよう強いトーンで通知を出すに至っ
た。

　通知では、「労働基準法に基づく休業手当として平均賃金の6割を支払うこ
とに止まるものではなく、休ませた職員についても通常通りの賃金や賞与など
を支払い、通常時と同水準とする対応が求められる」と明記された。保育園の
場合は公定価格が通常どおり支給されるため、仮に6割だけ支払うと人件費分
に差額が生じてしまい、通知の「Q＆A」で、「この差額が、各種積立金や当
期末支払資金残高といった人件費以外の経費に充てられることは、新型コロナ
ウイルス感染症がある中でも教育・保育の提供体制を維持するという今般の特
例の趣旨にそぐわない」「休ませた職員についても通常どおりの賃金や賞与等
を支払うなどの対応により、公定価格等に基づく人件費支出について通常時と
同水準を維持することが求められる」とまで明示されたのだ。

　委託費の弾力運用が大幅に規制緩和されてから20年あまり、人件費を他の
費目に回すことが容認されてきたなかで、ここまで踏み込んで通知を出した意
義は、きわめて大きい。コロナを機に人件費が不当に抑えられる行為が見られ
たことを国が重く受け止めたのだ。

　弾力運用の最大の問題は、人件費をどこまで流用していいのかという指標が

ないことだ。本書の編者である幸田雅治氏が指摘するように、委託費の弾力運用の通知は、地方自治法で定められる「技術的な助言」で法的拘束力はない。東京都世田谷区が実施しているように、一定の条件のもとで人件費比率が50％未満の保育所に独自補助しないことでハードルを設けることはいくらでも可能なのだ。

　こうしたことから、たとえば、①人件費比率が50％を下回る、②経験年数別、地域別の平均賃金を大幅に下回る、という場合、個別事情を勘案した上で、委託費の弾力運用を停止する。あるいは、処遇改善加算を停止するような手立てを打たなければ、事業者が保育士にきちんと人件費をかけるとは言い難いだろう。もっとも、「適正な給与」を支払う事業者にとっては、何ら支障はないはずだ。

　仮に規制強化が難しかったとしても、情報開示は時代の流れからしても必要不可欠で、東京都が取り組む「こぽる」のような情報開示を、全国で行うことも重要だ。

　そして、改めて保育の原点とは何かを考えたい。親の就労を支えるのが保育所ではあるが、保育所が担う役割は、それだけではない。保育所とは、児童福祉法に基づいて設置される福祉施設であり、育児に困難さを抱える親と、その子を受け止める場でもある。公共の存在であるはずの保育が、この20年でビジネスや産業としてとらえられ変質しているが、少なくとも認可保育所など行政からの認可を要する保育所において、保育がビジネスというのは誤りだ。

　子どもの最善の利益を考えて、親子を守る役割としての保育所を取り戻すためには、営利追求という渦の中から、保育士を救い出さなくてはならない。ある程度の弾力運用は必要だろうが、現在、それが悪用されていることを直視しなければならない。今こそ委託費の弾力運用の規制を強化し、保育士にきちんと人件費がかけられるようにしなければ、保育の質を保つことはできなくなり、保育は完全に崩壊してしまうだろう。

第2部

子どもの健全な成長を担う
保育所の役割

第 1 章

子どもの成長における保育所の重要性
──発達心理学の知見を踏まえて

川田 学

・・・・・・・・・・・・・・・・・・・・・・・・・・・・・・・・・・・・・・

はじめに

　保育所は、保育を必要とする乳幼児を保護者の下から通わせて保育を行う児童福祉施設である。保護者の就労その他の理由により、生命の保持と情緒の安定およびその時期にふさわしい適切な環境や経験、関わり、ひいてはその健全な成長と発達を保障できないとき、乳幼児にとって保育所は欠くことのできない場となる。現代日本では、就労にとどまらず、貧困や社会的孤立、保護者の精神疾患や養育困難や休息の必要、子どもの発達上のニーズ、少子化や地域の子ども・子育て文化の衰退などを背景に、保育所はより普遍的な子育て支援システムとして重要になってきている。

　保育所の役割の中核は、乳幼児の健やかな成長・発達を支え、保障することである。ただし、子どもの育ちは保護者の人間的成長や生活の質と不可分であること、また人口減少局面に入り新しい社会のあり方が模索されるわが国においては、活動力と成長力を秘めた乳幼児家族が集う場が与える地域共同体にとっての意味も念頭におく必要がある。つまり、子どもの成長・発達を個人に閉じられた知識や技能としてとらえる見方ではなく、子どもの姿がどのような人間関係や環境、期待や価値観と関連して現れているのか、家族、地域、より広域の文化圏、さらには国の産業構造や政策に至る幾層もの入れ子において理解する必要がある（ブロンフェンブレンナー 1996）。

　本稿では、発達心理学的な知見を中心にしながら、社会の変化や現状との関連で子どもの成長や子育ての実態を明らかにし、保育所の重要性とその求められるあり方（質）について議論したい。

1. 人間の成長・発達の基本的条件

　まず、人間という種の子育ち・子育ての特徴を確認するところから話を起こ
そう。人間の出産は、他の霊長類に比べて母子ともに厳しい条件をもつ。新生
児の体重は3000g程度、母親の体重（妊娠前）は50kg程度である。進化的に近
いチンパンジーやゴリラの新生児は1500g程度であるが、母親の体重は人間に
比べるとチンパンジーではやや軽いものの、ゴリラでは1.5 ～ 2倍ほどである。
握力などの筋力も、こうした大型類人猿のほうがずっと強い。加えて、人間の
新生児の脳重量は約400gあり、これは体重が50kg以上もあるチンパンジーの
オトナと同程度である。直立二足歩行に適応する人類進化の過程で、人間の骨
盤は変形し、母親の産道は狭く長くなった。歴史人口学の研究では、江戸時代
の女性の死因の約50%は出産関連であったという（鬼頭2000）。

　人間の赤ちゃんはきわめて未熟な状態で生まれるとともに、未熟状態が長く、
発達がゆっくりである。他の霊長類では、自立移動ができるようになるまでの
期間は母親が肌身離さず赤ちゃんを抱き、ケアし、運搬する。しかし、人間で
は産後の回復に時間がかかることに加え、母親が常時抱き続け、運搬するほど
の筋力もない。

　出産直後から、母親以外の主体が子どもに関わるのが人類の子育ての特徴で
ある。その際、母親から離れても、人間の赤ちゃんが"仰向け"でどっしりと
寝ていられるところに鍵がある。竹下（2001）によれば、他の霊長類の赤ちゃ
んが苦手とする安定した仰向け姿勢（stable supine posture）こそ、人間の赤ちゃ
んが早くからモノを操作したり、他者との情動交流や声の交換をしたりするこ
とを促し、言語の世界を花開かせる基盤である。

　また、安定した仰向け姿勢は、それによって母子の間に「多様な他者」が入
る余地を与える。ここに、子育てを集団的・社会的に成立させるという、人間
の子育てと発達の性質がある。

　日本では、乳児保育を求める声が大きくなった1960年代に、いわゆる"3歳
児神話"をめぐって家庭保育と保育所での集団保育との関係をめぐる議論があ

※1　3歳までは母親が専従して子育てに当たらなければ子どもの発達が歪められるとの社会
　　的言説のこと。

った。3歳児神話は「完全な保育」を家庭保育に求めるもので、保育所保育を
あくまでその補完と位置づけている。その背景には、保育所＝必要悪との認識
があろう。近藤（1969）は、これを家庭保育と保育所保育の「同質論」と呼び、
これに対して、家庭保育と保育所保育は互いに代替できない役割を持っており、
その両方があってこそ「完全な保育」となるという「異質論」を提唱した。

　上述のように、進化的に見たときの人類の出産と子育ての特徴は、発達早期
から子どもの心身が母親や家族成員を超えた人びとに開かれているということ
である。人間発達の基本的条件は、子どもの成長の源泉を家庭に還元する「同
質論」よりも、むしろより広い他者の手に委ねられているとする「異質論」を
支持するといえよう。ただし、子どもを委ねる"手"がどのようなものであっ
ても良いというわけではない。それは乳幼児期に適切な関わりと環境を用意す
ることのできる"手"である必要がある。そこに、保育の質が関わってくる。

2.「保育の質」と子どもの発達に関わる議論

　以下に、保育の質と子どもの成長・発達との関連に関する国内外の研究動向
について概観する。すでに情報と論点の整理が行われた優れた先行研究が複数
あるため（秋田 2012, 2016；秋田・箕輪・高櫻 2007；秋田・佐川 2011；服部
2012；野澤・淀川・高橋・遠藤・秋田 2016）、本稿ではそれらを参照しながら要
点を述べる。

（1）アタッチメント論争

　まず、保育の質をめぐる議論は、アメリカで女性の社会参画が進んできた
1970年代にさかのぼることができる。論点は、保育所利用が母子間アタッチ
メント（愛着）に悪影響を及ぼすか否か、であった。第二次世界大戦後、
WHO（世界保健機関）主導によってボウルビィやスピッツらの研究により、
戦争孤児などの施設養育児の発育不良（ホスピタリズム：施設病）がマターナ
ル・デプリベーション（母性剥奪）を主因とするという仮説が提出された。

　こうした研究を背景として、いわゆる母子愛着理論が普及することにより、
早期の母子分離に対する懸念が広がった。服部（2012）によれば、米国におい
てこの問題は何度か再燃しているものの、早期の母親の就労復帰と保育所利用

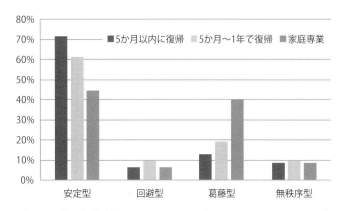

図表 1　母親の復職時期と母子アタッチメント（Harrison & Ungerer 2002）

が子どもの発達や親子関係に負の影響を与えることはなく、むしろ積極的な影響を与えるとの結果が多く示されている。アタッチメント研究においても、母親との関係を過大視するモノトロピー的観点（母子関係を特権化するもの）は疑問視されるようになり、むしろ「関わりの質」をこそ重視し、多様な他者とのアタッチメントのネットワークを築くことの重要性を述べる研究者が主流である（数井 2005）。

　保育所へ通うことは別離と再会が予定どおりに繰り返されることであり、子どもの経験としては、ボウルビィが指摘した母性剥奪とは明らかに異なっている。オーストラリアで行われた145人の妊娠中の母親を1年間追跡した研究（Harrison & Ungerer 2002）によれば、生後12か月時の母子アタッチメントが「安定型」に分類された割合が最も高かったのは生後5か月以前に母親が仕事復帰した早期復帰群であった一方、不安定なアタッチメントの1つとされる「葛藤型」の割合が最も高かったのは家庭専業群の母子であった。特に、出産前において母親が仕事へのやりがい（コミットメント）を感じており、保育を利用することへの不安が低く、復帰が生後5か月未満であるときに、子どもへのアタッチメントが安定した。この結果は、母親の子どもへの感受性、母と子の個人的特性、年収や学歴や民族的背景などの要因を統計的に考慮しても有効であった。つまり、母親にとって出産後も安心して働ける環境があり、保育所が信頼できるとの認識があることが重要なのである。また、保育所利用の効果

は、貧困等の困難を抱える親子において一層のメリットがあることも繰り返し
確認されている。

（2）保育の質の測定と追跡調査

　こうした研究成果が蓄積されていく中で、次第に保育の「質」が重要な媒介
要因（保育所利用が子どもの発達や母子関係に与える影響を左右する仲介的な要因）
であることが認識されるようになった（野澤ほか 2016）。特に、「質」の中でも
子どもに直接関わる保育者の質、保育者と子どもとの関わりの質に注目が集ま
っていった。いわゆる「プロセスの質」と呼ばれるものである。

　これを受けて、1980 年代以降はプロセスの質を測定する尺度（評価ツール）の
開発が進むとともに、1990 年代に入るとプロセスの質を規定する「構造の質」
の重要性にも目が向けられ始めた。構造の質とは、施設の基準（園舎の構造、子
ども1人あたりの面積、園庭や調理室の有無等）、保育者の免許・資格や教育水準、
賃金などの労働条件、保育者対子どもの人数比、集団（クラス）規模、そして基
準となるカリキュラムなど、保育実践を方向づける広範囲にわたる側面からなる。

　1989 年に国連「子どもの権利条約」が締結されたことも機運となり、早期
からの発達と学習の保障に関する国際的な関心が高まった。1996 年には、
OECD（経済協力開発機構）が日本を含む加盟国の教育大臣会合で幼児教育・
保育領域の質向上を優先課題として提示し、その後 Starting Strong（人生の始ま
りこそ力強く）という一連の調査研究に基づく提言を行っている。

　こうした中で、1991 年には米国の NICHD（国立小児保健・人間発達研究所）
が全米から約 1300 人の新生児を抽出した SECCYD（Study of Early Child Care
and Youth Development；乳幼児の保育と発達に関する研究）に着手し、英国では
1997 年に全英から 3000 人の3歳児（就学前教育の始期）を抽出した EPPE
（Effective Provision of Pre-school Education；就学前教育の効果的な規定）が立ち上が
るなど、各国において就学前の保育・教育の質と子どもの発達等の関係を検証
する大規模な縦断研究プロジェクトが動き出した。

　英米というアングロサクソン文化圏での研究に依存する傾向があることを考
慮すべきであるが、標準化された尺度による保育の質の高さが、子どもの就学
後の認知・言語発達および社会情動的発達の各指標の高さと関連していること

が実証されてきたことの意味は小さくない。また、構造の質は、保育実践の実際のプロセスの質を規定しており、直接的・間接的に子どもの発達に影響を与えていることも明らかである。子どもに対するポジティブな関わりと保育室の空間条件や教材・道具などの充実度は関連していること、保育者と子どもの人数比率や集団規模が適正であるほどプロセスの質も高く、子どもの発達も良好であること、そして保育者の教育、資格、研修の水準が最も重要な保育の質となり、子どもの発達を促すものであることが解明されてきた。

野澤ほか（2016）によると、2000年代以降は、①保育の質と交互作用する──つまり、関連し合って効果を生む──家庭環境の要因や子ども自身の気質などの要因についてのより詳細な検討、②各国の保育の質における経年変化、③標準化尺度を用いた保育の質の国際比較研究などが展開されている。

3.　家庭だけでは豊かな経験と成長を保障できない

以上のように、保育の質が子どもの発達に対して直接的・間接的に与えている影響には大きいものがある。そのことは、現代の子育て環境を考慮に入れたときにいっそう重みを増してくる。ここでは、筆者自身が行ってきた乳幼児親子の生活実態調査の結果に基づいて、多くの親子にとって保育を必要とする背景を確認したい。

（1）母親の就労の有無と子どもの遊び

図表2は、北海道内で2016 ～ 2017年に実施した大規模な子どもの生活実態調査において、母親の就労の有無により2歳前後の子どもの14種類の遊びの頻度を調べたものである（札幌データは平均2歳7か月、札幌を除く北海道データは平均1歳6か月）。札幌と北海道（札幌を除く道内30市町を抽出）のデータ両方で、母親が働いている子どものほうが、母親が働いていない子どもよりも、ほとんどの遊びの種類で「よくする」割合が高いことが見てとれる。

※2　北海道、札幌市および北海道大学大学院教育学研究院「子どもの生活実態調査」研究班による。北大研究班の代表は松本伊智朗（北海道大学教授）。調査の詳細は以下参照。
　　　札幌市調査（http://www.city.sapporo.jp/kodomo/torikumi/taisaku/jittaichousa.html）
　　　北海道調査（http://www.pref.hokkaido.lg.jp/hf/kms/kodomonohinkon/tyousa2.htm）
　　　概要パンフ（http://www.city.sapporo.jp/kodomo/torikumi/taisaku/documents/jittaityosa.pdf）

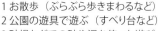

1 お散歩（ぶらぶら歩きまわるなど）
2 公園の遊具で遊ぶ（すべり台など）
3 砂場などでの砂や泥を使った遊び
4 鬼ごっこやおいかけっこ
5 なわとびやゴムとび
6 虫とり
7 草花、木の枝や棒、石ころなどで遊ぶ
8 ソリ遊び（冬季）
9 水遊び（夏季）
10 テレビゲームや携帯ゲーム
11 つみ木やブロックやパズル
12 人形遊びやままごと
13 ミニカーなどおもちゃでの遊び
14 折り紙や工作などの遊び

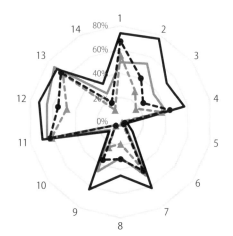

──── 札幌2歳 働いていない　　　──── 札幌2歳 働いている
━━━━ 北海道2歳 働いていない　　━━━━ 北海道2歳 働いている

図表２　母親の就労の有無と子どもの 14 種類の遊びを「よくする」割合

データは「札幌」＝札幌市内1389世帯、「北海道」＝札幌以外の道内30市町1474世帯からの回収質問票に基づく。
ただし、「札幌2歳」＝平均2歳7か月、「北海道2歳」＝平均1歳6か月である。

　そこで、母親の働き方（正規、非正規、自営＋役員、働いていないの4区分）と
14 種類の遊びの頻度について統計的な有意差を分析したところ、「お散歩」
「遊具」「砂場」「鬼ごっこ」「なわとび」「虫とり」「草花木石」「ソリ」「水遊
び」において、母親が正規就労の場合に「よくする」が多く、母親が働いてい
ない場合に「よくする」が少なかった。また、「ゲーム」は母親が正規就労の
場合に少なかった。[※3]

　以上の結果は、働いている母親が子どもの遊びに熱心であることを意味しな
いと考える。むしろ、母親が正規就労している場合は、基本的に保育施設を利
用していることが関わっているだろう。2歳前後に必要な遊びの種類と頻度が、
保育所等において保障されているのである。

　2歳児の遊び経験に関する上記の傾向は、父親の就労の有無や形態に基づく
分析では認められなかった。そのことは、子育ての実際がいかに母親の状況に
依存しているかを物語っている。

　※3　なお、14種類の遊びは本調査が5歳児も対象にしていたことから用意されている。した
　　　がって、「なわとび」など2歳児は通常あまりしない項目も含まれている。

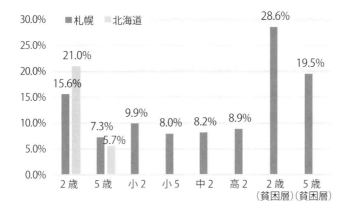

図表3　「日ごろ立ち話をするような付き合いのある人はいますか」に「いない」と回答した割合
札幌2歳1129世帯、北海道2歳1077世帯、札幌5歳611世帯、北海道5歳1670世帯、札幌小2〜高2は合計で8483世帯、札幌2歳（貧困層）70世帯、札幌5歳（貧困層）41世帯のデータに基づく。

（2）ゲーム利用と所得階層

　加えて、「ゲーム」の利用はすでに2歳において所得階層差があることがわかった。札幌調査（平均2歳7か月）では、「ゲーム」を「よくする」との回答は全体で11.1％であったが、5区分の所得階層のうち最も所得の低い層では22.1％、次に所得の低い層では15.7％に上り、統計的に有意に高かった。一方で、最も所得の高い層では7.0％と有意に低かった。統計的に有意な差は、平均1歳6か月の北海道調査では認められなかったものの、最も所得の低い層で6.5％、最も所得の高い層で3.6％であり、すでに1歳代から所得階層による電子ゲームへの暴露頻度に差が生じている可能性が示唆される。

（3）孤立しやすい3歳未満の親子

　図表3は、「日ごろ立ち話をするような付き合いのある人はいますか」という質問に対して、「いない」と回答した保護者の割合である。この指標は、回答者の社会的孤立度を測るものである。札幌および北海道で「2歳」ではきわだって高いことがわかる。2歳時点では、就労理由等により保育所を利用しな

い場合は、家庭での養育となる。5歳になると、札幌で1/2、北海道で1/4に減る。おそらく5歳時点ではほぼすべての子どもが保育所、幼稚園、認定こども園を利用していることに関係しているだろう。2歳および5歳の調査への回答者は9割以上が母親であることから、3歳未満では母子が孤立しやすいことは明白である。さらに、経済的な不利がその傾向に拍車をかけ、2歳時点では孤立群が3割に上り、5歳時点でも2割と高いことも見えてくる。

（4）保育所を希望する理由と利用格差

　2歳時点で、子どもの豊かな遊び経験を保障しにくく、親子が孤立しやすい環境があることは、保育施設の利用希望とも関係してくる。札幌2歳調査では、協力した1389世帯のうち保育所を利用していない世帯は563世帯であったが、その中で140世帯が利用を希望していた。同様に北海道2歳調査では、1474世帯のうち保育所を利用していないのは888世帯であり、その中で216世帯は利用を希望していた。図表4は、これらの世帯が保育所利用を希望する理由について整理したものである。札幌と北海道いずれでも、最も多い理由は「子どもの経験として重要」であった。保護者の就労理由は、わずかに少なく2位であった。

図表4　保育所の利用を希望している理由（2歳）

	札幌市（140世帯）	北海道（216世帯）
保護者の就労のため	77.2 %	75.5 %
子どもと離れる時間がほしい	37.9 %	25.0 %
子どもの経験として重要	80.7 %	76.9 %

※「札幌市」は平均2歳7か月、「北海道」は平均1歳6か月。「北海道」は札幌市以外の道内全域30市町のデータ。調査に協力した札幌市1389世帯および北海道1474世帯のうち、保育所を利用していないのは札幌市563世帯および北海道888世帯であり、本表はそのうち保育所利用を「希望しており、すぐにでも預けたい」および「希望しているが、迷っている」と回答した世帯を対象としている。表中の数値は、保育所利用理由の各項目について「あてはまる」と「どちらかといえばあてはまる」と回答したものを合算したもの。

　このように、現在の子育て環境では家庭養育のみでは子どもの成長・発達に必要な遊びなどの経験を十分保障することが困難であり、保護者の保育ニーズはその実態を反映したものになっている。保育所を必要悪とする「同質論」的な発想を超えて、もはや子どもの健全な育ちを守るための普遍的な機能を期待

図表5　所得階層別の保育・幼児教育施設利用分布 *

所得** 階層	札幌市						北海道					
	2歳			5歳			2歳			5歳		
	認保	幼こ他	なし	認保	幼こ他	なし	認保	幼こ他	なし	認保	幼こ他	なし
低Ⅰ	34.3%	20.0%	45.7%	56.1%	41.5%	2.4%	23.4%	13.0%	63.6%	55.8%	41.3%	2.9%
低Ⅱ	30.7%	22.2%	47.1%	40.0%	58.5%	1.5%	24.7%	12.8%	62.5%	41.0%	55.6%	3.4%
中間Ⅰ	33.2%	19.3%	47.5%	33.6%	63.0%	3.4%	21.3%	12.1%	66.6%	35.2%	62.5%	2.3%
中間Ⅱ	40.4%	23.2%	36.4%	31.9%	67.6%	0.5%	26.1%	18.8%	55.1%	34.7%	62.6%	2.7%
上位	45.1%	35.2%	19.7%	34.9%	63.2%	1.9%	42.3%	19.0%	38.7%	41.4%	56.6%	2.0%
全体	35.9%	23.4%	40.7%	34.2%	63.2%	2.6%	26.3%	15.1%	58.6%	39.5%	57.8%	2.7%

* 「認保」は認可保育所、「幼こ他」は幼稚園＋認定こども園＋認可外保育施設＋その他、「なし」は「受けていない」の意。
** 所得階層の5区分は、「相対的貧困線比」に基づく。相対的貧困線比とは、相対的貧困線（等価可処分所得[1人あ
たりの手取り収入]の中央値の2分の1の金額）を基準に、世帯所得（可処分所得の推計値）をその倍率によって
示した値である。1未満（低Ⅰ）、1～1.4未満（低Ⅱ）、1.4～1.8未満（中間Ⅰ）、1.8～2.5未満（中間Ⅱ）、2.5
以上（上位）の5階層に区分される。「低Ⅰ」は相対的貧困に相当する貧困層、中間Ⅰ3人世帯の税込み年収は「340
万2千円～437万4千円未満」である。相対的貧困線の算出には、平成28年度国民生活基礎調査のデータを用いた。

される場として、保育観はもちろん、その質を明確に向上させるための制度・
政策対応が求められる。

　その中で、特に3歳未満における保育所利用が社会経済的に有利な層に偏っ
ている現実にも目を向ける必要がある。図表5は、2歳および5歳の保育施設
の利用状況である。札幌と北海道いずれにおいても、2歳（1歳児クラスと2歳
児クラス）では所得上位層での認可保育所利用が多い。5歳では、いずれも低
所得層で認可保育所の利用が多くなる。先述のように、子育て支援資源にアク
セスしにくい低所得層では、2歳時点でのゲーム利用が多く、親子が社会的に
孤立しやすい現状がある。

　菅原（2016）によると、経済的不利は、「家族ストレスプロセス」と「家族
投資プロセス」の2つの経路を通って子どもの発達に負の影響を与える。家族
ストレスプロセスとは、養育者のストレスを経由した連鎖であり、家族投資プ
ロセスとは、家庭の物的環境を経由した連鎖である。各連鎖の概要を図表6に
示した。2つのプロセスは、実際には関連し合って影響すると考えられるが、
これらを分けて分析することによってどのような社会的対策が必要かを明確に
することができる。家族投資プロセスの存在は、世帯に対する直接の経済援助
が必要なことを意味する。家族ストレスプロセスの存在は、媒介要因となる親
のストレスを緩和したり、子どもに必要な関わりを学んだり、子どもの経験を
補完したりする子育て支援や保育の役割が重要であることを意味する。

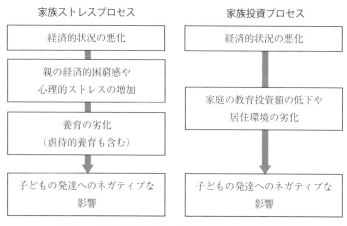

図表6　経済状況の悪化が子どもの発達に負の影響を
及ぼす2つのプロセス（菅原2016を基に作成）

　経済的不利が子どもの成長・発達に与える負の影響を防御するためには、より生活の厳しい状況に置かれた親子にとって、認可保育所の利用のハードルが下がる必要がある。もちろん、所得上位層の利用を制限するという対策では、子育て家庭の早期分断を引き起こし、総体としての子育て環境は改善されない。根本的に必要なのは、質の確保された認可保育所や幼保連携型認定こども園の絶対量を増やし、家庭の社会経済的状況にかかわらずどの子どもにも開かれた制度設計を目指すことである。

4.　乳幼児にふさわしい保育環境となっているか

　子育ての孤立や不安、経済的格差の拡がりにおいて新たな役割が期待される保育所であるが、その現状には厳しいものがある。保育ニーズの増大が無視できなくなった1990年代後半以降、定員ベースでは保育所の受け皿は漸増してきた。しかし、これらは数々の規制緩和政策に依存し、また規制緩和による保育の質の土台の切り崩しを伴うものであった（図表7）。
　規制緩和と保育の質との関係は、それぞれの現場や地域の実態に応じて異なるものであろう。ただ、とりわけ定員超過の規制緩和や財源の不安定化による非正規保育士や無資格職員の増加は、様々な保育上の困難やリスク（保育士同士の人間関係を含む）を生み出すとともに、保育の専門性を曖昧にし、有資格

図表7　保育所に関わる規制緩和等の事項（松本ほか2019を基に加筆して作成）

年度	規制緩和等の事項
1998（平成10）	短時間勤務保育士の導入容認／給食調理の業務委託容認 定員超過入所の規制緩和：年度当初10%、年度途中15%（育休明け20%）※
1999（平成11）	定員超過入所の規制緩和拡大：年度当初15%、年度途中25%（育休明けに産休明けを加え規制撤廃）※
2000（平成12）	保育所の設置主体の制限撤廃
2001（平成13）	短時間勤務保育士の割合拡大（定員超過分） 定員超過入所の規制緩和の拡大：年度後半の制限撤廃※
2002（平成14）	保育所の分園の条件緩和：定員規制及び分園数規制の緩和 短時間勤務保育士の最低基準上の保育士定数2割未満の規制撤廃
2003（平成15）	児童福祉施設最低基準緩和：保育所の防火・避難基準緩和
2004（平成16）	公立保育所運営費の一般財源化
2006（平成18）	認定こども園の制度化：地方裁量型等で実質的な規制緩和を実施
2010（平成22）	定員超過入所の規制緩和の拡大：年度当初の規制撤廃 給食の外部搬入容認：3歳以上児・公私ともに
2011（平成23）	最低基準の地方条例化に関わる地域主権改革一括法の成立 2013年3月末日までに、都道府県・政令市・中核市で条例化
2014（平成26）	4階以上に保育室設置の場合の避難用外階段必置規制の緩和
2015（平成27）	新制度実施により創設された地域型保育事業で、保育所の基準を緩和した基準の設定（面積・保育士資格）
2016（平成28）	最低基準における保育士配置に関する規制緩和（特例での実施とされているが期限等はない）：最低2人配置原則の適用除外、小学校教諭等による代替容認、認可定員上必要とされる人員を上回って、常時基準を満たすために配置されるべき人員について知事等が認める者でも容認

※　最低基準を達成した範囲での緩和措置。

で勤務する保育士の労働と生活をおびやかしていると考えられる。これらが、「保育士不足」や「早期離職」の大きな要因となっているのは他言を俟たない。

（1）規制緩和と"ひっかき・かみつき"

　西川（2017）は、1993年〜2013年の21年間に開催された、全国レベルの保育研究集会で発表された保育実践記録[※4]を分析し、保育所規制緩和と保育中の"ひっかき・かみつき"との関連を示唆するデータを発表した。3歳未満児の"ひっかき"や"かみつき"に関連する報告語数（「かみつき」語として統一）について、3つの時代区分（1993〜1998年を「緩和前」、1999〜2004年を「激変期」、2005

※4　『全国保育団体合同研究集会要綱』、『季刊保育問題研究』、『全国保育士会研究紀要』に掲載のもの。

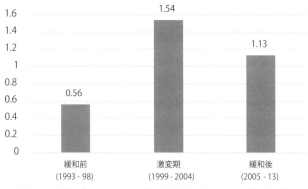

図表 8　平均「かみつき」語数の変化（西川 2017 を基に作成）

〜 2013 年を「緩和後」）で分析した。その結果、「緩和前」から「激変期」にか
けて統計的に有意に「かみつき」語が増加していることが明らかになった（図
表 8）。分析対象とした 3 つの研究集会間での差はなく、時期区分のみで有意差
が見られた。

　1 〜 2 歳児クラスには、生活年齢で 2 歳をまたぐ子どもたちが集まっている。
この時期は、直立二足歩行によって環境を自ら探索することに喜びを感じ、他
者とことばで会話し気持ちが伝わり共感の世界を広げること、ごっこ遊び等に
よって役割を入れ替えたりする経験を通して自己と他者の関係認識を深めてい
く自我発達上の画期である。

　しかし、この 30 年あまり、2 歳前後は子育てでは "イヤイヤ期" として定着し、
保育では "ひっかき・かみつき" が大きな課題となってきた。こうした 2 歳児像
は、しばしば発達的な要因に求められがちだが、現代の子育てと保育の環境変化
を考えれば、むしろ社会現象としての側面を無視できない（川田 2019）。

（2）保育士配置基準の問題と保育事故

　そもそも、1 歳児および 2 歳児の保育士配置基準は、1967 年から 50 年以上変
わらず保育士 1 人に対して子ども 6 人のままである。1967 年頃の当該年齢の保
育所在籍率は 2%前後と推察されるが[5]、現在は 50%に迫っている。各保育所に

　※ 5　文部省（1979）の保育所年齢別入所児数の報告に基づいて計算すると、1970 年のデータ
　　　で 1 歳児 1.07%、2 歳児 3.33%程度であった。

おける3歳未満児の総量が劇的に増え、核家族化と保育の長時間化など子育て状況が根本的に変わる中で、求められる保育の質が様変わりしていることを強く自覚しなければならない。3歳未満の自我形成と他者への基本的信頼感の発達は、幼児期以降の遊びの深化と集団性の育ち、就学後の学力形成と子ども集団の自律化というように、その後の長い人生の基礎となるのである。

　さらに、保育の質の不足や劣化は子どもの命を奪うものであることも忘れてはならない。認可外保育施設での死亡事故は後を絶たない（平沼ほか2016）。小保内ほか（2017）の分析によると、保育施設での2009 ～ 2014年の予期せぬ乳幼児の突然死の発生率（在園児1000人に対する値）は、0歳児では全国の発生率（つまり家庭養育も含む）の35 ～ 55%程度であった。一方で、1 ～ 2歳児では全国の発生率の約1.25 ～ 2.45倍に上ったという。0歳児では家庭よりも保育施設での発生率が低く、1 ～ 2歳児では高いという結果である。ただし、認可園に対する認可外園の発生率は、0歳児で約75倍（認可0.0047：認可外0.3534）、1 ～ 2歳児で約10倍（認可0.0044：認可外0.0423）に上った。

　1 ～ 2歳の突然死の発生率について、家庭よりも保育施設のほうが高いという結果は何を意味しているのだろうか。これを検証するには未だデータが不足しているものの、認可園でも0歳児の発生率とほぼ同値（0歳0.0047：1 ～ 2歳0.0044）であることを考えると、1 ～ 2歳児の保育環境が適切に保たれていないのは確かであろう。規制緩和を前後した"ひっかき・かみつき"の増加傾向というデータとも無関係ではあるまい。

5.「志向性の質」の議論を

（1）生活経験カリキュラム

　保育の質には様々な側面があるが、他の側面の基盤となるのが「志向性の質（方向性の質）」である（秋田・箕輪・高櫻2007）。OECDが2006年に行った区分では、「学校へのレディネス（就学準備）」を重視し、幼児教育・保育は若い人材たる子どもに必要なスキルを提供すべきとする流れと、子どもはすでに一市民としての権利主体であり保育・幼児教育は広い意味での「人生の準備段

※6　明記されていないが、論文の記述から認可施設と認可外施設をともに含むと考えられる。

階」であり生涯学習のための基礎を提供すべきであるとする流れの、2つの志向性の質があるとされた（OECD 2011）。

　ひるがえって、日本はこのいずれとも異なり、秋田（2016）によれば「生活経験」を重視したカリキュラムの伝統があるという。このカリキュラムが、最終的にどのような「成果の質」を求めているのか見えにくいのは確かだが、言語的な教示ではなく子どもが自ら環境に関わることを重視し、四季折々の行事や自然とのふれあいを通して情緒性を育み、保育の場が生活（暮らし）をともにつくりあげていくコミュニティとなることを志向している点で、保育所のみならず幼稚園とも一定の共通性をもって発展してきた。

　日本における「志向性の質」に関しては、今後さらなる議論が必要であろう。その中で、特に保育における「集団」をどう考えるかは避けて通れないテーマであると思われる。英米の大規模調査では、基本的に保育者1人あたりの子どもの数が少ないほど認知・言語および社会性の発達への効果が高い（秋田・佐川 2011）。つまり、個別対応を充実させていく志向性があり、集団はあくまで個々人のスキルを高めるための道具的な位置にある。

　しかし、日本では集団の中での個々の成長を期待するだけでなく、集団性そのものの成長に意味を見いだしてきた歴史がある（服部 2012）。「集団づくり」とも呼ばれてきた保育実践の蓄積は、今なお若い保育者たちも取り組む実践的な研究課題になっている（全国幼年教育研究協議会・集団づくり部会 2020など）。保育士配置基準の改善に関して、単に保育士あたりの子ども数を少なくすれば保育の質が上がるとの短絡的な議論ではなく、面積基準や園庭等の環境改善や園児数の規模規制、保育士配置のゆとりや労働条件改善、そして、就業時間中の有効な研修機会の充実など、総合的な質改善の過程において保育における「集団」の意味を考えていく必要があろう。

（2）子ども同士、子どもと環境・出来事を「つなぐ」保育者の役割

　さらに、日本の保育界でしばしば用いられてきた、「自由遊び」「見守り」「主体性」といった概念をより明確にしていくことも重要だと考える。秋田（2012）によれば、英国の縦断研究プロジェクトEPPEにおいて、質が高いと評価された園に共通していたのは子どもが主導する活動が多かったことである

が、さらに優秀園と最優秀園との違いは、後者では子どもが中心となって展開する活動に対して、保育者が子ども同士の考えや発想をことばでつないだり、考えの共有を支える（sustained shared thinking）ことが顕著であったという。

　実はこうした特徴は、日本の優れた保育実践にも共通するものである。川田（2018）は、山里の自然の中で行われた保育所 5 歳児の実践報告と、お茶の水女子大学附属幼稚園の 5 歳児の実践報告に、共通する「保育の過程」を認めることができると報告している。両実践は、制度的にも環境的にも異なる背景をもちながら、子どもたちと環境や出来事との関係（つながり）を発展させる言葉かけや環境構成を重視していた。それにより、個々の追求する遊びの発展と集団としての協同性の発展が、撚り合う 2 本の糸のように展開するプロセスが記録されている。

　保育者の力量形成のための研修機会や学歴の高度化、大学院でのリカレント教育なども考えていく必要があるが、チームワークがあってこその保育現場である。そこでは、子どものことを日々語り合い、保育実践記録を書き、読み合う関係性をつくれるか否かが決定的に重要である。その際に最も有効なのは、園内研修や保育者同士が互いの実践を持ち寄って議論する共同研修など、秋田（2016）が欧米とも異なる「別の道」と呼んだ力量形成の方向性であろう。受け身になりがちな官製研修だけでなく、専門職としての保育者が自律的に行う学びの場づくりを支える保育制度こそ、保育の質を総合的に向上させ、子どもたちの力強い成長へと結びつくだろう。

《文献》
秋田喜代美（2012）「保育の質とは何か」日本発達心理学会編／無藤隆・長崎勤責任編集『発達科学ハンドブック 6　発達と支援』新曜社：73-81.
秋田喜代美（2016）「いま『保育』を考えるために」秋田喜代美監修／山邉昭則・多賀厳太郎編『あらゆる学問は保育につながる——発達保育実践政策学の挑戦』東京大学出版会.
秋田喜代美・箕輪潤子・髙櫻綾子（2007）「保育の質研究の展望と課題」『東京大学大学院教育学研究科紀要』47：289-305.
秋田喜代美・佐川早季子（2011）「保育の質に関する縦断研究の展望」『東京大学大学院教育学研究科紀要』51：217-234.
ブロンフェンブレンナー／磯貝芳郎・福富護訳（1996）『人間発達の生態学——発達心理学への挑戦』川島書店.

服部敬子（2012）「発達早期＝保育・child care system」日本発達心理学会編／氏家達夫・遠藤利彦責任編集『発達科学ハンドブック5　社会・文化に生きる人間』新曜社：90-103.

Harrison, L. J., & Ungerer, J. A.（2002）"Maternal employment and infant-mother attachment security at 12 months postpartum." *Developmental Psychology,* 38（5）, 758-773.

平沼博将・繁松祐行・ラッコランド京橋園乳児死亡事故裁判を支援する会（2016）『子どもの命を守るために──保育事故裁判から保育を問い直す』クリエイツかもがわ.

川田 学（2018）「エコロジカルシステムとしての『保育』の評価試論」『保育学研究』56（1）：21-32.

川田 学（2019）『保育的発達論のはじまり──個人を尊重しつつ、「つながり」を育むいとなみへ』ひとなる書房.

数井みゆき（2005）「『母子関係』を越えた親子・家族研究」遠藤利彦編著『発達心理学の新しいかたち』誠信書房：189-214.

鬼頭 宏（2000）『人口から読む日本の歴史』講談社.

近藤薫樹（1969）『集団保育とこころの発達』新日本出版社.

松本峰雄監修／池田りな・才郷眞弓・土屋由・堀科（2019）『乳児保育演習ブック［第2版］』ミネルヴァ書房.

文部省（1979）『幼稚園教育百年史』ひかりのくに.

西川由紀子（2017）「保育園における『かみつき』と保育制度の変化との関連──21年間の保育実践報告の分析から」『心理科学』38（2）：40-50.

野澤祥子・淀川裕美・高橋翠・遠藤利彦・秋田喜代美（2016）「乳児保育の質に関する研究の動向と展望」『東京大学大学院教育学研究科紀要』56：399-419.

小保内俊雅・市川光太郎・山中龍宏・仁志田博司（2017）「安全で安心な保育環境の構築に向けて」『日本小児科学会雑誌』121（7）：1224-1229.

OECD／星三和子・首藤美香子・大和洋子・一見真理子訳（2011）『OECD保育白書──人生の始まりこそ力強く：乳幼児期の教育とケア（ECEC）の国際比較』明石書店.

菅原ますみ（2016）「子どもの発達と貧困──低所得層の家族・成育環境と子どもへの影響」秋田喜代美・小西祐馬・菅原ますみ編『貧困と保育──社会と福祉につなぎ、希望をつむぐ』かもがわ出版：195-220.

竹下秀子（2001）『赤ちゃんの手とまなざし──ことばを生みだす進化の道すじ』岩波書店.

全国幼年教育研究協議会・集団づくり部会（2020）『求めあい認めあい支えあう子どもたち──乳幼児期の集団づくり 視点と実践』かもがわ出版.

第2章

保育所の課題と新たな実践
──保育者の立場から考える

近藤 幹生

・・・

1. 無償化・規制緩和策と保育運営・実践への影響

　2019年10月、消費税8％から10％への増税とともに、「幼児教育・保育の無償化」策が施行された。筆者は、就学前の子どもたちへの保育・幼児教育が無償化される方向性自体を否定するものではない。なぜなら、1人の子が日本社会に生まれ、成長・発達するプロセスにおいて、乳幼児期がもつ意味は図り知れず、ここを飛躍的に拡充するべきだと考えるからである。たとえば、保育・幼児教育への公的財政支出の比較（OECD諸国）において、日本がかなり低い水準であることは、よく話題になる（GDPベースで0.37％──32か国中30位）。乳幼児期における公費負担割合は、大幅に引き上げる必要があり、無償化の方向性をめざし、保護者の経済的負担を少しでも早く減らすべきだろう。

　では、2019年10月実施の「幼児教育・保育の無償化」の内実は、どうなのだろうか。実は、様々な矛盾や影響が出てきている。本稿では、論点を絞りながら指摘するが、保育者の立場から、保育運営・実践の場における影響と課題、今後の展望についてともに考えたい。

　まず、「幼児教育・保育の無償化」策の概略にふれておく。──3歳から5歳の幼稚園・保育所・認定こども園の費用が無料になること、0歳から2歳の場合には、低所得者（住民税非課税世帯）のみが無料になる。認可外園（ベビーホテル、ベビーシッター、幼稚園の預かり保育）は、3歳から5歳、0歳から2歳は、

※1　政策課題としては、「幼児教育・保育の無償化」と表現されている。本稿で筆者が論じる場合は、保育・幼児教育の無償化という表現方法を用いる。

※2　OECD, Family and Social Expenditure Database2017による数値などを参照。

それぞれ上限額が決められ補助がされる。——[※3]

　ただし、無償化の対象は保育料であり、各施設で徴収されてきている食材料費、教材費、通園バスの送迎費用、行事費などは対象外になっている。こうした無償化問題をどのようにとらえるかについては、いくつもの議論や論点がある。[※4]

（1）「幼児教育・保育の無償化」と課題——安心して食事ができる保障を

　無償化により変動した内容の1つに、保育料に含まれていた副食費（おかず）やおやつ代金の実費徴収がある。それは、どのように説明されているかを簡単に見ておく。

　——現在、3～5歳児の給食費分は、主食（お米など）分については保護者が直接負担する。または、現物を持参する。副食（おかず）分については（保育料の一部として）市町村を通じて、保育所に支払う。今後、「幼児教育・保育は無償」化されるが、給食費については、引き続き保護者の負担が原則。ただし、無償化に伴い今後は、主食分と副食分の給食費をまとめて保育所に支払う。副食費は月額4500円とされている。[※5]——

　しかし、「無償化なのに」という保護者や保育関係者からの声に押され、自治体が補助財源を確保し無償のままの地域も少なくない。つまり、副食費を徴収するか、徴収しないかなど、対応が自治体によりまちまちである。

　では、子どもたちにとって、そもそも食べることは、どのような意味があるのだろうか。

　保育実践現場の実情を見てみよう。子どもたちは、園にやってくると、調理

※3　内閣府より、「幼児教育無償化に関する住民・事業者向け説明資料」ほか特設のホームページが公開されている。

※4　無償化問題の論点は多い。まず財源が消費税増税分であることを踏まえたい。保育を充実させることと消費税増税がリンクすることになり財源問題が大きい。待機児童の解消、保育士の低処遇をはじめ保育環境の改善課題などが後回しとされる可能性が大きい。保護者負担の公平性も問題点である。保育料は応能負担であり、所得が高いほど施策の恩恵を受ける面がある。認可外施設も無償化の対象となる。認可外施設の固定化ともいえる面がある。先行研究としては中山徹（2019）がわかりやすく整理されている。『だれのための保育制度改革——無償化・待機児童解消の真実』自治体研究社。

※5　「幼児教育・保育の無償化の実施に伴う食材料費の取扱いについて」令和元年5月30日内閣府説明会資料など。なお、自治体により補助金が支出され軽減措置をしているところもある。

室の前に走っていき、「きょうのごはん、なあに？」と聞いてくる。また、野菜が苦手であった子が、栽培活動の保育のなかで「はたけでつくったきゅうりって、おいしいよね」と食べるようになることがある。子どもたちは、園生活において、心とからだを使いおもいっきり遊び成長していく。保育者は、一日の大半を園で過ごす子どもの立場から、食べることを保育の中心に位置づけ、力を入れてきたのである。食育は、保育の一環であり、全国の公立・私立保育園において、様々な保育実践が豊かに蓄積されてきている（2005年、食育基本法）。[※6]

　筆者は、今回の副食費の実費徴収により、食育としての保育実践が歪められようとしているのではないかと危惧している。ここを、もう少し考えてみよう。保護者の側から見ると、これまで食事代は保育料に含まれており、副食費を負担してきた意識はあまりないともいえる。それが、園で4500円（月額）を徴収することになれば、まず戸惑いをいだくだろう。また、土曜日に園に行く子と行かない子がいるという現状もあり、そうした際、副食費はどのように支払うのだろうか。食べていないのに、なぜ同じ金額になるのかという疑問も出てくる。さらに、たくさん食べる子もあれば、少食の子もいる。年長組にでもなれば、親が支払っているかどうかなどを想像することもありえる。園生活で、一番楽しいはずの食事の時間が、そんなことになる可能性を孕んでいる。検証は今後の課題になるとしても、保育園は、すべての子どもを平等に扱うことが児童福祉の基本原則である。副食費の徴収は、この基本を歪めてしまう可能性が強いのではないだろうか。

　では、本来、どうあればよいのか。筆者は、次のように考える。

　現在、就学前のほとんどの子が、保育園や幼稚園に通っている。保育園・幼稚園ともに食べる楽しさを取り入れて、食育をすすめていくことが求められているのではないだろうか。食事を提供するのは、「親の責任だから、親が負担するのは当然だ」という考え方を乗り越え、保育園や幼稚園に通う子どもたち、

※6　（食育基本法では）「生きる上での基本であって、知育、徳育及び体育の基礎となるものと位置付けるとともに、様々な経験を通じて『食』に関する知識と『食』を選択する力を習得し、健全な食生活実践することができる人間を育てる食育を推進することが求められている」としている。秋田喜代美監修／東京大学大学院教育学研究科附属発達保育実践政策学センター編著（2019）『保育学用語辞典』中央法規出版：142。

どの家庭の子どもであっても、園において、安心して食事ができるシステムへの転換が求められているのではないだろうか。

（2）規制緩和策を考える――職員配置基準、園庭問題

　続いて、規制緩和策について取り上げる。待機児童問題を解決するためとして、様々な保育・子育て支援策が出されてきたが、必ずしも功を奏することにはならず、2015年4月、子ども・子育て支援新制度が開始された。子ども・子育て支援新制度後も、待機児童問題は解決の方向へ前進しているとはいえない。筆者は、待機児童問題の解消として示された規制緩和策自体に問題があると考える。[※7]

　本稿では、規制緩和策のうち、職員配置基準と園庭問題に関する現状を見つめ、考え方を提示したい。

①保育園の職員配置基準の改善をめざす課題

　現在の職員配置基準は、「児童福祉施設の設備及び運営に関する基準」[※8]に示されている（図表1）。1歳児・2歳児は、1人の保育者が6人まで保育をするという国としての配置基準がある。ところで、2018年4月より改正・施行された「保育所保育指針」は、この時期（1歳児・2歳児）の保育内容を次のように述べている。

　　　歩き始めから、歩く、走る、跳ぶなどへと、基本的な運動能力が次第に発達し、排泄の自立のための身体的機能も整うようになる。つまむ、めくるなどの指先の機能も発達し、食事、衣類の着脱なども、保育士等の援助の下で自分で行うようになる。発声も明瞭になり、語彙も増加し、自分の意志や欲求を言葉で表出できるようになる。このように自分でできることが増えてくる時期であることから、保育士等は、子どもの生活の安定を図りながら、自

※7　2016年3月、厚生労働省は「待機解消に向けて緊急的に対応する施策」（通知）を打ち出した。1. 子ども・子育て支援新制度施行後の実態把握と緊急対策体制の強化、2. 規制の弾力化・人材確保等、3. 受け皿確保のための施設整備促進、4. 既存事業の拡充・強化、5. 企業主導型保育事業の積極的展開等である。

※8　厚生労働省令「児童福祉施設の設備及び運営に関する基準」2016年8月18日第141号第5章 保育所。

分でしようとする気持ちを尊重し、温かく見守るとともに、愛情豊かに、応答的に関わることが必要である。[※9]

図表1　国の保育園職員配置基準

	保育士の配置（園児：保育士）
乳児	3：1
1歳児	6：1
2歳児	6：1
3歳児	20：1
4・5歳児	30：1

　保育者には、こうした1歳児・2歳児の発達を踏まえ、きめ細やかな保育内容となるよう保育することが求められている。現状の1歳児・2歳児を保育する際の6対1という国基準では、一人ひとりへのゆきとどいた保育をすることができない。[※10]多くの自治体では、4対1、5対1などが可能となるように補助財源を確保しているのが現状である。ところが、今回の無償化後、自治体独自の補助財源が厳しくなると、これまでの補助財源さえも削減される可能性があり、国基準への逆戻りさえ、目論まれている。[※11]ここで1歳児・2歳児を例にあげたのは、待機児童の大半を占めるからである。

　また、保育園における職員配置基準上の問題点として、必要な人員を算出する際、小数点で算出する現状の方法に問題点があることを直視したい。幼稚園と比較するために、3歳以上児の例をあげておく。幼稚園における学級定数（35人学級）では、園児が1人でも増えれば1学級増えるが、保育園は小数点で計算され、予算額が増えるだけである。たとえば、4歳と5歳を合わせて45人が在籍するとしたら、45÷30＝1.5人分の費用しか算出されないのである。首都圏などは、国単価に上乗せをして補助財源があるが、地方都市においては、国基準のままである地域も少なくない。その上、2015年の子ども・子育て支援新制度以降、保育園での標準的保育時間は11時間開所（従来は8時間が原則）となっている。大部分の保育園が長く開所しているわけである。当然、週あた

※9　「保育所保育指針」（2018年施行）第2章保育の内容2「1歳以上3歳未満児の保育に関わるねらい及び内容」より。

※10　近藤幹生（2016）「規制緩和策と保育実践現場の現状報告」日本保育学会編『保育学講座2　保育を支えるしくみ：制度と行政』東京大学出版会：40-42。

※11　2017年4月、厚生労働省は、待機児童の解消に向けた緊急対策の実施状況をまとめた。対策の対象となったのは、待機児童の多い地域を中心に、国の基準（6対1）よりも手厚い独自基準を設けている152自治体に国基準まで緩和するように求めた。しかし国の要請を受け入れたのは、2自治体のみであった。『朝日新聞』2017年4月17日付記事ほか。

りの労働時間は確実に増えている（1日8時間の場合、週40時間、月160時間。子ども・子育て支援新制度では1日11時間、週66時間、月264時間）。無償化後の各自治体の財源確保が厳しい中で、予算措置がどのようになっていくか、注視しなければならないだろう。前述した保育所保育指針に基づく保育をすすめていくためには、保育園での全年齢における職員配置基準の改善が急務となっている。

②子どもたちが育つ環境の課題として——園庭問題の現状

　次に、園庭の確保をあげておきたい。待機児童対策のあり方として、保育の量的拡大が優先され、保育の質的向上が置き去りにされてきたことについては、様々な指摘がされている。政府が2017年度中の目標としていた待機児童ゼロは、2020年度中に先送りされたが、今後の見通しはどう考えればよいのか。「幼児教育・保育の無償化」により、「無償化ならば」と保育需要が増大化してくることから見ても、解決の厳しさがあるのではないか。この課題を見つめる視点として、子どもたちの育ちを保障する保育環境のあり方にかかわる園庭問題を取り上げる。園庭問題については、「保育園を考える親の会」による粘り強い取り組みと発信が繰り返しなされてきた。[12]同会が調査してきた園庭保有率によると、2015年から2019年にかけて、以下のように報告されている。「有効回答した98市区の平均は72.5％と、昨年度の73.8％からさらに減少した。郊外や地方都市では園庭保有率が100％の自治体が多い一方、都心では3分の1以下という自治体がふえている」[13]。

　また、新聞社による最新の調査では、政令市と東京23区にある認可保育園には3分の1に専用の「園庭がない」とされ、東京23区内で見ると5割を超える状態である。[14]保育園の専用の園庭がない場合、近隣の公園などを代替措置として認められるが、公園の使用は、複数の保育施設関係者や近隣住民の利用するスペースであり、利用調整はかなり難しい状況であり、自治体や保育園で

※12　「保育園を考える親の会」（代表 普光院亜紀）では、独自調査による「100都市保育力充実度チェック」を毎年発行してきている。

※13　保育園を考える親の会調査・監修（2019）『100都市保育力充実度チェック 2019年版』：6.

※14　『毎日新聞』2020年4月9日付記事。

は様々な工夫を凝らしている。[※15]保育所保育指針に示されているように、乳幼児期の子どもたちが、心身ともに力いっぱい活動できる環境の改善は、いま、急務となっていることがわかる。

　これまで、「幼児教育・保育の無償化」問題にかかわる課題として、乳幼児期の子どもたちにとって、安心できる食事のあり方、保育園における職員配置基準や園庭問題について述べてきた。

　こうした「幼児教育・保育の無償化」がもたらす矛盾や影響を見つめつつ、今後、どのように展望を見いだせばよいのだろうか。現在の局面への認識として、戦後の保育・幼児教育の制度的な大きな転換点に位置すると考えている。そして、あるべき保育運営・実践の方向性としては、本書の核心テーマである「保育の質的向上をめざす」ことに尽きるのではないだろうか。その際の鍵として、「保育の自由」という理念的課題を提示していきたい。[※16]

2. 保育の質の向上と「保育の自由」

（1）保育の質の向上を検討する要素と「保育の自由」

　保育の質の向上をめざす際、何よりも緊要なのは、保育者の立場から考える姿勢である。それは、どのようなことを意味しているのだろうか。端的にいえば、保育者による保育は、人間社会における社会的労働である。ここに対して、まっとうな評価がなされることを最も重視しなければならない。まず何よりも、保育者の大幅な処遇改善が必要である。保育者の賃金を他職種と比較してみると、格段の違いがあることから、国も着手し始めてはいる。急いで改善の具体化を願わずにいられない（保育士と全産業との賃金比較月額で11.4万円の差）。[※17]本稿では、処遇問題の詳細は割愛するが、正規職員以外の劣悪な処遇問題も直視する必要がある。保育者が置かれている現状の把握自体が急務になっている。

※15　同新聞報道によると、専用園庭がないためにバスで大型公園へ移動するケースがある。運動会を開催するために、小学校の校庭や体育館を借りる園が殺到し、利用調整が課題となっている自治体もあるとされている。

※16　近藤幹生（2018）『保育の自由』岩波新書。

※17　厚生労働省子ども家庭局保育課「2019年度全国保育士養成セミナー・行政説明資料」2019年8月29日：44。国も保育者の低賃金の現状を認めざるを得ず、すでに保育士キャリアアップ研修を実施し処遇改善に着手しているが、不十分さは否めない。

　筆者は、保育の質の向上という概念は、これまで、主として保育者の外側から問題にされてきた傾向が強いという意見をもっている[18]。本稿では、保育者の立場から保育の質の向上について論じていく。保育の質の向上を検討する要素としては、保育の環境諸条件（前述の賃金・労働条件なども含む、職員配置基準、園の環境の諸条件など）、保育をめぐる人間関係（保育者と子ども、職員集団、子ども同士、園と保護者など）、保育実践のプロセス、以上3点があると考える。保育の質の向上は、こうした複数の要素が相互に絡み合い発展していくのである[19]。

　それぞれの要素の絡み合いについて、例示していくが、議論をすすめる課題としたい。1（2）①でふれたように、現行の保育園における職員配置基準には不十分さがあり、抜本的改善が求められている。しかし、劣悪な現状（保育者の国基準並みの現状）と保育の質の向上にかかわる課題は、独自に、ていねいに検討すべき課題がある。この点を整理していくために、3点ほど課題を示しておく。

　第一に、自治体からの補助財源が乏しく、やむをえず国基準並みの職員配置しかできない園があるとする（実際に国基準並みの職員配置をしている園は多い）。でも、この中で、創意工夫を凝らし、子どもの願いを受けとめ、きめ細やかな保育に奮闘する保育実践を目にすることも少なくない。それは、2（2）でふれる園における「保育観」がかかわる。

　第二に、国の職員配置基準に上乗せがされ加配保育士がいる園では、どのような保育実践が行われているのか。子どもの願いを聞き、子どもの立場に立った保育実践がされているのかどうか。ここにも、十分に検討するべき課題がある。

　第三に、職員配置基準以前の問題点として、子どもの願いを聞くという保育

※18　厚生労働省、文部科学省では、「保育所等における保育の質の確保向上に関する検討会」（厚生労働省）、「幼児教育の実践の質向上に関する検討会」（文部科学省）を2018年より開始している。厚生労働省は「子どもを中心に保育の実践を考える〜保育所保育指針に基づく保育の質向上に向けた実践事例集〜」（2019年6月）をまとめている。保育実践事例も多く掲載されている。今後、各園でのアプローチが求められている。

※19　保育の質に関する先行研究は多い。大宮勇雄（2006）が早くから論じている。『保育の質を高める——21世紀の保育観・保育条件・専門性』ひとなる書房。筆者は大宮の研究ほどの掘り下げはできていないが、保育者の側から保育の質向上をめざす視点を試みたい。

者の基本的姿勢さえ疑われる保育現場が、実際に存在している。1（1）で述べたが、子どもたちは、園生活において、食事・おやつを何よりも楽しみにしている。ところが、食事場面が、まるで餌やりのような光景（保育）が見られる。一部の保育現場であることを願うが、小林美希（2015）によるリアルな報告がある。[20]

保育所保育指針（2018）には、「保育を必要とする子どもの保育を行い、その健全な心身の発達を図ることを目的とした児童福祉施設であり、入所する子どもの最善の利益を考慮し、その福祉を積極的に増進することに最もふさわしい生活の場でなければならない」[21]と記述されている。園として基本的文書を把握すること、あるいは園での基本的研修体制は、いったい、どのようになっているのか。いや、それ以上に、きょう明日と、子どもが安心して過ごせる園生活、子どもの育ちを保障することは、大人の側の責任である。急いで解決する努力を注がなければならない。

　第三の内容は、論を俟たないが、保育の環境諸条件の1つである職員配置基準は、改善を要する課題であることはいうまでもない。しかし、職員配置基準の改善さえすすめば、保育の質の向上をめざす保育において、何も問題はないのかというと、そうでもないということである。

　保育の質の向上にとって、3点の要素の中で、緊要な事項は、保育者にとっての保育運営・保育実践のプロセスの質が保証されることだと考えている。では、プロセスの質が保証されるとは、どのような意味なのか。それは、以下の「保育の自由」という理念的課題の内容が、実現できる方向性にあるということである。

　「保育の自由」とは、保育者たちが、目の前の子どもたちとともに、創りだしていく保育の営みそのものである。保育者は一人ひとりの子どもの成長・発達の保障をめざして、力をかたむけている。子どもの願いを受けとめて、乳幼児期にふさわしい保育をすすめていく。もちろん、自分の保育がどうであったかを振り返り反省をかさね議論する。よりよい保育をめざし改善していくこと

※20　小林美希（2015）「第1章 保育現場は、今」には、「地獄絵図のような光景」「エプロンテーブルクロス」など克明に表現されている。『ルポ 保育崩壊』岩波新書。

※21　厚生労働省「保育所保育指針」第1章総則、1 保育所保育に関する基本原則。

である。[22]

　「保育の自由」の意味する内容は、特別の概念を示したものではない。多く
の保育現場で、確かめることが可能な基本的考え方である。ただ、「保育の自
由」を追究すること自体が，各園において困難になってきているのではないか。
一人ひとりの保育者が、あるいは各園が、子どもの願いを受けとめて、生き生
きと保育をすすめてほしい。「保育の自由」で示された園運営・実践が、展開
されていくことが、プロセスの質が保証されることに通じると考えているので
ある。

（2）保育運営・保育実践のプロセスの質が保証されるために
──「子ども観」と「保育観」を深める学び

　では、実際に保育をすすめる際に、保育運営・保育実践のプロセスの質が保
証されるには、どのような内容が肝心なのだろうか。それは、保育者間におい
て、日常的に、「子ども観」と「保育観」を深める学びをすすめることである。
まず、主として保育者の集団において、保育運営・保育実践について、一致を
めざしたい内容とは何か。このことを追究していくことである。大きなテーマ
ではあるが、保育の対象である「子どもをどう見るか」ということである。
「子どもをどう見るか」という意味を表現することばを「子ども観」としてお
く。[23]では、どのように「子ども観」を深めていけばよいのか。根本的なとら
え方として、子ども一人ひとりを、人間として尊厳をもつ存在だと認識するこ
とである。一人ひとりの存在自体が尊いということであり、ほかの誰とも、置
きかえることはできないことを意味する。保育者間で、子どもが尊厳をもつ存
在であるという認識で一致できるかどうかである。認識を一致させるには、尊
厳をもつ存在であることについて学び合うことだろう。

　次に、どのような保育を大事に考えるかを意味することばを「保育観」とし

※22　近藤（2018：15）。

※23　子ども観や保育観という概念は、教育学あるいは保育学の歴史研究などで取り上げら
　　れる。学問的蓄積を基盤として用いられる専門用語である。本稿では、用語の背景など言及
　　はしないが、子どもへの見方、保育への考え方として、子ども観、保育観という表現をする
　　が、以下の研究に学びたい。汐見稔幸・松本園子・高田文子・矢治夕起・森川敬子（2017）
　　『日本の保育の歴史──子ども観と保育の歴史150年』萌文書林。

ておく。保育実践現場において、「保育観」をいかに築いていくのかも、肝心なことになる。

　このように、保育運営・保育実践のプロセスが保証されるには、「子ども観」と「保育観」の創造という営みが求められている。

①子どもの権利条約の学び──「子ども観」と「保育観」を築く土台

　現時点で緊要なことは、児童の権利に関する条約（以下、子どもの権利条約、1989年国連制定、日本は1994年批准）を深めて学ぶということである。子どもの権利条約の精神は、2016年6月の児童福祉法の改正により、第一条に盛り込まれたのである。[24]

　子どもの権利条約を学ぶという場合、まず大きな視点として、4つの権利の柱（生きる権利、守られる権利、育つ権利、参加する権利）をおさえる必要がある。[25]生きる権利とは、すべての子どもたちの命が守られること、健康に生まれ安全な水や十分な栄養を得て、健やかに成長することにほかならない。守られる権利とは、差別や虐待、搾取や暴力から守られることにほかならない。育つ権利とは、子どもたちが、教育を受ける権利をもっていること、休んだり遊んだりしながら、自分の考えをもち、自分らしく成長することである。健やかに成長・発達できるということである。参加する権利とは、自分に関係のある事柄について自由に意見を表明すること、集まってグループをつくり、活動をすることができることである。

②保育運営・保育実践における職員集団の形成

　こうした4つの権利の柱を、たとえば、保育園において考える際、どのよう

※24　2016年6月、児童福祉法が改正され、第1条・第2条は以下の記述になった。「第1条　全て児童は、児童の権利に関する条約の精神にのつとり、適切に養育されること、その生活を保障されること、愛され、保護されること、その心身の健やかな成長及び発達並びにその自立が図られることその他の福祉を等しく保障される権利を有する。第2条　全て国民は、児童が良好な環境において生まれ、かつ、社会のあらゆる分野において、児童の年齢及び発達の程度に応じて、その意見が尊重され、その最善の利益が優先して考慮され、心身ともに健やかに育成されるよう努めなければならない。1. 児童の保護者は、児童を心身ともに健やかに育成することについて第一義的責任を負う。2. 国及び地方公共団体は、児童の保護者とともに、児童を心身ともに健やかに育成する責任を負う。」

※25　子どもの権利条約──4つの柱　子どもの権利条約サイト（ユニセフホームページ）https://www.unicef.or.jp/about_unicef/about_rig.html

な視点が重要になるのだろうか。上記の「子ども観」と「保育観」を学び合う職員集団の形成が、不可欠の課題になるのである。園における職員集団は、保育者をはじめ、看護師、栄養士、調理士、事務職員、用務員などで構成されている。園長、副園長や主任保育者などは、職員集団の形成において、重要な役割を担う必要がある。職員集団を形成するとは、リーダーの役割とともに、職員一人ひとりの存在価値が大きい。どのようにウエイトを置きながら、努力をかさねるのかなども含め、後述していきたい。

3. 子どもの権利を核とした保育運営・保育実践
──具体例の提示を通して

　子どもの権利条約を学び、深めながら保育運営・保育実践をすすめていくとは、どのようなことだろうか。それは、一人ひとりの子どもを、権利をもつ存在として考えるということだといえる。そうした立場からの保育運営・保育実践を試みている事例を紹介したい。

　もちろん、子どもの権利を核とした保育運営・保育実践をすすめるためには、園として、保育の理念をいつも掘り下げるよう力をかたむけている。ことばを変えると、保育の対象である子どもをより深くとらえる学びを蓄積しているわけである。そうした園における保育運営・保育実践である。もちろん、保育の内容には、歴史性・地域性・多様性が見られる。

　ここでは、「ESDの意味と保育実践」、「なぜだろうか」「どうしてだろうか」というレイチェル・カーソンによるセンス・オブ・ワンダーを紹介しておきたい。

（1）ESDの意味と保育実践

　ESD教育とはどのような意味をもつだろうか。

　ESDとは、Education for Sustainable Development「持続可能な開発のための教育」を意味していることばである。2002年に国連により開発されたサミットにおいて、次のように定義されている。

　　　今、世界には環境、貧困、人権、平和、開発といった様々な問題があります。ESDとは、これらの現代社会の課題を自らの問題として捉え、身近なと

ころから取り組む（think globally, act locally）ことにより、それらの課題の解決につながる新たな価値観や行動を生み出すこと、そしてそれによって持続可能な社会を創造していくことを目指す学習や活動です。[※26]

　日本の保育実践現場においても、すでに、様々な試みが行われてきている。取り組みをまとめた保育国際交流運営委員会の島本一男氏は、次のように述べている。

　　私たちは、保育の指標の一つとして ESD の発想を取り入れた「持続可能な」乳幼児教育や生活の重要性を提案します。社会の変化をどのように捉え、そしてその変化に向き合い、未来をつくる子どもたちとどのような保育をすすめるかということ、そして、子どもたちの心を育んでいく時、「持続可能」というキーワードをもって平和に生きるということ、その重要性を提案します。さらに私たちは、この提案を具体化するために、保育を担っているみなさんに ESD の意味と意義を少しでも理解してもらいたい、それには「保育現場での実践エピソードから学ぶ」ことができる書物が必要ではないかと考えました。[※27]

　「持続可能な保育」を意識した保育実践とは、どのような内容だろうか。2つ実践事例を紹介しておく。

ESD の実践事例　1　「匂い体験」

　園庭に香りのよい木があります。春の芳香は、ロウバイと沈丁花、初夏にはみかんとバナナの香りそっくりのオガタマ、そして秋には金木犀とカツラが薫ります。カツラは茶色になった落ち葉が綿菓子のようなカラメルの香りを漂わせてくれます。2012 年秋、福島市内の園にその香りを楽しんでもらおうと、集めて送りました。放射能には匂いがなく、感覚でとらえられません。福島では、除染ができない山の落ち葉には触ってはいけないと禁じられ

※26　日本ユネスコ国内委員会　https://www.mext.go.jp/unesco/004/1339970.htm
※27　全国私立保育園連盟保育国際交流運営委員会編（2014）『地球にやさしい保育のすすめ　ESD 的発想が保育を変える』。

ているという話を私たちの園の子どもに話したところ、外に出てせっせと集めてくれました。五感を大切にする保育が乳幼児期にこそ大切です。それを禁じるという結果をもたらす原子力発電には加担したくありません。でも一方で、人工の芳香剤が身の回りにあふれかえっています。夏に蚕の繭を塩水漬けにして真綿をつくりました。繭から腐敗した蛹を取り出す作業はとても臭く、泣き出す子や「不愉快」と怒る子がいました。でも、害のない自然の匂いだったので、繭を広げる作業の楽しさが勝ってクラフトができ、指導してくださったおじいさんの匂いとして、子どもたちに記憶されました。実物がはっきりイメージできることは安心につながります。

（藤井修、京都市たかつかさ保育園園長）

ESD の実践事例　2　「みんなちがって　みんないい」

　私の通勤途中にある小さな御社の中には、お地蔵さんが立っています。そのまわりにはぬいぐるみがいっぱい置かれていて、なんとも窮屈そうです。その中に、黒い肌のかわいいお人形が置かれていました。以前、ニューヨークの幼稚園を見学した時、いろんな人種のお人形と出会ったことを思い出しました。日本で肌の違う色のお人形をそろえるのは大変ですが、子どもの頃から違いを受けとめられるような教育をすることはとても大事なことだと思います。まして、毎日触れるおもちゃの影響は大きいはず。園でも用意したいと思っています。以前、クレヨンにあった"肌色"は今は"うすだいだい""ペールオレンジ"といった名前に変わっています。よく考えると肌色にもいろいろとあることがわかるのですが、誰かがその違いに声をあげないと変わることはありません。金子みすゞさんが詩「わたしと小鳥とすずと」の中で、「みんなちがって　みんないい」という言葉を100年以上前に書いていますが、当時から「違いを大切にする」という文章があったことは驚きです。持続可能な社会をつくるためには、違いを大切にする心が必要です。

（島本一男、東京都八王子市諏訪保育園園長）

　2つの実践事例に見るように、毎日の保育実践での場面を、ていねいに考えていることがわかる。

　事例1・たかつかさ保育園では、乳幼児期の保育をどのように考えているのか、補足しておく。

　　　『遊び』と『生活』の充実こそが乳幼児期に適した保育と考えます。それは具体的に「ヒト・モノ・コト」が整った豊かな環境の土台の上で、『どの子も大事に』にする集団のなかで行われます。そこで、たかつかさ保育園が特に大切にしたいのは、『その子らしさ』です。また、子どもたちの感動や『なぜ』と不思議に思う気持ちや『面白い』と感じる発見などを大切にして、保育園職員の願いや計画を交えて共に保育をつくっていきたいと思います。[※28]

　事例2・八王子市諏訪保育園の島本園長は、園における小さなできごとなどを、子どもたちの目線で、いつも表現しようとしている。子どもたちは、どのように感じているのか、地球環境のこと、様々な生命などへも関心を広げていこうとしている。
　つまりESD教育とは、保育者による保育実践を展開していく中から、「持続可能」をキーワードにして、保育者の子どもを見る目・保育を見る目（子ども観・保育観）が豊かにされていく保育実践だといえるのではないだろうか。
　いずれも、乳幼児期の子どもの願いを、よく聞くということから、出発しているといえる。

（2）「どうして」「なぜだろうか」に視点をおいた子ども観・保育観
　まず、以下の子どもたちのつぶやき、声に、よく耳をかたむけてほしい。
　子どもたちの様々な問いに、保育者がしばし、戸惑うこと、驚くこと、関心することが少なくない。5歳くらいの子どもたちは、どのようなことを考えているのだろうか。耳をかたむけてほしい。

　　〇まどか（5歳）
　　　このよ（世）で　いっとうさいしょに　うまれたひとは、　だれから　お

　　※28　たかつかさ保育園『すてきななかま』より引用。

っぱいのましてもらったの？

○しょう（5歳）

　しょう　せんせい、なんさい？

　保育者　45歳かな？

　しょう　せんせい、なんさい？

　保育者　エーと45歳かな？

　しょう　せんせい、なんさい？

　保育者　だから45歳っていっているでしょ

　しょう　だって、かながつくんだもの

（年齢を聞かれるなんて嫌だな…ま適当にあしらっておこうと思いつつ、最後のしょうくんのことば「だってかながつくんだもの」にハッとしました。自分が「かな」ということばで曖昧にしていたとは気づきませんでした。思いは正直にことばに表れるものですね。[※29]）

　もちろん、子どもたちには個人差があるが、子どもなりに、自分のこれまでの経験を通して考えていることを精いっぱい表現していることがよくわかる。ことばの持つ意味、あるいは概念をとらえようとする姿であるといえる。

　まどかさん（5歳）の問いに、どう対応したらよいのだろうか。もちろん、ただ正解を与えればよいのではない。正解をつきとめることも、容易ではない問いでもある。では、どうしたらよいのだろうか。

　しょうくん（5歳）の追及も、なかなか本質的である。保育者の側がたじたじであったわけである。

　こうした子どもの発見や驚きを受けとめる、保育者の役割とは、どのように整理できるのだろうか。

　保育者が子どもをどのように見るのか。この課題を検討するには、子どもの乳幼児期の保育という概念をさらに深めていく必要がある。レイチェル・カーソンのことばに耳をかたむけてみよう。センス・オブ・ワンダーは、アメリカ

※29　子どもとことば研究会（2017）『0歳から6歳児　子どものことば〜心の育ちを見つめる〜』小学館：13, 31-32。

の海洋生物学者レイチェル・カーソン（1907-1964）の考え方であるが、保育・幼児教育分野において注目されている視点だといえる。[※30]

　　子どもたちの世界は、いつも生き生きとして新鮮で美しく、驚きと感激にみちあふれています。残念なことに、わたくしたちの多くは大人になるまえに澄みきった洞察力や、美しいもの、畏敬すべきものへの直観力をにぶらせ、あるときはまったく失ってしまいます。もしもわたしが、すべての子どもの成長を見守る善良な妖精に話しかける力をもっているとしたら、世界中の子どもに生涯消えることのない『センス・オブ・ワンダー＝神秘さや不思議さに目をみはる感性』を授けてほしいとたのむでしょう。この感性は、やがて大人になるとやってくる倦怠と幻滅、わたしたちが自然という力の源泉から遠ざかること、つまらない人工的なものに夢中になることなどに対するかわらぬ解毒剤になるのです。[※31]

　では、どのように、大人がかかわるべきだというのだろうか。同書において、レイチェル・カーソンが述べていることを、もう少し引用させていただく。

　　わたしは、子どもにとっても、どのようにして子どもを教育すべきか頭をなやませている親にとっても、『知る』ことは『感じる』ことの半分も重要ではないと固く信じています。子どもたちがであうひとつひとつが、やがて知識や知恵を生みだす種子だとしたら、さまざまな情緒や豊かな感受性は、この種子をはぐくむ肥沃な土壌です。幼い子ども時代は、この土壌を耕すときです。[※32]

　つまり、子どものことばや願いを通して、保育者（あるいは親）は、子ども時代のもつ意味を学びながら、子どもとともに発見や驚きを共有することが求められていくということだといえる。

※30　レイチェル・カーソン著／上遠恵子訳（1996）『センス・オブ・ワンダー』新潮社。
※31　カーソン（1996：23）。
※32　カーソン（1996：23）。

　筆者は、1978年から2004年まで、地方での保育現場にかかわりながら、子どものことば、表情、つぶやきをどのように受けとめるか、関心をもち続けてきた。ことばを記録する取り組みは、1960年代以降、長野県の保育者たちにより開始され、様々な経過をへながら、1980年代以降も、全国各地域において実践されてきている。その中で、保育者たちが、子どものことばや表情を、どのように受けとめるのかを、問い続けてきている。その意味を追究することは、保育者にとっては、可能なアプローチであると考える。保育という概念を深めていきたいが、現段階の認識として、保育という行為の、より本質的な意味としては、保育者が、子どものことばや表情を聴く、子どもの願いをつかむということにつきるのではないか。[※33]

（3）保育者が夢・目標（ビジョン）をもつこと

　さて、本稿1、2で述べてきたように、次々と規制緩和策が進行してきている。この中で、どのような保育を創造できるのだろうか。それは、一言でいえば、保育者を中心とした職員集団をどのように形成できるかにかかっていると思う。その内容とは、夢・目標（ビジョン）をもつことである。保育とは、いったいどのような意味があるのかを深め合う。そして、保育者である自分は、このことを、どのように意識しているのか。保育者である自分にとって、そして保育の対象である乳幼児たちにとって、これからの日本社会（広義には地球）が、どのようにあり、自分や自分たちは、どう生きようとするのか。様々な困難がある。でも、その困難について考えながら、子どもたちとともに、立ち向かっていける。それが、保育園における保育者たちの逞しさである。一人ひとりの保育者たちが、夢・目標（ビジョン）をもてることを大事にしたい。

　保育者が夢・目標をもつというとき、子ども観・保育観をどのように形成するかが、肝心である。子ども観・保育観の形成というと、とても難問に聞こえてくる。しかし、保育者にとっては、一番可能なアプローチではないだろうか。その具体的な行為とは、前述したが、保育者が子どものことばや表情を聴く行

※33　近藤幹生（2020）「乳幼児のことばや表情をとらえる保育者の役割——長野・口頭詩採集運動の意義の検討」『臨床教育学研究』8：34-50で詳細に論じた。

為、ということだといえる。[34]

4. 職員集団のあり方と園としての夢・目標（ビジョン）

　保育者が目標（ビジョン）をもつには、職員集団のあり方が、密接にかかわってくる。

　以前、次のように書いたことがある。

> 　子どもや親たちとともに毎日の保育をすすめるのは、一人ひとりの保育者である。そして、保育の自由を追究するためには、よき職員集団を形成していく必要がある。子どもたちの豊かな保育を、親との信頼関係を築きながら創造するために、保育に責任をもてるよりよい職員集団を形成していきたいものである。保育園における職員の側の課題は、親や地域の側からは、見えにくい面がある。園にわが子を預けていても、職員の側の課題についてまで考えることはあまりないかもしれない。しかし、子どもをめぐる課題を考えるとき、職員、親、そして地域との関係が大事になってくる。職員と親、地域とは、特に風通しのよい関係が必要になってくると思う。その際、保育のあり方の核になるのが、よりよい職員集団を創ることではないかと思っている。[35]

　そして、職員集団を自分から創る必要性、意見の違いも、話し合える集団でありたいこと、職員集団の形成には、それぞれが誠実に努力をかさねること、親とともに育ち合い、地域を創る保育園でありたいことについても主張した。さらに、園として、保育者として夢・目標（ビジョン）をもつことについて、次のように述べた。

> 　5年先、10年先、20年先の保育園としての「夢」をもってほしいということである。そして、毎日の保育を、ていねいにかさねながら、焦ることなく、それぞれの保育を自由に追究できる、よき職員集団を形成することに力

※34　近藤（2020）において詳細に論じた。

※35　近藤（2018：180）。

をかたむけてほしい。たとえ「夢」がどんなに小さな内容であったとしても、職員集団全員で確かめ合えた「夢」（ことば）をもっていれば、そこへ立ち返ることもできる。ときには、休み、エネルギーを補給し、保育の自由を創造する道を歩いていけるにちがいない。[36]

　各園の職員集団の現状は、もちろん、完成されてはいない。それぞれが、職員集団の構成員として、「夢」目標をもち、誠実に努力をかたむけたいものである。

おわりに

　保育の自由と保育の質の向上をめざすために、子ども観・保育観の形成が肝心であることを述べてきたが、今後の内容的な発展と充実は、目の前の、子どもたちの姿から学ぶ視点をもつことで、さらに可能性が増していくのではないだろうか。

　最後に、現在を生き、未来を創造する子どもたちのパワーから、幅広く・深く、学ぶことができる書籍を紹介したい。今井和子・島本一男編著『集団っていいな――一人ひとりのみんなが育ちあう社会を創る』[37]である。この書は、子どもたちという集団のもつ意味を、根本から考えることから出発している。そして、集団は、乳児期からのテーマであり、ここを土台に幼児期の育ちがあるとしている。また、乳幼児期の集団とは、広く・深く・豊かな世界であることなどを、様々な保育現場の記録から、教えられる。まさに子どもたち発の「未来社会へのメッセージ」だと受けとめたい。

　同書で島本一男氏は「仲間との生活は、人と自分は違うものだということを知る機会であり、みんな一緒という枠で縛るものではありません」と主張している。また、今井和子氏は、「最初の3年間が社会的人格形成の基盤」であり、「他者と共鳴し合う力が豊かな0・1・2歳」とし、「人と人とのコミュニケーションのはじまりは、アイコンタクト、つまり目を見つめあって互いの気持ちを

※36　近藤（2018：192）。
※37　今井和子・島本一男編著（2020）『集団っていいな――一人ひとりのみんなが育ち合う社会を創る』ミネルヴァ書房。

分かち合うこと」が、この年齢の特徴であるとしている。また「泣くこと」や「泣く力」の意味をおさえながら、「自我の芽生え・自立への旅立ちのはじまり」では、豊富な具体例をあげ、否定的にのみ見るのではなく、1・2歳児の様々な姿（トラブル、独占・欲張り、それってわがまま？）をていねいに見ていく。

　幼児期の子どもたちは、集団の中でどう育つのかについて、「自己中心的な生き方をする3歳児の集団」「『やりたいけどうまくできない』と葛藤する4歳児の集団」「仲間と自分たちの生活をつくっていく5歳児の集団」などが、同書では生き生きと描かれている。「一人ひとりのよさが響き合う集団を育む」ことが、「集団を育てる保育者の役割」であることを、豊富な実践例と分析から、とてもわかりやすく解き明かしてくれている。さらに、「日常の実践に繋がる対話や話し合い」「遊びを通して広がる社会性・人間関係」「『ごっこあそび』『劇』を通して育っていく集団」「要支援児との共感を育む集団創り」「異年齢で育ち合う子どもたち」「コミュニケーションが苦手な子どもの理解と支援」といった各章で詳細に表現している。ここに「集団っていいな」という同書タイトルの、真の意味が存在しているのである。子どもたち一人ひとりは、尊厳をもつ存在であることは、子どもの権利条約の基本理念である。この原則を踏まえ、豊かな、幅広い子どもたちの「集団っていいな」を実感できるのである。

　保育の自由と子ども観・保育観の形成は、現在の保育園・幼稚園における実践現場において、懸命に生きている子どもたちの姿──「集団っていいな」から、さらに磨かれて内容の充実・発展が、はかられていくのではないだろうか。

　いま、新型コロナウイルスとの長期的たたかいだが、保育者たちは、集団の魅力を再度見つめなおし、「一人ひとりのみんなが育ちあう社会」を、しなやかに、創造できるだろう。最初の人間形成の場、実践現場から生まれた書籍『集団っていいな』を開き、静かに考える時間を大事にしたい。新たな時代における子ども観・保育観の構築をかさねていけるはずである。

　筆者は、本稿において、保育の質の向上をめざす視点として3つの要素──保育の環境諸条件（前述の賃金・労働条件なども含む、職員配置基準、園の環境の諸条件など）、保育をめぐる人間関係（保育者と子ども、職員集団、子ども同士、

園と保護者など）、保育実践のプロセス——を提起した。各課題への前進は、新型コロナウイルスとの粘り強いたたかいのなかで、再考され、国・自治体の諸施策（「幼児教育・保育の無償化」など）も、見直されていかざるをえないだろう。子どもたちの「集団っていいな」の再確認は、保育者によってなされる。こうした思考プロセスを経て、保育の質の向上は、保育者の立場から、しなやかに、豊かに、発展させることが、可能になるのではないだろうか。

第3章

国際的な視点から見た日本の保育
──保育の質確保に向けた海外の取り組みとの比較から

はじめに

　本稿では、海外の保育制度との比較を通して、わが国の保育制度の今後の課題について考察する。海外では、1989年に国連で採択された子どもの権利条約を契機として、子どもの立場に立った保育制度改革が進められてきた。一方、わが国では、同条約を1994年に批准したものの、1989年の合計特殊出生率が調査開始以来最低となり、当時は少子化に対する不安や危機感が高まっていた。1986年に男女雇用機会均等法が施行されていたこともあり、国の保育制度の検討は、女性が子どもを産んでも男性と対等に働けるような環境整備に向かい、子どもの権利条約を踏まえた保育制度改革とはならなかった。

　1994年には厚生・大蔵・自治の3大臣合意により「緊急保育対策等5か年事業」が策定され、低年齢児（0～2歳児）保育を1994年の45万人から1999年には60万人に、時間延長型保育を2230か所から7000か所に増やす目標が掲げられた。国は、女性の社会進出の増加に伴う保育需要増に対応するために、2001年には待機児童ゼロ作戦、2008年には新・待機児童ゼロ作戦、2010年には待機児童解消「先取り」プロジェクト、2013年には待機児童解消加速化プランを打ち出した。2015年には子ども・子育て支援新制度により、市町村に対して保育ニーズを調査し、必要量を整備することを求めた。

　このように、わが国では子どもの権利条約誕生から30年、条約批准から25年の間、保育制度が子どもの立場からではなく、もっぱら女性の活躍推進や少子化対策の一環として検討されてきたが、この間、海外ではどのような保育制度改革が行われてきたのか。以下、わが国とは異なる動きに着目しながら見て

いきたい。

1. 保育制度の位置づけ──福祉から教育へ

（1）学校担当省庁が所管する動き

　海外の保育制度改革の動きとしては、まず制度の所管を福祉から教育に移す動きが注目される。わが国では、保育所は厚生労働省、幼稚園は文部科学省、認定こども園は内閣府と、3つの省庁が保育にかかわっているが、海外では学校を担当する省庁で保育制度を一元的に所管する国が増えている。

　たとえばニュージーランドでは、以前は日本同様、親が仕事をするために子どもを預ける保育所などは社会福祉、幼児教育を目的に利用する幼稚園などは教育と、2つの省庁で所管していたが、80年代後半の大規模な教育改革において、保育所も含め教育省が保育制度を一元的に所管することとなった。保育所を教育と位置づけた背景には、効果的な教育制度の実現にあたって、乳幼児期の教育が重要であると考えられたことがある。教育は小学校からスタートするというこれまでの考え方から、乳幼児期は生涯学習の土台を築く重要な時期であると考えられるようになり、教育投資の効果は、高等教育より乳幼児期の教育のほうが高いと考えられたのである。

　加えて、ニュージーランドでは、教育施設である幼稚園と比べて、福祉施設である保育所に対する公的補助が少なく、保育所の質が悪かったため、子どもの人権の観点からも質向上が求められていた。ニュージーランドでは、1989年に子どもの権利の実現のために調査や提言を行う国の機関（Office of the Children's Commissioner）が設置されており、保育制度についても子どもにとっての保育の質が重要な課題となっていた。そして、保育の質確保に向け、高等教育への公的補助を削減する一方、保育所に対する補助レベルは幼稚園並みに引き上げられた。保育の質を改善し、親が安心して預けられるようにすることで、女性の就業率を引き上げるねらいもあった。実際、保育制度改革により、女性の就業率は上昇し、保育所の数は急増した。

　イギリス（イングランド）もニュージーランド同様、もとは教育と福祉の2つの省庁で所管されていたが、1998年に保育所の所管省庁を社会保障省から教育雇用省に移すことで、保育制度の所管が一元化された。2005年には、子

どもの権利の促進を担う国の機関（Children's Commissioner for England）が設置され、2008 年にはすべての就学前の保育施設に共通の指針（EYFS=Early Years Foundation Stage）が定められた。

　すべての保育制度を社会省が所管していたスウェーデンでは、1996 年から教育研究省が所管することとなり、1998 年からは教育法に保育施設が位置づけられた。新しく導入された保育カリキュラムでは、「保育所は生涯学習の土台を築く場」と明記され、子どもが自分の意見をもつこと、自信をつけること、他の人と上手にコミュニケーションできること、協力しあうこと、子どもの好奇心を育み、学ぶ意欲を引き出すことなどが掲げられた。

　保育者が数人の子どもの面倒を見る家庭的保育についても、教育省の所管となり、今では呼称についても、家庭的保育（family day care）ではなく教育的ケア（pedagogical care）に変更されている。スウェーデンでは、この改革の少し前、1993 年に、国レベルで子どもオンブズマンが設置されている。

　そのほか、2006 年にノルウェー、2007 年にオーストラリア、2011 年にデンマークが、すべての保育施設を教育施設と位置づける改革を行っている。こうした保育制度の所管を福祉から教育へ移す動きの背景には、保育が、親が仕事をするために必要な施設ではなく、生涯学習の土台を築く重要な教育施設と見なされるようになったことに加え、子どもの権利条約の批准に伴い、すべての子どもに最善の教育を保障することが求められたことがある。所管の一元化とともに、各国とも、利用する保育施設の種類にかかわらず、すべての子どもに保障すべき教育の質について、共通の指針も策定されている。

（2）保育を受ける権利の拡大

　海外では、保育が教育と位置づけられることで、保育を受ける権利が拡大する傾向も見られる。日本では、親が働いているなど、保育が必要な事情がある子どもに限って、保育所の利用が認められているが、先にあげたニュージーランド、イギリス、スウェーデンでは、親の就労の有無にかかわらず、すべての子どもに保育施設の利用が認められている。スウェーデンでは、社会サービスと位置づけられていたときには、親が育児休業中や失業中の場合、子どもに保育所は必要ないと考えられていたが、教育と位置づけられることで、親が育児

休業中や失業中の子どもにも、保育所に通う権利が認められることとなった。

　3歳未満についても、親の就労の有無にかかわらず保育を受ける権利を認める動きがある。ノルウェーでは、もとは親が働いている場合にのみ保育所が利用できたことから、働かずに家で子どもの面倒を見ている親に対して、保育所に出ている補助金分を親に現金給付する在宅育児手当制度が1998年に導入された。1歳児と2歳児が対象で、保育所をまったく利用しない場合には、月額で4万円を超える手当が支給された。しかし、在宅育児手当を受けて家にいる子どもは、他の子どもと一緒に活動する機会が少なく、また親が仕事をしていないために貧困に陥るリスクも高いことがわかった。そこで、支給対象を1歳までに短縮し、親の就労の有無にかかわらず、すべての子どもに保育所に通う権利が認められ、3歳未満の保育所利用率は急上昇した。保育所に通う子どもの割合は、2000年から2018年の間に、1歳児で26.8％から73.2％に、2歳児で47.5％から93.2％に上昇している。[※1]

　保育を受ける権利を拡大するために、保育料を無償化する動きもある。フランスは以前より公立幼稚園が3〜5歳児に週24時間の保育を無償で提供していたが、スウェーデンでは2003年より3〜5歳児に年間525時間、イギリスでは2004年より3・4歳児に年間570時間（週15時間38週分）、ニュージーランドでは2007年より3・4歳児に週20時間の保育料が無償化されている。これらは義務教育と同じように、経済的な理由で保育施設を利用できない状況をなくし、就園率を上げることが目的である。わが国では2019年10月から幼児教育無償化がスタートしたが、すでに3歳以上の就園率はほぼ100％であり、就園率引き上げより保育料の負担軽減を目的に導入されたという違いがある。

2．国による第三者評価機関設置の動き

（1）定期的な評価受審の義務化

　海外では、乳幼児期が教育政策において重要な時期と考えられるようになったことで、より多くの子どもが保育施設に通えるようにすることとあわせて、その質の確保が求められるようになる。加えて、子どもの権利の観点からも、

　※1　Facts about education in Norway 2020.

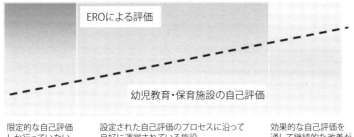

図表１　ERO の評価と幼児教育・保育施設の自己評価の補完性
（資料）Education Review Office, HE POU TĀTAKI: How ERO reviews early childhood services, 2013.

質の悪い保育をなくすことが重要な課題と考えられるようになる。以下、海外における保育の質確保策について、見ていきたい。

　まず１つは、保育施設に対する第三者評価制度の導入である。わが国では、保育の質を確保する上で、子ども１人あたりの面積基準や有資格者の配置基準など、保育に投入する資源を整えることが重要視される。一方、海外では実際に子どもにとってふさわしい保育が行われているのか否か、事後の評価に力を入れる動きが見られる。

　たとえばニュージーランドでは、1989 年に、すべての教育施設の質を評価する ERO（Education Review Office）という国の機関が設置され、1990 年から保育施設も定期的に ERO の評価を受け、その結果が評価レポートとしてホームページで公表されることとなった。幼稚園や保育所など、施設の種類にかかわらず、共通の幼児教育指針に沿って運営されることが求められており、原則３年に１度、ERO の評価者が施設を訪問して評価を実施する。評価レポートには、４段階評価の結果とあわせ、施設の強みや改善が求められることなどが記述される。

　ERO の評価は、１つ１つ項目をチェックして点数をつけていくのではなく、自己評価が効果的に実施されているか否かをチェックする。事前に自己評価の結果を ERO に提出することが求められており、自己評価では改善が難しい施設に対して、ERO が改善点を明らかにする（図表１）。ERO の評価の目的は、すべての子どもの発達のニーズに対して、施設が十分に対応できているかを確

認することであり、たとえば障害のある子どもが必要なケアを受けられている
かなどを、保育の状況の観察や、親・職員・子どもの声を聞くことなどにより
確認する。

　EROはすべての施設の質をチェックするため、評価にかかるコストを抑え
る工夫も見られる。まず、評価の頻度については、平均では3年、特別に優れ
ている場合は4年、改善すべき点がある場合は2年と、必要に応じた頻度とし
ている。さらに、評価のために現地を訪問する際、特定のテーマに関するヒア
リング等をあわせて実施し、その結果を報告書にまとめて施設や政策立案者に
還元するという調査費用削減の工夫もある。学期ごとにテーマが設定され、そ
の期間に施設の評価を行う際に、そのテーマに関する情報も収集する仕組みで、
これまでのテーマとしては、虐待防止の法律に関して施設がどの程度理解し、
どのようなサポートを求めているか、特別な配慮が必要な保育、保育施設にお
ける文字の習得に関する好事例などがある。

　イギリス（イングランド）でも、教育施設全般の質を定期的に評価し、その
結果を公表する国の機関（Ofsted）があり、保育施設も2001年から評価対象と
なった。全国・全施設共通の評価基準で、原則4年に1度評価を受け、その評
価レポートが施設ごとにホームページで公表されている。評価は、子どもの安
全や健康に加えて、活動内容が国の指針に沿った質の高いものとなっているか
が重要視されている。イギリスでは、小学校入学時点の子どもの能力の全国調
査も行われており、保育施設が子どもの能力を伸ばすためのサポートを十分に
行っているか、教育方法やマネジメントも評価の対象となっている。

　スウェーデンでは、2008年に学校評価機関（Swedish Schools Inspectorate）が
創設され、保育施設もその評価対象となっている。スウェーデンでも過去には、
国として保育所の面積基準や人員配置基準など、ガイドラインを定めていたが、
詳細すぎる、都市と農村でも同一基準である、レベルが高すぎるなどの批判が
出て、細かい規定や規準は1984年に廃止された。[※2]現在の教育法では「子ども
のグループは適当な構成と規模とするべきであり、施設は目的に合ったものと
すべきである」「保育所の教員や他のスタッフは、子どもの発達や学びを支援

※2　日本総合研究所『諸外国における幼児教育・保育の現状や動向に関する調査研究報告
　　書』平成23年度文部科学省委託「幼児教育の改善・充実調査研究」平成24年3月。

するために必要な教育を受けていることと経験が求められる」「設備や備品は保育所の目的を達成できるように備えるべきである」とあるだけで、具体的な国の数値基準はない。事前規制をなくす一方で、教員の力量や人数、子どもの年齢、面積、活動の内容などを総合的に判断して、子どもに適切な保育が提供されているか否かを確認する事後評価に力を入れるようになっている。もっとも、この背景には、すでに現行の水準が高いことがあり、独自に基準を定めている自治体の例を見ると、クラス規模や音環境、換気など、日本にない基準を設けている（小池ほか 2013）。

（2）評価結果の有効活用

　3か国とも評価レポートは、親が施設を選ぶ際に参照されるため、施設にとっては質改善のインセンティブとなっている。たとえばニュージーランドでは、親が施設を探す際、国のウェブサイトの地図から近隣の施設を探すと、その施設の概要とともに、EROの評価レポートがすぐに読めるようになっている（https://www.educationcounts.govt.nz/find-an-els）。地域や施設の種類、対象年齢、対応言語などで施設を検索し、そこからEROの評価レポートを読むこともできる。

　イギリスでは、Ofstedの評価レポートを、地域、施設類型などに加え、評価レベルでも検索できるようになっている。このため、保育施設にとっては、たとえば高い評価を受けた近隣の施設を検索し、その評価レポートを読んだり、施設を見学することなどにより、どのようにすれば保育の質が高まるのか、具体的なヒントを得ることができる。

　イギリスでは評価結果を集計し、保育の質の地域別の状況や年ごとの変化なども定期的に公表されている[※3]。Ofstedの評価結果を基に、施設の種類や運営法人の規模によって保育の質がどう異なるのかなどの分析も行われており、幼稚園（学校が運営している保育施設）のほうが保育所や家庭的保育より「優れている」と評価された割合が高い（図表2）ことや、21以上の施設を運営している大規模法人に属する保育所のほうが、単独運営や少数の施設を運営する法人

※3　Ofsted, Main findings: childcare providers and inspections as at 31 August 2019.

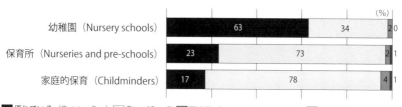

図表2　保育施設の種類別に見た Ofsted の評価結果
（資料）Ofsted, The Annual Report of Her Majesty's Chief Inspector of Education, Children's Services and Skills 2018/19.

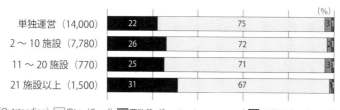

図表3　運営法人の規模別に見た Ofsted の評価結果
（資料）Ofsted, The Annual Report of Her Majesty's Chief Inspector of Education, Children's Services and Skills 2018/19.
（注）保育所（Nurseries and pre-schools）の運営法人が運営している施設数別に見た結果評価。（）内の数字はおおよその保育所数。

に属する保育所より「優れている」と評価された割合が高い（図表3）ことなどが明らかになっている。国の機関が全国の施設を定期的に評価することによって、その結果を分析し、保育の質改善に向けた政策の検討にも役立てることが可能となっている。

　日本では、認可保育所については、都道府県が年に1回は現地を訪問してその質をチェックすることを国は求めているが、施設数が急増している東京都では、2018年度の認可保育所の実地検査実施率は8.7％にとどまっている[※4]。そのほか、福祉サービス第三者評価制度の仕組みもあるが、評価の受審は任意であり、2018年度の認可保育所の受審率は全国で6.99％（全国社会福祉協議会調べ）にとどまっている。都道府県の実地検査結果については、施設ごとに公表されるケースはほとんどなく、福祉サービス第三者評価の結果は公表されているものの、評価を受審している施設が少ないため、親は施設を選ぶときに、保育の質に関する第三者の評価を参照することは難しい。

※4　東京都福祉保健局指導監査部「平成30年度指導検査報告書」。

3．親の参画の促進

（1）親は保育サービスの消費者ではなく共同生産者

　保育の質を確保するための手法としては、第三者評価機関の設置のほかに、海外では親の参画も注目されている[※5]。日本の保育制度は、親が就労等で子どもの面倒を見られない場合に限って利用が認められているため、保育の質の確保は保育者の役割と考えられる傾向がある。しかし、海外の保育施設は、親の就労の有無にかかわらず、すべての子どもが利用できる教育施設であるため、わが国の学校と同じように、親の協力も保育の質向上に積極的に活用することが考えられている。

　海外で親の参画が注目されている理由としては、まず、財源不足、人手不足の状況において、親の特技、アイディア、情報、ボランティア、人脈などを生かすことで保育を充実させることができると考えられていることがある。加えて、保育の質に最も関心が高いのは親であり、保育の質を日常的にチェックできるのも親であるため、親が保育の質をチェックし、改善策を考えることで保育の質が向上するという考えもある。また、親が保育に参加することで、保育者の実践から学んだり、親同士が保育施設で交流し、つながることで様々な情報を得たりすることで、家庭での教育の質も高まることが期待されている。親がもつ情報と保育者がもつ情報を合わせることによって、子どもにとってよりよい保育が可能になるという考え方もある。よって、様々な場面で親が参画している保育施設は、保育の質が高いというのが海外の認識である。

　海外では、親の参画を通じて保育の質確保を図っているため、保育者と親の関係もわが国とは異なっている。わが国では、親は保育施設の側から見て、保育サービスの消費者、顧客、支援の対象と考えられる傾向があるが、海外では保育の共同生産者、保育のパートナーと考えられる傾向がある。このため、保育者向けに、どのようにすれば親との協力がうまくいくのかを学ぶテキストも発行されている[※6]。

　以下、保育の質向上に親の参画を生かしている海外の取り組みを見ていきたい。

※5　保育施設における親の参画については、池本（2014）で紹介している。

※6　From Parents to Partners/Parents as Partners/Working with Parents in the Early Years などがある。

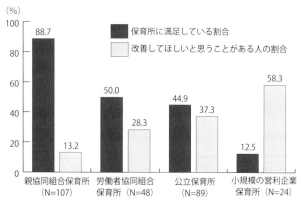

図表４　運営形態別に見た保育施設に対する親の満足度
（スウェーデン）

※満足度は７段階のうち「どちらかといえば満足」「満足」「とても満足」の合計。
（資料）浅野由子（2014）「スウェーデン：親と保育者の『共同生産』」池本美香編著『親が参画する保育をつくる』：102
　　図表6-3を基に作成

（2）親が運営する保育施設

　海外では、親が所有し運営している保育施設がある国が少なくないが、これらは単に保育施設が不足しているために親が運営しているというより、質の高い安心できる保育を子どもに受けさせたいという思いで運営されているケースが多い。親が運営することで、保育者の採用にもかかわることができたり、保育内容についても親の要望が反映されやすい。親が当番制で保育に参加することで、保育内容を知ることができるため、不安や心配がなく、問題があればすぐに改善を図ることも可能である。このため、スウェーデンの調査では、親が運営している保育施設の満足度が最も高いという調査結果もある（図表4）。

　日本にも保育施設が不足していた時代に、親たちが必要に迫られて立ち上げた共同保育の実践があったが、親の負担が重いため、公的な保育が整備されるのに伴い、今はほとんど残っていない。一方、海外においては親が運営する保育施設も、他の保育施設と同じレベルで公的な補助を受けることができるため、わが国のような資金集めに苦労することなく、むしろ運営の自由度や、保育の中身について親が知ることができ安心であることが評価されている。

　親が自ら保育施設を運営することが可能な背景には、親の運営をサポートする組織が置かれていることがある。たとえばニュージーランドには、保育者を

採用せずに、施設を利用する親が全員、学習コースに参加し、親が交代で子どもの教育に当たるプレイセンター（playcentre）と呼ばれる協同保育施設が70年以上の歴史をもつが、プレイセンターには地域ごとと全国に支援組織がある。親の学習プログラムや、子どもの教育に関する情報提供を行うほか、補助金や基準など、政府の政策への働きかけなども行っている。

　カナダのブリティッシュコロンビア州にも、親が運営する保育施設の団体があるが、その役割は、立ち上げ支援や親協同保育施設同士の交流を図り、加盟施設が質の高い保育を提供できるように支援することにある。教員同士の交流も図られており、賃金・雇用条件などについて教員側の発言力を保つねらいもある。運営ハンドブックや親の学習会の講師リストなどの情報提供や、問題が発生した際に相談に乗ってくれる役割がある。

（3）保育施設の運営上の決定に親が参画する仕組み

　ただし、海外においても忙しい親が増え、親の力だけで運営することは難しくなる中、保育施設の運営上の決定に親の参画を促す動きが見られる（図表5）。たとえば、韓国では2012年から、すべての幼稚園・保育所に、親の代表を含む運営委員会の設置が義務づけられた。予算の使い方や保育時間、職員の勤務環境、運営規定などに親が発言できるようにすることで、保育の質向上が図られている。親を含む運営委員会の設置義務化は、保育施設の運営の民主化や透明性の確保をねらったものである。

　多くの国では、小学校以上の学校においても、親が学校運営に参加する仕組みがあり、保育施設も学校同様、教育施設であるため、保育施設にも親を含む運営委員会の設置が当然と考えられるようになっている。たとえば、ドイツではすでに1970年代から、すべての公立学校に、教師・生徒・父母の代表により構成される「学校会議」が置かれている。イギリスでは1980年教育法で、公立学校の学校理事会に少なくとも2人の父母代表理事が含まれていなければならないとされ、86年教育法では学校理事会の構成において、父母代表理事と地方当局指名理事を同数とする原則を規定するなど、地方当局の権限縮小と学校理事会の権限強化が図られている（文部科学省 2013）。これらは親の教育権実現の観点からの制度改革といえる。韓国でも学校において、すでに親が運

図表5　保育施設の運営上の決定に親が参画する制度

ノルウェー	親の会および親をメンバーに含む運営委員会の設置を、すべての保育施設に2005年に義務づけ。
デンマーク	1998年に親が参加する運営委員会の設置義務づけ。給食導入についての投票を行う、採用の面談に親が参加するなど、親に決定権がある。
韓国	2012年に親協同保育施設以外の施設（含む幼稚園）に、運営委員会の設置義務化。予算、保育時間、職員の勤務環境、運営規定などに親が発言できる。
カナダ（サスカチュワン州）	すべての幼児教育・保育施設に親理事会もしくは親諮問委員会の設置を義務化。
カナダ（ケベック州）	すべての施設に親が3分の2を占める理事会の設置義務。親による民主的な管理を重視。
ドイツ	「親の集会」や親の代表による「親評議会」を通じて、親が保育や教育へ参画する権利が法的に保障されている。
オランダ	保育施設には親委員会（施設運営者・職員・親）、4歳から入学可能な学校では参加協議会（学校・親・中等学校では生徒も）の設置が法的に義務づけられている。
イギリス	公立幼稚園には親も含む学校理事会設置。学校理事に職場を休む権利。子どもセンターには、学校理事会の様な決定権はないが、親の意向反映のためアドバイザリー・ボードの設置義務。

（資料）各種資料を基に筆者作成

営の決定に参画する制度があり、保育施設の側に、親代表を含む運営委員会の
設置という新たな制度を、受け入れざるを得ない状況があった。

　日本では、学校教育においても、親が運営に関して発言する権利が制度上保
障されていない。結城（2009）は、「ほんらい始原的な教育権者であるはずの
親は、民法上はともかく、学校法制上はもっぱら義務だけを課せられ（憲法26
条2項・教育基本法10条1項など）、実定法上（国内法）、親に対する教育上の権
利保障状況は一切存在していない」（pp.239-240）と指摘している。そして、保
育施設に関しても、海外のような親が運営上の決定に参加する仕組みがない。
もっとも、2000年に認可保育所の設置主体制限が撤廃された際に、株式会社等、
自治体・社会福祉法人以外の者が認可保育所を設置する場合には、利用者の親
も参加する運営委員会の設置が義務づけられた。同様の運営委員会の設置は、
東京都認証保育所など、認可外保育施設の一部にも求められている。しかし、
保育所の9割以上を占める公立・社会福祉法人立の施設には、運営委員会の設
置義務はない。

（4）保育のモニタリング

　海外では実際の保育が子どもにふさわしいものとなっているか、前述のとおり国レベルで評価機関を設置し、定期的な評価を行っている。しかし、その頻度は数年に1度程度となっていることから、日常的な質のチェックが親の役割として期待されている。たとえば、カナダのブリティッシュコロンビア州では、保育施設を利用する親向けに、「保育施設の選択とモニタリングに関する親向けガイド[7]」が発行されており、保育施設に入る前だけでなく、入った後にも親が保育の質について常に関心をもつことが重要であることを伝えている。送迎の都度、保育者と話す時間を取り、気になることがあればすぐに伝えて解決していくことや、子どもに保育の様子などを聞き、子どもの様子をよく見ることを求めている。子どもが行き渋ったり、いつもと違う行動が見られたり、嫌なことがあったと話したり、不自然な傷があったりした場合には、保育施設に何か問題があることを疑い、自治体の窓口に連絡をすることを求めている。

　また、ニュージーランドでも、国が発行している親向けのガイドブック[8]において、ときどき日中に保育施設に立ち寄って保育の様子を見ることや、子どもが心配していることなどについてよく話を聞くことを求めている。子どもが面倒を見てもらえていない、保育者がいつも怒鳴っている、命令的、乱暴、設備が危険、備品が不潔、子どもが退屈していたり、イライラしている、保育者が説明できない傷があるなどの場合には、責任者と話すことが必要だとしており、質の確保にあたって親の役割が重要だと考えられていることがうかがえる。

（5）親のエンパワメント

　海外では保育施設が、親が保育の質向上に力を発揮できるように、親に対してきめ細かな環境づくりを行っていることも注目される。具体的には、親に必要な情報を与えることや、親同士をつなげ、親同士で情報交換したり、助け合ったりすることを促している。わが国では、保育者の仕事は、親に代わって子どもの面倒を見ることと考えられ、親に対して何をすべきかが十分に検討され

※7　British Columbia Ministry of Health, Parents' Guide to Selecting and Monitoring Child Care in BC（Updated June 2016）.

※8　Education Review Office, Early Childhood Education: A Guide for Parents（June 2007）.

ていない施設も少なくない。親が育児に不安やストレスを感じていたり、保育施設に対して協力的でなかったり、理不尽な苦情を言ってきたりするのは、親自身の資質であると考え、それを所与のものとして子どもの保育を考える傾向もあるが、海外では、保育施設の環境づくりによっては、親が自信をつけ、保育の質向上に貢献できるようになる、という考え方が見られる。

　情報提供としては、先に紹介した親向けのガイドブックにより、親がどう行動したらよいのかについて、情報提供が行われている。ニュージーランドの親向けガイドでは、保育の質に問題がないかを日常的にチェックすることを求めるだけでなく、家庭での様子を保育者に伝えることや、交流の機会には積極的に参加し、他の親と情報交換したほうがよいこと、運営委員会などに参加すると要望を伝えやすく、また保育の様子もよくわかるといったメリットがあることなど、親としてどう行動すれば、子どもにとってプラスになるか、親に情報提供がなされている。

　また、親同士の情報交換や仲間づくりを促す仕組みも多く見られる。1つは制度的な仕組みで、親の代表を含む運営委員会の設置が義務づけられているノルウェーやドイツでは、別途全員の親が参加する親の会がある。これは親同士の交流と親の代表を選出することを目的としたものである。

　わが国にも父母会などと呼ばれる親の会がある保育施設があるが、これは任意団体であって、ノルウェーやドイツのような制度的な位置づけをもたない。このため、時間的余裕がないことや、会費の負担も少なくないこと、また活動内容も代表を選んで施設の運営に参加するルートはなく、行事の手伝いや園庭の清掃などの環境整備が多くなっており、父母会はなくてもよい、ないほうがよいと考える親も少なくない。2008年のベネッセ次世代育成研究所「第1回幼児教育・保育についての基本調査報告書」によれば、「父母の会はない」と回答した保育所が、公営で10.3％、私営で13.3％、父母会はあるが活動は「ほとんど行われていない」が公営で8.5％、私営で9.1％と、2割程度の保育施設では、父母会を通じた親同士の情報交換や仲間づくりが行われていない。

　海外の保育施設では、親の会以外にも、親同士の交流を促進する取り組みが見られる。たとえば、施設内に親がとどまり交流できる空間づくりである。筆者がドイツで訪問した保育施設では、迎えにきた親たちが森のような園庭で立

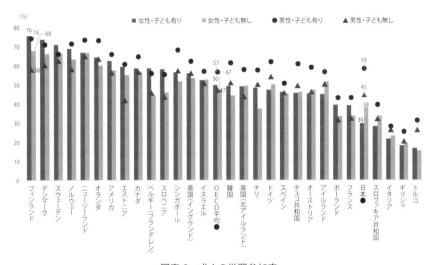

図表 6　成人の学習参加率
（資料）Education at a Glance 2017. Table C6, 2b.　（注）13歳未満の子どもの有無別。

　ち話をしており、園舎の入口近くにはコーヒーを飲めるスペースが確保されて
いた。

　そのほか、カナダ（ニューファンドランド・ラブラドール州）では、保育施設
の基準として、親とのオープンで協同的な関係を築くことが重視されており、
具体的な方法として、土曜日の家族ピクニックを企画すること、食事、しつけ、
おもちゃなど親の関心のあるテーマで夕方に会を設定し親同士の交流を図るこ
と、遠足への親の参加、ギター、読み聞かせ、料理など親の得意分野を生かし
て保育に参加してもらうことなどが例示されている。

　保育施設がこのように親の参画の多様な場面を設定しているのは、親の協力
が保育の質確保に重要ではあるが、親は一般的に大変忙しい生活をしており、
保育施設に費やすことができる時間やエネルギーは親によって大きく異なると
いう考え方があるためである。また、親同士がつながり、必要な情報を得るこ
とで、保育の質向上に貢献できるように、多様な親の参画のルートが設けられ
ている。

　OECDの調査によれば、日本では子どものいる女性の学習の機会が、他国
と比べて大きく制限されていることがうかがえる（図表6）。学習参加率には、

143

学校に通う以外に、オンラインで学習する、個人レッスンを受ける、セミナーに参加するなど、インフォーマルな学習も含まれる。日本は女性の学習参加率が低く、学習参加率の男女格差は調査対象国で最も大きくなっている。さらにOECDの報告書で指摘されているのは、多くの国では子どものいる女性のほうが、子どものいない女性より学習参加率が高い傾向にあるのに対し、日本では、子どものいる女性の学習参加率が、子どものいない女性より大幅に低いことである。子どものいる女性の学習が制限されている状況においては、親の保育施設への貢献も期待しにくい。

　先に紹介した親が運営する保育施設では、前述のとおり、利用にあたって親が学習コースに参加することを義務づける例もある。保育施設を利用することと親の学習がセットになっていれば、子どものいる女性の学習参加率が高いというのもうなずける。海外で特に母親に対して、保育施設が学習機会を提供しているのは、母親のエンパワメントによって子どもの教育の質が向上するという期待とあわせて、母親の就業を促すことで、子どもの貧困を解消するねらいもある。イギリスの子どもセンター（Children's Centre）と呼ばれる保育施設では、親の就労に向けた学習や体力づくりなど、生涯学習の機能も備えることで、子どもの環境改善を図っている。

4. 保育者に関する制度

（1）保育者の処遇

　海外と日本では、保育者の状況も大きく異なっている。第一に、保育者の賃金は海外でも学校の教員より低くなっているが、OECD（2012）によれば、わが国は学校教員と保育者との賃金格差が最も大きい国であり、保育者の給与は小学校教員の61％と紹介されている（p.64）。海外では保育も教育制度に位置づけられることで、保育者も教員と見なされ、専門性が高まり、処遇格差も改善されていると考えられる。

　第二に、海外では保育時間が短いことから、保育者の労働時間が短いことである。わが国も労働時間の短縮が進んでいるものの、OECDの調査によれば、週50時間以上働く雇用者の割合は、OECD平均の11％に対して、日本は

17.9％と高い[9]。わが国では親の仕事に合わせて、保育所の開所時間を延長する方向にあり、2015年度にスタートした子ども・子育て支援新制度では、保育標準時間が11時間と規定され、親の労働時間に合わせて自治体が保育を提供することが求められている。これに対して海外では、長時間保育は子どもにとって良くないと考えられる傾向があり、臼田（2016）によれば、オーストラリアでは、18時以前に閉園することが保育所認可の条件となっている。イギリスでは、働く時間や場所について、雇用主と交渉する権利を認めるなど、親の仕事時間に保育時間を合わせるのではなく、保育時間に仕事を合わせられる環境整備が進められている。その結果、海外の保育者には日本のような長時間労働が必要とされない。

　第三に、保育者の労働環境に対するきめ細かな配慮があることである。たとえば、ニュージーランドでは、保育者が自宅などで数人の子どもを預かる家庭的保育について、複数の家庭的保育者に対して責任者と事務スタッフを配置する制度となっている。責任者が家庭的保育を巡回し、指導や支援を行うことで質の確保を図るとともに、利用の申し込みなどの対応を事務スタッフが行うことで家庭的保育者の負担が軽減されている。さらには、家庭的保育者が定期的に集まる機会を設けることで、家庭的保育者同士がサポートしあう関係も築かれており、家庭的保育を利用する子どもにとっても、少人数と大人数の両方の活動を経験できるメリットがある。

　ニュージーランドでは、ICTの活用にも積極的であり、国が保育者や教員が学んだり情報交換できるウェブサイト（VLN=Virtual Learning Network）を立ち上げ、時間的な余裕のない保育者でも研修を受けたり、他の保育者と情報交換できる仕組みがある。親とのやりとりについても、親と保育の様子などをやり取りできるアプリが普及しており[10]、情報共有の負担が減るとともに、写真なども使うことで親も保育の様子がよくわかり、保育者に対する親の信頼が増すという効果もある。子どもの情報を管理するシステムも、ほとんどの保育施設に普及

※9　OECD Better Life Index（2020年6月22日閲覧）。

※10　保育者がスマートフォンで撮影した写真やコメントを、親がパソコンやスマートフォンで、パスワードを入力することでいつでもどこでも閲覧できる。Storyparkは保育施設（親が運営する小規模センターを除く）の50％以上、Educaが20％程度で利用されている（2017年に行ったストーリーパークジャパンへのヒアリングに基づく）。

しており、システム導入にあたっても、使い方がわからないという保育者側の不安にていねいに対応し、使い方の講習とセットで導入していった経緯もある。

　ニュージーランドでは、保育施設向けの国や自治体からの情報が整理されていることも注目される。保育施設には定期的に国からメールが配信され（He Pānui Kōhungahunga: The Early Learning Bulletin）、制度改正の内容、補助金の情報、必要な手続き、保育の質改善に向けた注意喚起や好事例の情報などが届けられる。質問やコメントをフィードバックすることもでき、現場の声を聴きながら情報提供の充実が図られている。さらに、地域別の情報も提供されており（Early Learning Regional News）、イベントの情報なども漏れなく入手できる。今般の新型コロナウイルス感染症については、特別号が2020年1月27日号から6月16日号まで、実に50回も国から保育施設に対して配信されている[11]。保育施設にとっては、不安な中、頻繁に情報が届き、また質問などもフィードバックできることで、必要な情報が入手しやすい環境にあったといえる。イギリスでも、同じように自治体からメールで定期的に保育施設に情報提供を行っている例がある[12]。保育者にとって、情報収集の負担が大きく軽減されている。

　そのほか、保育者の労働環境の違いとしては、音環境がある。川井（2016）によれば、海外では、子どもにとって音環境が重要だと考えられ、国が学校や保育施設に対して数値基準を定めているが、わが国では学校の基準はあるが、保育所については数値基準がない。このため、大変喧噪な保育室の存在が、聴覚保護など保育者の健康問題として取り上げられているという。2020年6月には日本建築学会が音環境保全規準の附属書として、「保育施設の音環境」を加え、乳幼児の保育室（就学児の学童保育を含む）に関する規準を出したが、国が定めたものではない[13]。

　オーストラリアのサウスオーストラリア州政府では、保育施設を含む教育施設の基準として[14]、天井に使用する材料の吸音や防音のレベルが定められてい

※　11　https://education.govt.nz/early-childhood/how-the-ministry-works/early-learning-bulletin/（2020年6月22日閲覧）

※12　ノーサンプトンシャー州のEarly Years Bulletinなど。

※13　日本建築学会「日本建築学会環境基準　AIJES-S0001-2020　学校施設の音環境保全規準・設計指針」。

※14　Government of South Australia, Department for Education, DECD Design Standards（July 2015）.

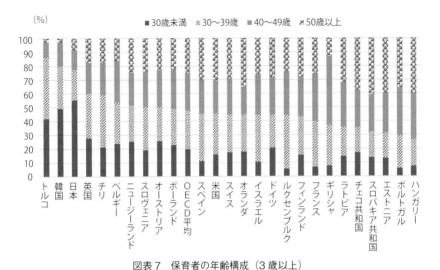

図表 7　保育者の年齢構成（3 歳以上）

（資料）Starting Strong 2017, Key OECD Indicators on Early Childhood Education and Care. Figure 3.6.

る。また、保育施設の基準では、特に 5 歳以下の乳幼児の施設では、子どもが[*15]聴覚や言語能力を獲得する時期にあるため、最善の音響環境が求められているとしており、マイクなどの音響設備のための配線を確保することも求めている。

　スウェーデンでは、保育室に騒音レベルを測定する機器が置かれ、子どもにも見えるようにしている例がある。望ましい音環境は、吸音材などの建築設備とあわせ、子どもの集団規模を小さくすることによっても実現されている。海外ではわが国と比べて子どもの集団規模が小さいことも、保育者の働きやすさにつながっている。OECD（2012）によれば、3 歳以上の保育施設における保育者 1 人あたりの子どもの数の上限は、OECD 平均で 18 人、ニュージーランドでは 8 人であるのに対して、日本はたとえば幼稚園では 35 人と大きく上回っており、そのことが保育の質確保や保育者の定着の大きな障害になっていると指摘している（p.61）。[*16]

　このように、わが国は海外と比べて、保育者の労働環境が厳しい状況がうか

※ 15　Government of South Australia, Department for Education, Early childhood facilities（birth to age 8）design standards and guidelines（updated March 2016）.

※ 16　保育所（4・5 歳児）は 30 人である。

がえ、そのことは保育の質にとってマイナスである。わが国は、30歳未満の保育者の割合が他の国と比べて最も高くなっており（図表7）、保育者が定着せず、経験のある保育者の技術が伝承されにくくなっている。

（2）子どもと接する業務への就業制限制度

　海外では、保育施設における子どもの安全確保の観点から、保育者の採用時に、安全な人物であるかのチェックが厳格に行われていることも注目される[17]。たとえばニュージーランドでは、保育者の登録が3年ごとに更新され、その際、犯歴等もあわせてチェックされる。さらに海外に滞在中の犯歴についても、過去10年に1年以上滞在した国の警察の証明書を提出させることが保育施設に推奨されている[18]。アメリカでも犯歴のチェックが、保育者だけでなくバスの運転手や調理担当者にも求められ、親は保育施設のすべての大人がチェックを受けているかを確認することが重要だとされ、犯歴のチェックは5年ごとに行うことも求められている[19]。

　横山（2017）によれば、イギリスでは1990年代に入って、子どもが子どもをケアする立場の者から性的虐待を受ける事態が増え始め、子どもと接触する業務に就くことが不適切と見られる人物の就業を禁止する方策が検討されるようになった（p.107）。1999年の児童保護法（Protection of Children Act 1999）により、そうした人物の名簿を作成し、採用時にこの名簿に記載されているか否かを確認し、名簿記載者を雇用してはならないとし、現在は2012年に設置されたDBS（Disclosure & Barring Service）という国の機関が、就業不適切者名簿への記載や削除、および名簿に記載があるか否かの照会に応じている。

　この名簿記載対象者は、対児童犯罪により裁判所が子どもを対象とする業務に就く資格を剝奪するケースのみならず、雇用主が不適切と見なして解雇した場合や、事業主が届け出た解雇予定者も含む。雇用主には、不適切と考えられる人物について、DBSに届け出ることが義務づけられており、照会は採用に

※17　この点については池本（2020）で論じた。

※18　Ministry of Education（2016）Vulnerable Children Act 2014: A practical guide for Early Childhood Education Services, Nga Kohanga Reo, Playgroups, Schools and Kura, New Zealand.

※19　https://www.childcareaware.org/families/child-care-regulations/background-checks/（2020年6月22日閲覧）

応募する者が自身で行い、発行された証明書を就職先に提出し、保護者にも見せることができる。

　横山（2017）によれば、イギリスでは、こうした就業不適切者名簿の作成による行政法規上の児童保護対策に加え、2000年の性犯罪法により、子どもにとって「信用ある地位」にある者がその地位を濫用して性的行為を行った場合について、「信用ある地位の濫用」の罪も創設されている（p.146）。

　わが国でも、刑が確定すれば保育士の登録が取り消されることとなっているが、登録取り消し漏れがあったことも報じられており[20]、被害を受けた子どもの親が訴えを起こさないため、登録取り消しに至らないことも多い。2003年に保育士登録制度ができてから2019年4月1日までに保育士登録が取り消された人数の累計は76人（男性50人、女性26人）で、過去1年間では8人となっている[21]。公立学校の教職員ではわいせつ行為等により懲戒処分を受けた者が2018年度に282人[22]であったことと比較すると、本来就業制限をすべき保育者が見過ごされている可能性も考えられる。海外の動向を踏まえれば、学校、保育施設ともに、子どもと接触する業務への就業制限のあり方について、早急な検討が求められている。

おわりに

　以上、わが国とは異なる保育をめぐる海外の動きについて見てきた。海外では、教育政策の見直しのなかで、生涯学習の土台となる乳幼児期の教育が重要視されるとともに、1989年に誕生した子どもの権利条約を起点に、すべての子どもに最善の保育を提供することが政策目標となり、保育の質確保に向けた取り組みが活発化してきたことがうかがえる。一方、わが国では、教育政策は効果を発揮しているのか、という検討も、子どもの権利条約に沿った政策の見直しも、いずれも不十分と言わざるを得ず、その結果として海外で導入されている保育の質確保に向けた様々な手法が、わが国では導入されないまま時間が

※20　『日本経済新聞』電子版2019年6月19日付記事「保育士登録取り消し漏れ　刑事罰で愛知など」。

※21　厚生労働省が登録事務処理センターに聴き取ったもの。

※22　文部科学省「公立学校教職員の人事行政状況調査」。

経過している状況にある。

　教育政策については、新型コロナウイルスにより、オンライン授業など、これまでの教育のあり方を見直さざるを得ない状況となっている。子どもの権利については、ようやく 2016 年の児童福祉法改正において、その第 1 条に「児童の権利に関する条約の精神にのっとり」と明記されたが、国連の子どもの権利委員会から約 9 年ぶりに出された日本の状況に対する評価では、「児童に対する暴力、性的虐待及び搾取が高い水準で発生していることを懸念」「学校における体罰の禁止は、効果的に実施されていない」など、子どもの権利条約を起点とした政策の見直しが不十分であると指摘されたところである（国際連合児童の権利委員会 2019）。効果的な教育政策についての議論、および子どもの権利条約を踏まえた保育政策の見直しを加速する必要がある。幼い子どもは自分の意見を主張することはできず、選挙権ももたず、また幼い子どもを抱えた親たちも声を上げることが難しい立場にある。わが国でも子どもの代弁者として、状況改善に向けて提案をする機関（子どもオンブズマン、コミッショナーなど）の設置からスタートすべきではないだろうか。

《文献》
池本美香（2020）「保育士の採用システムの現状と課題──保育の質向上に向けた効果的・効率的な採用の在り方」日本総合研究所『JRI レビュー』．
池本美香（2017）「ニュージーランドの保育における ICT の活用とわが国への示唆」日本総合研究所『JRI レビュー』Vol.6, No.45.
池本美香（2016）「保育の質の向上に向けた監査・評価の在り方」日本総合研究所『JRI レビュー』Vol.4, No.34.
池本美香編著（2014）『親が参画する保育をつくる──国際比較調査をふまえて』勁草書房．
臼田明子（2016）『オーストラリアの学校外保育と親のケア──保育園・学童保育・中高生の放課後施設』明石書店．
川井敬二（2016）「保育施設の音環境保全に向けて──海外規準と我が国における取り組み」日本音響学会誌72（3）：160-165.
小池孝子・定行まり子・野島香織（2013）「保育所施設整備基準のあり方について──ドイツおよびスウェーデンとの比較を通して」日本女子大学紀要　家政学部（60）：61-67.
国際連合児童の権利委員会（2019）「日本の第 4 回・第 5 回政府報告に関する総括所見」．
文部科学省（2013）『諸外国の教育行財政──7か国と日本の比較』ジアース教育新社．

結城忠（2009）「親の教育権と公教育運営への参加」『教育の自治・分権と学校法制』
　　東信堂：235-287.
横山潔（2017）『イギリス性犯罪法論』成文堂.
OECD（2012）Quality Matters in Early Childhood Education and Care: Japan.

第3部

自治体の保育行政

第1章

世田谷区の保育の質の向上に向けた取り組み

後藤 英一

・・・・・・・・・・・・・・・・・・・・・・・・・・・・・・・・・・・

はじめに

　世田谷区ではこれまで待機児童数ゼロに向けて、待機児童数が1000人を超えた2014（平成26）年度から2019（令和元）年度までで6000人以上の保育定員数の拡大を図ってきたところである。その結果、2019（平成31）年4月時点での待機児童数は470名、2021（令和3）年4月にはゼロを目指し引き続き施設整備に取り組んでいるところである[※1]。

　施設整備とあわせ区が取り組んできたのは、保育の質の維持、向上である。保育定員の拡大とともに、ただ定員数を増やして整備すればいいという考えではなく、車の両輪として保育の質をとらえ、これまでに体系的に様々な取り組みを行ってきた。

　ここでは、区が取り組んできた保育の質の維持、向上についてご紹介をしていきたい。

　保育の質といっても、人それぞれの考え方、また場面によって様々なとらえ方があると思うが、あたりまえのことではあるが、その鍵を握っているのは現場で保育を担う職員である。その確保、人材育成を基本として、事業者、保護者、地域の理解、協力のもとに実践される保育は質が高いのではないかと考える。

　全国的な保育士不足の中、施設整備を加速する自治体にとって、その確保も大きな課題である。そこで、区では保育士等の宿舎の家賃上限8万2000円の8分の7の助成、処遇改善策として保育施設に勤務する常勤保育士等への月額1

※1　世田谷区は2020（令和2）年4月に待機児童ゼロを達成した。

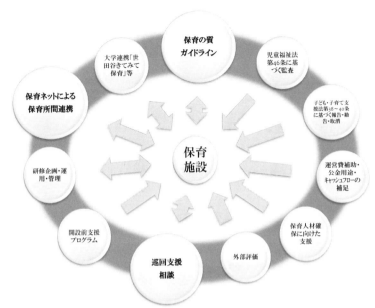

図表1　世田谷区における保育の質の向上に向けた行政支援

万円の補助、施設に支払う補助金の支給要件として運営事業者の支出経費に占める人件費比率が50％以上であることを求めること、また、求人情報をまとめた「せたがや Hoiku Work」という WEB サイトの活用、そして、保育実習とは異なる、気軽に園現場を体験できる「きてみて保育」制度など、様々な取り組みを行っている。これらの人材確保策は、安定的な保育士確保に向けてさらに充実をしていくことが必要である。以下、保育の質の維持、向上に向けた取り組みについて説明をしていく。

1. 保育所保育の質の向上のための体系的な支援

　区の保育の質の向上に向けた支援策の全体像は、図表1のとおりである。

　図表1を見るとわかるように、方針、施設間連携、指導監督、寄り添い支援、研修、運営資金等、様々な切り口から保育の質の維持向上に向けた取り組みを行っている。中でも大きな柱となるのが3つ、1. 巡回支援相談、2. 地域保育ネットによる保育所間連携、3. 世田谷区保育の質ガイドラインである。順を追って説明する。

（1）巡回支援相談

　1つ目の柱が、区職員による保育施設への「巡回支援相談」である。各保育施設が疑問・相談などを気軽にできるようにするもので、訪問までに質問をまとめてあり、訪問した職員と一緒に考えている。また、訪問が待てない時は、電話で相談している。巡回訪問を職員指導に活用し、「巡回訪問で助言があった…」などと伝えやすくなるとともに、巡回支援相談を通して、行政と施設がともに保育に取り組む意識が生じる。

　構成は区立保育園の園長経験のある保育士を中心に栄養士、看護師を加えたチーム（必要に応じて栄養士も参加）で、区内すべての認可保育施設、認証保育所等を不定期に巡回する。基本、1年に1度はすべての施設に訪問し、新規施設、課題や相談のある施設には複数回訪れる。巡回支援の視点は、保育所保育指針を基本とし、「子どもを中心とした保育」が行われているか、保育士が子どもの目を見て温かく応答しているか、子どもが主体的に遊べる環境にあるか、安全面の配慮はどうか、食事の提供や食べさせ方、アレルギー児への配慮、保護者からの意見などへの対応、園内研修の取り組みなど、保育の質を重視している。また、事業所と一緒に考える（助言相談としての立場）ことによって、事業所の自主性へ働きかけている。また、訪問回数と研修受講状況については、区民へ情報提供している。

　これは、法律に基づく指導監査とは別のもので、日常の保育の悩み事等を支援員が園と共有し、解決に向けたアドバイス、一緒に悩みながら解決策を見つけていく等、相談を気軽にできるような、施設に寄り添った支援がこの巡回支援相談である。この相談を通じ、行政もともに学び、施設と一体で保育に取り組む意識が生まれる大きなきっかけになっている。

　行政指導監査の指導的な立場と巡回支援相談の寄り添い支援的な立場を1つの部署が担っているが、役割を明確に仕切れない難しさも感じている。また、施設数の増加に伴う、支援員の人員配置についても今後の大きな課題である。児童相談所の東京都から区への移管に伴い、認可および170を超える認可外保育施設の指導権限が区に移管されたことも踏まえ、体制の強化を行い、より質の高い巡回支援相談を実現していく。

　また、巡回支援相談を担っている同じチームでは、研修も担当しており、乳

児、幼児研修といった保育の内容、施設長を対象とした研修など、効果的なメニューを区立や民間の保育施設に提供している。

　最近、新たに始めた研修としては、民間の保育施設、区立保育園の中堅職員100名程度を対象として行った「ミドル研修」があげられる。これは、公開保育を軸とし、園内研修の充実を目指す研修内容である。子どもを見る目や話し合いの進行技術等、研修の学びを職場で実践し、さらに研究を深めているというもので、研修の期間を2年間としている。中堅職員として担うべき役割、チーム力の大切さ等、新たな、また、改めての気づきのきっかけとなる研修で、参加職員の満足度も高いものとなっている。今後も、様々な観点から現場職員にとって有用な研修を実践していく考えである。

　また、研修の成果を発表する場として、年1回、「保育実践フォーラム」というイベントを開催し、各保育施設が年間を通じ研究してきたテーマを発表し、会場に集まった職員と意見交換、専門家と発表者とのパネルディスカッション等も実施している。

（2）地域保育ネットによる保育所間連携

　2つ目の柱が、「地域保育ネットによる保育所間連携」である。まず、地域保育ネットとは、公立・私立・認証・保育室・保育ママなど施設・運営のあり方を問わず、任意で集まった団体で、保育施設同士が顔見知りになり支えあうネットワークである。それぞれの保育や子どもの育ちについて共有し、世田谷区全体の「保育の質の向上」を目指そうというものである。参加者は、各保育施設の園長・副園長・主任を中心に児童養護施設の職員、民生委員等子どもにかかわる人の集まり（学習会は、地域の保育士も参加している）となっており、運営は、各地域で公立・私立・認証・保育ママから「保育ネット」担当者を選出し自主的に行っている。保育課は、学習会費用・会場確保・講師紹介等のバックアップをしている。

　始まった経緯は次のとおりである。2003（平成15）年度に世田谷区が烏山地域をモデルとして第三者評価の内容検討会を開催した。その際、公立・私立・認証保育所・保育室等が参加した。検討会終了後の「せっかく知り合いになったのに、このまま解散するのは残念！」という声をきっかけに、新たな会とし

て、発起人7人を中心に「保育ネット烏山」が発足した。その後、「烏山地域の保育ネットの活動いいよね」と他の地域からの声が上がり、全地域で取り組めないか、公立保育園と保育課で検討し、子ども計画に位置づけられることとなった。

　世田谷区の烏山地域で始まった保育ネットは2009（平成21）年に5つの地域（世田谷・北沢・玉川・砧・烏山）すべてで発足し、それぞれのネットで特色のある取り組みを行っている。テーマを設けた研修会の開催や、取り巻く保育環境の変化にあわせた対応、たとえば、2019年度の滋賀県大津市の園外保育中の交通事故を受けたお散歩ルートの安全点検の実施、台風19号の際の対応事例の検証等を実施したところもある。日頃の活動、交流を重ねることで地域の施設間連携を強化するきっかけとなり、保育の質を高めることにつながっている。施設数の増大とともに、保育ネットは今後ますます重要なツールとして活用していくべき取り組みである。

　具体的な活動としては、保育ネット会議の定例会を年3回程度行っている。その内容は、学識経験者からの講義などの勉強会、小さいグループに分かれての共通の議題に関する情報交換、交流の方法や活動報告等についての話し合いなどである。

　この保育ネットの活動の成果としては、同じ地域で働く者同士が顔見知りになれたこと、情報交換や物品の貸し借り等「助け合う！」という思いが定着したこと、地域のすべての子どもたちの成長を支援できたこと、地域の子育て家庭を支援できたことなどがあげられる。

　今後の課題としては、より多くの保育施設が参加できるようにする仕組みづくり、幼稚園とのつながり、地域の実情に合わせた学習会の充実などがあると考えている。

（3）世田谷区保育の質ガイドライン

　3つ目の柱が「世田谷区保育の質ガイドライン」である。これは、2006（平成18）年度、区における区立保育園のはじめての民営化、休日や延長保育等、求められる保育事業の多様化、社会福祉法人、学校法人、株式会社等、保育を実施する主体が多元化してきたこと等を受け、区の考える保育の姿、子どもた

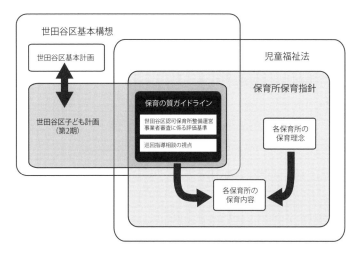

図表 2　世田谷区保育の質ガイドラインの位置づけ

ちに提供していく保育の形を指針のようなものとして示していくべきではない
か、という議論が策定のきっかけとなっている。

　保育の質ガイドラインは、区が目指す「子どもを中心とした保育」を実現さ
せるため、2008（平成20）年度の「保育の質の向上のための勉強会」、2009（平
成21）年度に立ち上げた「保育の質の向上委員会」での議論、巡回支援相談の
視点等を踏まえ、「世田谷区子ども計画」にも位置づけられた、質の向上に取
り組むための区独自の指針である。

　また、このガイドラインは保育者のみならず、保護者、地域の方々にも保育
を理解してもらい、協力してもらうための解説書としても活用されている。ま
た、事業者が保育施設の保育を理解し、質の向上に取り組むための指針ともな
っている。

　ガイドラインの策定の趣旨は、保育事業の多様化や実施主体の多元化（社会
福祉法人・学校法人・株式会社など）を踏まえ、保育所保育指針に基づく「子ど
もを中心とした」保育を世田谷区の子どもたちに提供する保育行政を明示する
ことである。つまり、「子どもを中心とした保育」を実践するため、保育にか
かわる人すべてが共通理解し、保育の質の向上を目指す指針となっている。

　ガイドラインの位置づけは、図表2のとおりである。

　ガイドラインの内容は、本章末尾に参考資料として収録しているが、「子どもの権利」「職員に求められる資質」など 7 項目から構成されている。「子どもの権利」を第一の項目にする意味は、児童の人権擁護をより具体的に実現するための最重要項目であるからであり、次に「職員に求められる資質」を掲げているのは、保育を構成する「人材」が一番重要であるからである。また、「運営体制」は、保育士等が安心して笑顔で保育に従事するために必要不可欠な項目といえる。

　このガイドラインの各施設における具体的な活用内容としては、人権についての確認や肯定的に子どもの姿をとらえること・環境づくりの視点とすること（取り組みは「保育実践フォーラム」で発表する）、指導計画の反省に活用し、各自やクラスの取り組みを確認すること、職員の育成に活用すること、保護者会で活用し、保護者に保育を伝えること、巡回相談時に各施設の活用を確認し「子どもを中心とした保育」の実践を目指すことなどを想定している。

　本ガイドラインは、以上に述べたような具体的な活用のほか、保育施設、保育園入園申し込みの窓口、区のホームページ等、様々なところで保育関係者以外の方々も広く閲覧できるようになっている。また、保育施設への巡回支援相談時にもガイドライン活用の確認を行っていることに関して、施設からは具体的に「子どもを中心とした保育」の見える化、自らの行う保育の検証、改めての意識啓発等に役立っているとの声をいただいている。また、「子どもを中心とした保育」は、2018（平成 30）年度の保育所保育指針の改定も踏まえ、研修、既述の「保育実践フォーラム」でもたびたびテーマとして取り上げられてきたが、そこでもガイドラインが活用されている。

　一方で、さらなるガイドラインの活用は、世田谷区の保育の質をより一層向上させるには不可欠の要素であり、大きな課題の 1 つであった。また、当初に作成されたガイドラインは項目ごとにチェック欄を設ける等、工夫もされていたが、文字量が多いイメージがあり、手軽に手にとって読むことに課題があった。そこで、2017（平成 29）年 3 月、ガイドラインの趣旨をテーマごとに漫画で解説し、手にとって読みやすい冊子を作成することとした。それが、「なるほど！せたがやの保育」である。

2.　新規保育施設への開設前からの支援

　保育の質の向上策の柱について述べてきたが、待機児童対策のもと新規施設を増やしている区にとって、新規の保育施設にこれらの取り組みを事前に理解してもらい、開設と同時に区の目指す保育にともに取り組んでいただけるような環境づくりは非常に大切である。

　そのため、区では新たに開設する施設を対象とした「開設前支援プログラムとフォローアップ研修」を行っている。これは、学識経験者を含めた選定（審査）委員会での課題の洗い出しや、世田谷区保育の質ガイドラインの取り組みをベースに、開設前から世田谷区の保育理念等を理解してもらうことを前提に実施している。

　主な研修内容は、開設前支援プログラムでは、世田谷区の保育理念・保育方針、保育所保育指針への理解を深めること、具体的な保育実践の諸側面に関する内容、組織のマネジメント、区内認可保育所の見学を通しての学び合いなど。フォローアップ研修は開園後半年と1年に実施し、開設前支援プログラムの内容を踏まえての開設後の現状についての評価・検証を行い、自園の現状と課題について知り、アクションプログラムを作成するための講義やグループワークを行っている。

　今後の課題としては、研修内容の充実に向けての体系の検討、会場・時間の確保等調整の難しさなどがあると考えている。

おわりに

　2019（令和元）年度は台風19号、新型コロナウイルス感染症への対応等、保育施設も臨機応変かつ的確な対応が求められることの連続であった。10月からの幼児教育・保育の無償化においても様々に対応をいただいた。ここで改めて現場を支える職員の方々へ感謝申し上げたい。

　日々の保育を担う職員の方々の尽力なくしてはさらなる保育の質の向上は不可能である。区としては、これまで行ってきた保育の質の維持、向上につながる取り組みを着実に継続していくとともに、さらなる工夫を重ね、これらの取り組みが、現場で働く職員の方々のやりがい、日々充実した生活につながって

いくように支援をしていきたい。ひいては、この取り組みが子どもにとって最善の利益をもたらすことになると信じている。

参考資料　世田谷区保育の質ガイドライン（6項目抽出）

項目	基本的考え	内容
子どもの権利	世田谷区では、保育の質の向上に取り組む上で、子どもの権利を守ることを一番大切にし、保育内容全てに関連することと考えている。	「子どもが何を求めているか」を知ろうとしている。 子どもの権利について職員全体で確認し、十分配慮している。 職員は、一人ひとりの子どもの行動や欲求に、わかりやすい言葉で穏やかに個々の子どもに語りかけ、応答的に関わっている。 一人ひとりの子どもの生活習慣や文化などの違いを知り、それを認めあう心を育てるよう努めている。
職員に求められる資質	保育施設の職員は、子どもを受容する温かい心を持って子どもに全力で愛情を注ぐことのできる人間性と専門性の向上に努め、一人ひとりの子どもを心から尊重でき、子どもや保護者から信頼され尊敬される職員であって欲しい。	子どもと関わることを喜び、子どもと一緒に楽しむことができ、積極的に保育に従事している。 乳幼児の発達過程を理解し、子ども一人ひとりの成長・発達に合わせ見通しを持った援助ができる。 保護者の気持ちに寄り添い、保護者と共に子どもの成長を喜び、子どもの発達を支援している。
保育環境	子どもの命が守られることを第一に、乳幼児期の子どもの発達をとらえ、子どもが遊んでみたくなるような環境を構成し、子どもが十分楽しみ、満足感や充実感を得ることができるよう環境を構成していく。	子どもの成長・発達に合わせた玩具、遊具、絵本が、子どもの手の届く場所に適切な量で用意され、子どもが自由に遊び、主体的に遊びを展開できるように配慮されている。 子どもたちが遊びこむことができる時間と空間への配慮、自由な遊びコーナー等、子どもの自主性、自発性を尊重するとともに、子ども同士のかかわり遊びが豊かに行われるように工夫されている。
保育内容（生活と遊びの中の教育）	保育施設の中で、子どもたちは、生活と遊びを通して、様々な経験・体験を重ね、現在を心地よく生き生きと幸せであり、未来に向かって生きる力の基礎を培う。	子どもの好奇心、探究心、思考力などが育つよう、子どもが自ら興味を持って遊ぶことのできる保育を行っている。 子ども一人ひとりの置かれている状況を把握し、ありのままの姿を理解と見通しを持って受け入れ、子どもが安定感と信頼感を持って、自分らしさを発揮し、行動できるよう援助している。

保護者支援・地域の子育て支援	子どものために保護者や地域の子育てを支援することを基本とし、保育施設と保護者や地域が話し合い、お互いの気持ちを認め合い、共に協力して、地域全体で子どもを育てる環境づくりに努めることを大切にしている。	保護者懇談会や行事などで保護者同士の話し合いの場や協同で取り組む活動を提供したり、保護者の自主的な活動に協力するなど、保護者間の連携を支援している。 保育施設の活動や行事に地域住民等に参加してもらうなど、子どもが職員以外の人と交流できる機会を確保している。 子どもの成長の連続性を保障するため、子ども同士の交流や職員間の情報交換など、小学校との連携を図っている。
運営体制	保育技術や知識を深める機会が豊富に確保されていることは、世田谷区の保育の質の向上につながる。	施設を運営していくにあたっての現場での意見が、経営者層の判断材料となる組織である。 職員が安定して働き続けることができる労働条件（給与水準・休暇制度・休憩時間等）が整備されている。 職員の自己啓発やリフレッシュのための労働環境（人員配置・時間の保障等）が整えられている。 通常業務内において研修やOJTなどの機会や保育ネットに参加し情報交換することができるよう計画的に時間を確保し、職員体制を整えている。

第2章

問題事例から見た保育行政のあるべき姿勢

幸田 雅治・小林 美希

・・・・・・・・・・・・・・・・・・・・・・・・・・・・・・・

　保育所では、子どもの健全な成長のための保育が行われなければならないが、それとはかけ離れた問題事例が多数発生している。企業主導型保育事業のように、自治体が指導監査の権限を適切に行使するのが難しいという制度的欠陥に起因するものもあるが、自治体の姿勢が問われる事例も多い。本章では、いくつかの問題事例を取り上げるとともに、自治体はどのような政策や対応を取るべきであるか述べることとする。

1. 横浜方式

　安倍晋三政権は2013年4月の成功戦略スピーチで"女性が輝く日本をつくる"として、待機児童の解消について2017年度末までに40万人分の保育の受け皿を確保すると「待機児童解消加速化プラン」を掲げた（のちに10万人を上乗せ）。そして、「横浜方式」で株式会社の参入による受け皿整備を図った。

　この「横浜方式」とは、横浜市独自の基準を設け配置基準の6割を保育士が満たせばいい「横浜保育室」や、NPO型家庭的保育など"多様"な保育の推進や保育コンシェルジュの配置、国の支援策でもある株式会社の参入によるスピード感ある施設整備の積極化にあった。その結果、2010年からわずか3年間で待機児童を全国ワーストの1552人から2013年4月に"ゼロ"にしたのだ。2013年は5月20日、林文子市長は待機児童がゼロになったと発表したが、間髪をおかず、菅義偉官房長官（当時）は同日午後の記者会見で、「横浜の取り組みを参考にして全国展開したい」と全国への波及に期待を示した。さらに、安倍首相（当時）は翌日、横浜市の保育施設を2か所視察し、「待機児童解消加速化プランを早く進めて、5年以内に、日本全体で横浜みたいにゼロにしたい

と思っております。横浜の取組みを、横に展開をしていくという方針で、来年まで1年間で、（保育の受け皿を）20万人にして、さらに40万人にして解消していこうと思っています※1」と目標実現に決意を示した。異例ともいえる対応の早さである。

　それまでは、自治体では、経営悪化による撤退のリスクがあることや保育の質への懸念などがあり、制限なしの企業の参入には反対の声も強かった。たとえば、2012年、名古屋市は設置認可の要綱改正で参入資格を事実上、社会福祉法人に限定するなど、企業の参入には消極的な自治体が多かった。しかし横浜市の発表後、企業参入が全国に広がることになり、弊害も大きくなっていった。もちろん社会福祉法人でも不祥事などはあり、一方で株式会社の事業拡大によって待機児童にならず職場復帰の恩恵を受ける保護者もいるが、それにしても営利を求めることを許した構造問題は保育に大きなゆがみをもたらすことにつながった。

　菅官房長官（当時）が「全国展開」と、安倍首相（当時）が「横展開」と発言しているが、地域の実情に応じて自治体が自主的に判断すべき事柄に、国が「全国展開」とか「横展開」といって1つの方式を自治体に指導したり、推奨したりすること自体が地方自治とはかけ離れた発想と言わざるを得ない。また、国は待機児童「ゼロ」を政策目標に掲げているが、待機児童を減らすことはもちろん重要な政策であるが、「ゼロ」を目標に掲げるのは問題が多い。待機児童を「ゼロ」にすることが優先され、保育の質が置き去りにされる可能性があるスローガンだからである。

　厚生労働省「社会福祉施設等調査」に基づき、設置主体別の施設数をグラフ化したのが、図表1である。保育所等は数年かけて設置が計画されるので、そのタイムラグを考えれば、横浜市の「ゼロ」宣言後に民営の保育所等の設置が加速したように見える。

　ところが、横浜市の「ゼロ」は待機児童を恣意的に少なく見せていたものだった。横浜市は、認可保育所を希望しながら入れなかった児童のうち、認可外保育所を利用した場合、育児休業を延長した場合、自宅で求職活動中の場合、

※1　官邸HP「総理の一日　平成25年5月21日横浜市内保育施設視察」より引用（2020年11月1日閲覧）。

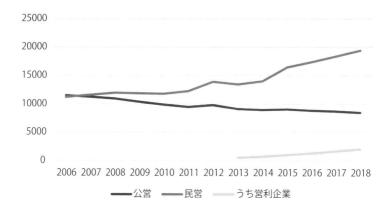

図表 1　設置主体別保育所等の推移

※1　厚生労働省「社会福祉施設等調査」に基づき筆者（幸田）作成。各年10月1日現在の施設数。
※2　2014年までは保育所の施設数、2015年以降は保育所等（幼保連携型認定こども園、保育所型認定こども園及び保育所）の施設数。

特定保育所のみの申込者などを待機児童にカウントせず、市独自の「保留児童」として扱うことで「待機児童」を少なく見せるというからくりがあったのだ。「ゼロ」宣言時点で保留児童数は、1746人に上っていた。[※2]

　ちなみに、2020年4月1日時点では、待機児童数が27人の一方で、保留児童数が3421人となっている。保留児童の内訳は、横浜保育室や企業主導型保育などの利用者が661人。さらに、幼稚園の預かり保育、年度限定保育、一時保育も含まれている。ほか、△育休を取得しているが復帰の意思が確認できない（1265人）、△求職活動を休止している（ただし、子どもをみながらインターネットを利用し在宅で職探しをしている、214人）、△1か所しか申し込んでいないなど特定保育所等のみの申し込み者（1254人）となる。このような「保留児童」を差し引くことで「待機児童」が著しく少なく見えるのだ（図表2）。

　横浜市は民間の事業者の参入を積極化した。そのため、2019年4月1日時点の市内の認可保育所9割にあたる723か所が民間で、残りの75か所が横浜市立となっている。横浜市や隣接する川崎市、練馬区などの“民間活用”を積極化した自治体は、株式会社にとっての“重要顧客”となった。

　「にじいろ保育園」を子会社が展開するライクキッズ株式会社（2020年8月

※2　「平成25年4月1日現在の待機児童数について」（平成25年5月27日　横浜市こども青年局資料）。

図表2　横浜市の待機児童等の状況（単位：人）

区分	H30年4月	H31年4月	R2年4月	R2-H31
就学前児童数	178,905	175,243	171,503	▲3,740
保育所等利用申請者数（A）	67,703	69,708	71,933	2,225
利用児童数（B）	64,623	66,477	68,512	2,035
保留児童数（C）＝（A）-（B）	3,080	3,231	3,421	190
横浜保育室等入所数（D）	788	774	661	▲113
横浜保育室・川崎認定保育園	338	219	152	▲67
幼稚園等預かり保育	47	92	92	0
事業所内保育施設・企業主導型保育事業	124	215	229	14
年度限定保育事業	166	169	119	▲50
一時保育等	113	79	69	▲10
育休関係（E）（※1）	458	797	1,265	468
求職活動を休止している方(F)（※2）	260	294	214	▲80
特定保育所等のみの申込者など（G）（※3）	1,511	1,320	1,254	▲66
待機児童数(H)＝(C)-〔(D)+(E)+(F)+(G)〕	63	46	27	▲19

（※）補足説明
※1　育休関係：4月1日に育児休業を取得されている方のうち、復職の意思を確認できない方
※2　求職活動を休止している方：ご自身等でお子さんをみながら、インターネットなどを利用し、在宅で職を探している方
※3　特定保育所等のみの申込者など：1か所しか申し込んでいない方、2か所以上申し込んだにもかかわらず、第1希望等の保育施設しか利用を望んでいない方、申し込みをされた園や自宅の近くに利用可能で空きがある保育施設があるにもかかわらず利用を希望されない方
（出所）横浜市記者発表資料「令和2年4月1日現在の保育所等利用待機児童数について」

に上場廃止）の有価証券報告書のセグメント情報を見ると、主要な顧客として横浜市と練馬区があげられている。2020年4月期で、横浜市からの売上高は25億4583万円、練馬区は24億8649万円となっており、それぞれが連結決算の約1割の売り上げを占めている。営利企業からすれば自治体は主要顧客と称され、税金から成る運営費などの収入は売上高となっていく。

　ライクキッズの場合、親会社のライクとの間で経営指導、役員の兼任、社債の発行、業務の委託を行っている。また、子会社のライクアカデミーとの間でも、資金の援助、債務保証、経営指導、役員の兼任を行っている。

　連結決算で、給与手当が3億3434万円の一方、募集採用費は5億2379万円もかかっている。これらの費用の中にはもとはといえば、委託費が流用されているはずである。同社に限らず、ホールディングス・カンパニー制をとることで保育に使う委託費を何重構造にもして回していることは、税金の無駄と言え

167

るだろう。

　また、横浜市は民間の認可保育所を増やすだけでなく、積極的に公立保育所を民間移管して、公立を減らしてきた。2004年度から2020年度までの間に55園を移管。2004〜17年度の移管で合計72億2900万円の運営効率化があるとしている。市は財政面の負担減をPRし、公立の場合は財源が横浜市と利用者の保育料であるが、一方の民間保育所であれば国、県、市、利用者の4者で負担するため市の負担は公定価格の4分の1で済むと説明している。この説明自体は事実で、2004（平成16）年から2005（平成17）年にかけて実施された地方税財源改革、いわゆる「三位一体改革」によって、それまで公立保育所及び私立保育所の運営費及び施設整備費ともに、国2分の1、都道府県4分の1、市町村4分の1の負担（補助）割合であったものが、公立保育所のみ一般財源化され、公立保育所等のみ負担（補助）制度が廃止された。公立保育所だけでも負担（補助）制度が廃止されれば、そのピンポイントだけ見ると、地方の自由度が高まる面があるとしても、市町村が財政面からの判断によって、私立保育所へのシフトが起きる可能性があることを想像できなかったとしたら、国民にとって何が重要であるかに思いが至らない視野狭窄的判断と言える。公立保育所の負担（補助）制度も残すべきであった。片山善博氏（元総務大臣、当時は鳥取県知事）は、補助金改革について「地方には何のメリットもありません」と発言している。[*3] メリットがないどころか、多大なデメリットを地方にもたらした改革であった。

　しかし、だからといって、横浜市の政策が是とされることにはならない。財源問題を主要な判断材料にして公立保育所を「計画的に減らしていく」ことは、公立保育所の園長、保育士に、保育を良くする取り組みへの意欲を減退させるとともに、市として、「保育の質」を向上させる観点を軽視する政策となっていると言わざるを得ない。

　民間移管にあたっては運営条件が定められており、①定員の継承、②障害児保育の実施（定員80人以上で6人以上、定員80人未満で3人以上）、③日曜、祝日、12月29日〜1月3日以外は休園しないこと、④市が認めた費用以外の費用負

※3　2006年2月27日衆議院予算委員会の公聴会での公述人としての発言。

担を保護者に求めないこと、など 10 項目にわたる。ほか、土曜保育での給食の提供や延長保育の実施も求めている。

　施設長のみならず保育士にも経験者の確保も要請しており、①常勤保育士は保育経験 10 年以上又は法人が運営する保育所等での保育経験が 7 年以上の保育士を 2 人以上、②保育経験 5 年以上の保育士を 3 分の 1 以上、としている。引き継ぎ期間は、横浜市が指定する職員を配置する。

　公立保育所が民間移管される時、横浜市以外の自治体も、その理由に延長保育の実施など「多様なサービス」と「人件費削減」を強調する傾向がある。しかし、延長保育であれば公立でも実施すべきことであるし、目的が人件費削減ということは民間の保育士が低い賃金で公立より多くの仕事をするという大きな矛盾がある。

　保育所民営化の動きに対しては、保育サービスの質の低下を招くとの懸念などからこれに反対する声が強く、公立保育所の廃止・民営化の中止を求める多くの訴訟が提起されてきた。公立保育所の民間移管を行う場合、条例改正により公立保育所を廃止し、これを民間（社会福祉法人や民間企業等）に移管することで実施されるため、公立保育所の廃止を内容とする条例の取消し及び損害賠償を求める訴訟が数多く提起されてきた。訴訟では、保育所廃止条例が、行政事件訴訟法上、「処分性」（裁判での争いの対象になるかどうか）が認められるかどうかが大きな論点であったが、2009（平成 21）年 11 月 26 日に最高裁判所（第一小法廷）が初めて判断を下したのが横浜市立保育園廃止条例最高裁判決（民集 63 巻 9 号 2124 頁）である。本件は、横浜市が 2004（平成 16）年度に移管した 4 園の一部の保護者から、園を廃止する処分の取消しと損害賠償を求めて提起されたものであった。第 1 審（横浜地裁）が保育所廃止条例の処分性を肯定したものの、控訴審（東京高裁）が否定し、その結論が分かれただけに、最高裁の判断が注目されていた。最高裁は、条例についても行政処分と解される場合があることを明らかにした上で、現に条例の処分性を肯定する初の判断を下した。

　判決では、処分性を認める理由として、「希望児童のすべてが入所すると適切な保育の実施が困難になるなどのやむを得ない事由がある場合に入所児童を選考することができること等を除けば、その児童を当該保育所において保育し

なければならないとされている（児童福祉法24条1項〜3項）」とし、児童福祉法がこうした仕組みを採用したのは、「女性の社会進出や就労形態の多様化に伴って、乳児保育や保育時間の延長を始めとする多様なサービスの提供が必要となった状況を踏まえ、その保育所の受入れ能力がある限り、希望どおりの入所を図らなければならないこととして、保護者の選択を制度上保障したものと解される」という。「被上告人においては、保育所への入所承諾の際に、保育の実施期間が指定されることになっている。このように、被上告人における保育所の利用関係は、保護者の選択に基づき、保育所及び保育の実施期間を定めて設定されるものであり、保育の実施の解除がされない限り、保育の実施期間が満了するまで継続するものである。そうすると、特定の保育所で現に保育を受けている児童及びその保護者は、保育の実施期間が満了するまでの間は当該保育所における保育を受けることを期待し得る法的地位を有するものということができる」と判示している。

　この判決理由によれば、横浜市の保育所の民営化が保護者の法的地位を侵害するものとされたのであるから、少なくとも保護者の法的地位を最大限尊重した対応が必要となるところであり、民営化を前提とした事業の進め方など児童・保護者の合意形成を無視した対応は違法な行為となる。なお、横浜市は、2011（平成23）年度移管園から、民営化の対象となる園の公表から移管までの期間を1年延長し、2年6か月としている。

　横浜市は、数年に1回、「私立保育所民間移管検証報告書」を公表しているが、主として、移管条件が守られているかどうかと、保護者、移管先法人、民間移管対象園に勤務していた市立園長及び主任保育士、法人選考委員へのアンケートが中心となっており、移管前と移管後における「構造の質」に関する比較は行われていない。移管することによって保育の質が高まったのか、低下したのかのデータに基づく比較をしなければ、良い方向に変化したのか、悪い方向に変化したのかはわからない。良い面だけ取り上げて、強引に民間移管を進めていると言われても反論できないだろう。今後は、民間移管のデータに基づく検証を行い、その検証に基づいて、民間移管を続けるのかどうかを市議会で議論することが必要と思われる。

　保育所の民間経営に関しては、一般的には、営利企業が参入すると、利益を

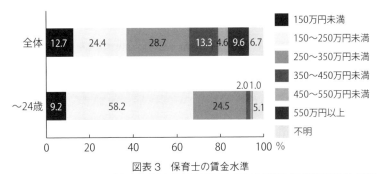

図表3　保育士の賃金水準

（出所）川崎市保育問題交流会・関東学院大学経営学部中西新太郎研究室（2020）「川崎市保育労働実態調査」を基に作成

上げるために人件費を抑えようとするといわれている。そのため、非常勤の保育士などを増やし、経験豊かな保育士から人件費の安い経験年数の少ない保育士への転換が進み、保育水準が低下していくことになる。また、保育の質に関しては、第1部第2章に詳しく記述されているが、保育士の経験年数以外に、利益を高めるために、「構造の質」に属する遊具や教材についても経費節減を図る可能性がある。したがって、民間移管によって、これらの「構造の質」が高まったのかどうかを検証する必要があるといえる。

　この株式会社の参入で最も懸念される保育士の賃金の抑制について、川崎市保育問題交流会と関東学院大学経営学部の中西新太郎研究室が2020年7月に公表した「川崎市保育労働実態調査」にて、市内の認可保育所で働く保育士の低賃金ぶりを明らかにしている。全体として最も多い年収層は「250～350万円未満」（28.7％）で、次いで「150～250万円未満」（24.4％）、「350～450万円未満」（13.3％）だった。24歳までの若年層だと、「150～250万円未満」が58.2％に上った。次いで「250～350万円未満」（24.5％）、「150万円未満」（9.2％）となる。

　設置主体別の年齢層は社会福祉法人と株式会社とで著しい乖離はないにもかかわらず、年収を見ると、社会福祉法人の過半数が年収300万円以上である一方で、株式会社は過半数が年収250万円未満となっている。

　財源が限られる中での保育所整備でコストを考えざるを得ないのだろうが、民間に委ねて人件費が圧縮され、それが利益や配当に回るのでは本末転倒。会計違反や委託費の流用が起こらない公立で運営したほうが、よほど財政効率が

図表4　東京都の監査で「不適正な支出」などの指摘があった保育所（2017～19年度）

市区町村	保育園名	法人名	開示請求の中身
足立区	日ノ出町保育園	（社福）南流山福祉会	△H28年度末の他の拠点への貸付金3579万円、立替金4438万円がH30年度末で適正に補てんされていない。△個人の購入物・領収証など証憑書類がない・委託費の支出として認められないものがH29・30年度に少なくとも13件10万円の不適正な支出あり。△二重計上した取引がH30年度に少なくとも8件、計6万円過剰に計上、ほか。
杉並区	ゆめの樹保育園なりたにし	（社福）フィロス	△H29年度、関東圏内の施設から「東京本部」に流用された資金を、法人クレジットカードによる私的流用を含む不適正支出が7件、77万6505円、など。
杉並区	ゆめの樹保育園おぎくぼ		△H28年度に関東圏内の施設から「東京本部」に流用された資金のなかで、前年度も含め法人のクレジットカードなどを使った私的流用を含む不適正な支出が619件、509万7971円あった。△H29年度も同様に7件、77万6505円の私的流用や不適正支出があった、△「東京本部」の資金で私的流用を含む不適正な支出が175件、382万5103円あった、など。
葛飾区	ゆめの樹保育園しんこいわ		△H28年度に関東圏内の施設から「東京本部」に流用された資金のなかで、前年度も含め法人のクレジットカードなどを使った私的流用を含む不適正な支出が619件、509万7971円あった。△H29年度も同様に7件、77万6505円の私的流用を含む不適正支出があった、など。
足立区	恵・YOU保育園	（株）恵・YOU	△個人の生命保険料（3社と契約・月額5万1292円）、△政党の支部に対する支出（交際費5万円）、△職員の利用を目的に契約しているエステ代金（年間60万円）、△同社を被保険者とした倒産防止保険料（月額1万円）、△個人が私的に利用する自家用車のガソリン代、駐車場代等維持費。
日の出町	大久野保育園	（社福）志正会	△委託費の管理運用は銀行、郵便局などの安全確実で換金性の高い方法で行うべきところ、預貯金元本保証のない有価証券を保有したうえ有価証券の時価と帳簿価額の比較表を作成せず理事長にも報告していない。△忘年会費用（1万3600円）等の一部の支出の証憑書類の保存がない、など。
荒川区	東日暮里わんぱく保育園	（社福）春和会	H30年度、当該保育園を含む各認可保育園から本部への繰り入れが1億9900万円となる一方、法人本部の人件費と事務費の合計が8258万円となっており、本部の経費を超えているため返還すること。
江戸川区	船堀わんぱく保育園		同一法人の他の保育園2か所への貸付（1860万円）を年度内に補てんしていない。
大田区	ケンパ西馬込	（NPO）ケンパ・ラーニング・コミュニティー協会	シングルネーム・クレジットリンク債を1000万円購入。

大田区	は ぐ は ぐ・ド ン キ adventure 保育園	（株） プリメックス キッズ	被保険者が本部職員1人である傷害保障重点期間設定型長期定期保険の保険料がH30年度で867万8500円、事業費から支出されている。
品川区	キッズタウン にしおおい	（社福） こうほうえん	H29年9月、10月に忘年会の下見代を支出、など。
調布市	リトルキッズ スター	（社福） HANDY	給食献立作成、給食運営書類管理指導契約（261万円）において、履行確認書類を含む証憑書類が保存されておらず、支出の根拠が明確でない。
府中市	第2キッズラン ド府中保育園	（株） ケィ・コネクト	生命保険料を委託費から支出。
三鷹市	牟礼の森トキ 保育園	（株） トキ	設置会社の役員の報酬を委託費から支出。
府中市	明桜保育園	（社福） 明王会	同一法人が設置する保育所の建物、施設整備、土地・建物賃借料を委託費の3か月分相当学を超えて支出している、など。
港区	こころ新橋保 育園	（学） 太陽学院	出張先交通費を一律定額で支給しており、社会通念上、実費弁済を原則とすべき。
墨田区	すこやか錦糸 保育園	（有） エーワン	生命保険料を委託費から支出。
江東区	若葉インターナ ショナルナーサ リー大島	（株） ココロラボ	本部に計上すべき役員報酬740万円、車両損害保険などが支出されている。
江東区	江東湾岸サテ ライトスマー トナーサリー スクール	（社福） 高砂福祉会	講演終了後の飲食代として外部講師と職員（計8人分）の飲食代を支出。
大田区	弁天橋保育園	（社福） 二葉福祉会	開設初年度で前期末支払い資金残高がないにもかかわらず、法人本部の運営費の繰り入れを行っている。
中野区	ピノキオ幼児 舎野方保育園	（株） ピノ ー コ ー ポ レーション	生命保険料を委託費から支出。
昭島市	昭和保育園	（社福） 昭島愛育会	お中元等の支出があった。
中野区	中野ひかり保 育園	（社福） 南光会	職員表彰の生花代5万6000円など支出の根拠となる規定が明確でない支出が散見される。
杉並区	上井草保育園	（社福） 国立保育会	年度を超えて拠点区分間貸し付けが引き続き行われていた。
板橋区	あすなろ保育 園	（社福） あすなろ福祉会	慶弔費、交通費など、前回検査に続き不適正な支出がある。
西東京市	ポポラー東京 ひばりが丘園	（株） タスク・フォース	当該保育所に属さない勤務実態のない本部職員の給与手当を支出している。
町田市	草笛保育園	（社福） 景行会	△個人に対して毎月16万円が旅費交通費として支出されているが支給基準が不明確であるとともに役員報酬は本部経費のため認められない。
府中市	府中めぐみ保 育園	（社福） 造恵会	お中元、お歳暮、運動会の職員食事代など。

（出所）東京都の指導検査結果を開示請求した資料より筆者（小林）作成

（注）社福は社会福祉法人、株は株式会社、有は有限会社、学は学校法人、NPO は NPO 法人。

良いのではないだろうか。

　実際、委託費の私的流用という不適正な支出は横行している。筆者（小林）は、都内に約3000か所ある認可保育園の2017〜19年度の状況を調べた。東京都が行った実地検査（いわゆる監査のこと）で「施設会計」違反があった124件の中で「不適正な支出がある」等の文書指摘があった28件について情報開示請求を行い、詳しい内容を調査した（図表4）。

　表中の「日ノ出町保育園」（足立区）を運営する社会福祉法人南流山福祉会は、法人全体で単年度で5000万円もの不適正な支出があり行政が是正するよう勧告を行ったが改善しないため2020年8月、千葉県が県内初の法人名の公表に踏み切っていた。「委託費の弾力運用」によって同一法人が運営する保育園や本部への流用はできるが、年度内に元の保育園に返さなければならない。ところが、日ノ出町保育園は、2016年度に他の拠点（保育園や法人本部）に貸し付けていた約3579万円、立替金の4438万円が2018年度末の時点で日ノ出町保育園に返されていなかった。また、個人の購入物が費用計上されるなど不適正な支出が監査で指摘された。

　同保育園について足立区も4年前に経費の調査を行っており、「手土産代」「飲食代」「福利厚生」「交際費」「来賓車代」などを名目にした不適正な支出は2013〜14年度で443万円に上った。

　名古屋に本部がある社会福祉法人フィロスは、愛知県や東京都を中心に20か所以上の保育園を運営している。法人の理事長は、英会話教室などを手広く運営する会社の経営者でもある。2018年度時は都内に4か所ある認可保育園のすべてに東京都が実地検査に入っており、うち3園は2年続けての検査となった。4園の合計で43項目もの違反が見つかった。関東圏内の保育園から「東京本部」に資金が流用され、法人名義のクレジットカードを使った私的流用があった。4園で総額1600万円。各園とも同じ金額が計上されていた。

　また、足立区の株式会社恵・YOUが運営する「恵・YOU保育園」では「政党の支部」に対して5万円を支出していた。そのほか、個人の生命保険料3社との契約が月5万円超、会社を被保険者とした倒産防止保険を月1万円かけていた。保育士の福利厚生を目的としたエステ代が年間60万円。個人が私的に利用する自家用車のガソリン代、駐車場代等維持費も不適正に支出していた。

　ほかの保育所を見ていくと、忘年会の下見費用、元本保証のない有価証券の購入、1000万円もの債権の購入、法人クレジットカードによる年間500万円以上の私的流用、勤務実態のない者の給与計上、本部職員１人に対する生命保険料の支出など、数々の不正が見つかっている。

　話を横浜市の保育に戻そう。「横浜市立保育所の民間移管実施基準※4」によれば、市職員（園長、保育士など）によるアフターフォローを行うこととなっているが、期間は半年から最長１年間となっている。移管をサポートすることも重要であるが、むしろ、移管園に対しては、保育内容に関する巡回支援指導を継続的、重点的に行い、保育の質に踏み込んだ指導を行い、保育の質の低下を防ぐべきではなかろうか。

　行政サービスを民間が担う場合、行政には新たな責任が生じるのであって、行政の責任や役割が軽減されるものではないことを忘れてはならない。「公共の役割」に自治体がどう向き合うかが問われている※5。

　巡回支援指導は、基礎自治体で始まり、2017（平成29）年度に国の補助制度が創設されているが、それぞれの自治体の取り組みは様々で、重大事故防止に特化して行っているところもあれば、保育の質の指導を重要視して行っているところもある。

　東京都荒川区は、単独事業として巡回支援指導を実施しており、「保育園等が満たすべき基準の遵守状況」「保育中の重大事故が発生しやすい場面（睡眠中、食事中、水遊び中等）での状況」「子どもの最善の利益を保障する観点から、保育の質の確保・向上に資する観点」から、区立保育園の園長・副園長・保育士等の経験者が１組２名、計６名で組織し、各園の保育の状況等を確認するため、１回あたり１〜２時間程度かけて助言指導を行っている。対象施設である「認可（私立）保育園・地域型保育事業所・認証保育所、保育ママ、認可外保育施設」に、ほぼ２か月に１回は訪問するようにしているとのことである※6。

※4　令和５年度移管用の実施基準は以下を参照のこと。https://www.city.yokohama.lg.jp/kurashi/kosodate-kyoiku/hoiku-yoji/shisetsu/ikan/mineika.files/0051_20200928.pdf

※5　幸田雅治（2018）「行政と民間の役割分担」幸田雅治編『地方自治論──変化と未来』法律文化社：178-。

※6　巡回支援指導の訪問回数は、2017（平成29）年度360回、2018（平成30）年度359回、2019（平成31）年度365回（平成31年度の訪問対象園は62園）。

図表5　横浜市における教育・保育資源の種類と施設数（2019年4月1日現在）

【給付対象施設・事業】

種別			箇所数	利用定員
特定教育・保育施設	幼保連携型認定こども園		36	8,794
	うち預かり保育実施園※1		36	-
	幼稚園型認定こども園		13	2,514
	うち預かり保育実施園※1		13	-
	幼稚園		84	15,269
	うち預かり保育実施園※1		62	-
	保育所		798	62,387
		市立※2	75	7,100
		民間※3	723	55,287
特定地域型保育事業	家庭的保育事業		30	119
	小規模保育事業	A型	155	2,467
		B型	21	273
		C型	6	53
	事業所内保育事業		4	25

【給付対象外施設】

種別		箇所数	児童数
幼稚園（休園中を除く。）※4		150	27,119
うち預かり保育実施園※1		81	-
認可外保育施設※5	横浜保育室	49	1892
	一般認可外保育施設	159	3106
	事業所内保育施設	121	1349
	ベビーホテル	30	301

※1　保育を必要とする在園児を園において預かる事業。
※2　市立保育園には、公設民営の2園を含む。
※3　市立保育園以外の設立主体は、すべて民間事業者である。
※4　給付対象外の幼稚園の児童数については、2018年5月1日現在の在園児数。
※5　認可外保育施設（横浜保育室を除く）は、2018年4月1日現在。
（出所）横浜市の資料を基に作成

　横浜市は、幼保無償化に対する姿勢にも大きな疑問がある。2019年3月、朝日新聞アンケートでは、幼保無償化について多くの自治体から懸念が示される中、懸念がないと答えていた唯一ともいえる自治体が横浜市であった。[7]「懸念

※7　「幼保無償化　対象拡大に懸念」（『朝日新聞』2019年3月30日付記事）では、政令市、東京23区、2018年4月の待機児童が100人以上いた75市区町にアンケート調査した。「懸念がない」と回答したのは、認可外保育所がゼロである印西市を除けば、横浜市のみであった。

はない」と断言してはばからない横浜市の姿勢は、保育の質を軽視し、待機児童「ゼロ」のみを追求する姿勢ともいえるし、市民の声を真剣に聞こうとしない首長の問題ともいえる。内閣府は、2018（平成30）年1月22日、「現場及び関係者の声に丁寧に耳を傾けつつ、保育の必要性及び公平性の観点から検討する」ため、「幼稚園、保育所、認定こども園以外の無償化措置の対象範囲等に関する検討会」を設置したが、その検討会構成員はわずか4人で、その唯一の自治体委員が林文子横浜市長であった。冗談みたいな話である。

2. 板橋区の保育事故への対応

　保育所の建設ラッシュで最も自治体が留意すべきは、事故防止だ。東京都板橋区では2016年9月2日14時35分頃、「ほっぺるランド志村坂上」で1歳2か月の男児が午睡中に心配停止状態となっているところを担任保育士に発見されたが、区内の病院に救急搬送されたのち死亡が確認されるという事故が起きた。同保育所は2016年4月に開園されたばかりだった。

　「板橋区保育施設等における事故検証委員会設置要綱」（2018年3月22日区長決定）に基づき、医師、弁護士、学識経験者、保育関係者の5人で構成する検証委員会が設置された。2018年6月28日の第1回検証委員会から、保護者や保育士らへのヒアリングを含め、合計9回の委員会が開催され、2019年8月5日に「認可保育施設における午睡中の死亡事例に関する検証報告書」がまとめられた。同報告書が出た時点で警察による捜査が続いており、亡くなった男児の死因は不詳とされている。2019年5月24日に警察に押収された資料一式は事業者に返却されたとしている。

　報告書によれば、定員100人の保育所で当時の在籍園児数は71人。0歳児クラスは6人いて、常勤の保育士2人が担任を受け持っていた。事故発生時の午睡中、保育士2人が保育を行い、経験8年以上の保育士が配置されていた。

　担任保育士は6人を順番に寝かしつけ、男児をうつぶせ寝にして背中をトントンして寝ついたところで身体を横向きにし、男児がお気に入りのタオルをぐるぐると巻いて抱き枕のようにして寝かせた。そのうち3人がぐずり始めた。男児はうつぶせで、保育士が背中をトントンした。この時、完全に起きていた子が1人、完全に寝ていた子は2人だった。

　男児の上下のお腹の動きがなくなったが、呼吸はしていた。男児を横向きにし、タオルを抱き枕のようにして５分もしないうちに急変したのだった。

　事故発生直前の13時45分から14時30分頃、担任のうち１人が休憩に入り、保育士１人で保育を行っていた。担任２人が揃ったところで、子どもがぐずった間に書けなかったSIDSチェックをまとめて記入していたところ、男児の急変に気づいたのだった。そうした状況下、実際に子どものそばで顔色を確認するのではなく、目視のみで呼吸の確認をすることになってしまった。

　区による聞き取りでは、「うつぶせ寝」「横向き」だったと記録があり、あおむけ寝が徹底されていなかった可能性が、東京消防庁の照会事項にも「うつぶせ寝」と記録があることから、報告書は男児がうつぶせ寝だった可能性は否めないとしている。

　事故当日、保育所での保育士配置は都の認可基準は満たしていたものの、区が認可保育所設置・運営事業者を公募する際の条件とした保育士配置基準は満たしていなかった。この保育事故の検証からは、いくつかの場面で事業者が定めたマニュアルに沿った保育が行われていなかったという。

　検証するにあたって問題となったのは、保育事故への対応だ。板橋区による検証が事故発生から２年も経過していたため、関係者へのヒアリングを実施しても当時の記憶が曖昧な部分が多く見られ、十分な検証材料を得ることができなかったとまとめている。

　事故が起きた場合、本来は第一に、「事故情報の収集」があり、第二に、事故の原因を明らかにする「事故の分析・検証」があり、第三に、分析・検証した結果を取りまとめ、「事故調査報告の公表」が続く。そして、最後に、今後の事故を防止するための「事故をふまえた具体的措置」が求められる。

　事故の地方公共団体への報告については、子ども・子育て支援法（平成24年法律第65号）第34条３項、第46条第３項の規定に基づき、特定教育・保育施設及び特定地域型保育事業並びに特定子ども・子育て支援施設等の運営に関する基準（平成26年内閣府令第39号）（以下「運営基準」という）が定められており、認可保育施設等については、運営基準第32条第２項及び第50条において、保育の提供により事故が発生した場合は、速やかに市町村、保護者等に連絡をすることとされている。

　事故の分析・検証に関する現状については、総務省が2018年11月に「子育て支援に関する行政評価・監視結果報告書」を公表している。評価報告書によれば、調査対象とした46地方公共団体における検証委員会の開催状況を調査した結果、すべての死亡事故について検証すべきとの要請がなされた事後的な検証通知の発出後においても、発生した死亡事故について、死因が不明であることなどを理由に、事故後1年以上が経過しても検証委員会が開催されていない事例があった。それが、板橋区の事例だったのだ。

　事故後、運営するテノ．コーポレーション（福岡市）はホームページ上に「現時点では詳細は不明です。詳細が分かり次第、ご報告します」とするコメントを掲載した。

　板橋区は、評価報告書の調査時点（2017年7月）で未設置であったが、前述したように、2018年6月28日に「板橋区保育施設等における事故検証委員会」を設置し、2019年8月5日に「認可保育施設における午睡中の死亡事例に関する検証報告書」を公表した。死亡事故発生後2年近く経ってから検証委員会を設置するのはあまりに遅いと言わざるを得ない。板橋区報告書では、「当時の園長については、既に退職されていたため、ヒアリングを実施することができなかった」とあるが、まったく理由にならない。自治体がこのような姿勢で保育行政を行っていることに対して驚きを禁じ得ない。

　死亡事故には情報がどれだけ公開されるかという問題もある。検証委員会が立ち上がった場合には、報告書の作成が行われている。しかし、2016年3月31日付通知では、「都道府県又は市町村は、プライバシー保護及び保護者の意向に十分配慮した上で、原則として、検証委員会から提出された報告書を公表すること」とされており、保護者の意向によって、非公開とされているものもある。報告書自体を非公開とするのは、事故原因の究明や将来の事故の予防の観点から疑問がある。

3．中野区行政不服審査会

　前節では、板橋区における保育事故について述べたが、保育事故は、これから子どもを預け保育所を選ぶ保護者にとっても重要な問題だ。新設園にベテラン保育士が配置されず新人ばかりという状況も増えている中、新規開設園での

死亡事故は、もはや他人事ではないかもしれない。預ける側も、保育所ならどこでもよいというわけではない。保育所見学をしながら入園の希望を出すわけだが、「ここなら安心して預けられる」と思える保育所が少ない場合、行政の思うように何か所も希望を出せるものではない。ここで問題になるのが、希望の保育所に入れなかった場合だ。

　東京都中野区では、希望保育所への入所拒否処分後に、希望保育所を増やすように変更届を行った事例について不服申し立てがなされた。この事例について、審理員意見書では、「児童福祉法第24条第1項、第3項が求める利用調整を行う前提として、保護者は保育所の利用申込みにあたり、利用を希望する施設・事業を選択し、特定する必要がある。そうすると、保育を必要とする保護者は、制度上、保育の申込みをなすにあたり、利用する保育所を選択したうえ、保育所の利用を求める権利又は法的利益が保障されているものと解される」として、訴えの利益を認めて、実質的な審理を行った上で棄却の判断をしている。

　これに対して、中野区行政不服審査会（以下「審査会」という）の答申（2018年12月17日）※8では、「児福法第24条第1項は、市町村が保育所において保育しなければならないと規定しているのみであり、同条第3項が、市町村は保育所の利用について調整を行うと規定されていることからしても、保護者が希望する、より希望順位の高い保育所等において保育をしなければならないことまでを規定しているわけではなく、（審理員意見書にある）「保護者が選択した特定の保育所における保育を求める権利」までを保障したものとまでは解釈できない」「中野区では、保護者が保育所等の利用申込みをするにあたり、…保育所等利用申込書の入所・転園希望施設名欄に「希望施設は通える範囲で、希望順位を記入してください」との記載があるように、保護者が自らの生活環境等を考慮し、利用可能な施設を選択することを想定しており、記載したいずれかの施設について利用を希望する旨の意思表示をしたものであると解される。…したがって、認可保育事業である申込み保育所等のいずれかで、利用承諾処分を受けた時点で、利用調整対象に係る「保育を受ける権利」の保障は全うされ、審査請求の利益が失われるものと解される」と判断し、訴えの利益がないと判

※8　2018年2月5日の答申も、同様の事案について、同じ理由により、却下の答申がされている。

断し、実質的審理を行わず、却下の判断をしている。

　しかし、審査会の判断は適切とは言えない。各自治体は保護者が入所希望を出した保育所について、調整基準にしたがって「入所が可能であるか否か」を検討している。法令上の仕組みとしても、保護者の希望の有無は選考において前提となる条件となっており、保護者の希望は尊重すべきものと位置づけられている。

　希望順位が低い保育所に入所決定がなされたために、訴えの利益がなく却下であると判断されてしまうとすると、仮に、調整基準の適用の誤りによって算定した保育指数に誤りがあり、より高い希望順位の保育所に入所できた場合でも、行政不服審査会で調整基準の適用の適否について一切判断がなされないこととなる。行政不服審査法が「国民の権利利益の救済」とともに「行政の適正な運営の確保」も目的としていることを踏まえると、不合理な判断と言わざるを得ない。結果的に保護者が最も希望した保育所に入所できた場合を除いて、審査の機会が与えられないこととなり不当である。

　しかも、この事例では、希望保育所への入所拒否処分後に、変更届を出したというのであるから、変更届を出さなければ審査を受けられたことになり、二重に不当である。さらに、変更届によって追加された保育所はまだ建設途上であり、保護者が保育所を見ることが不可能であった。自分の子どもをどの保育所に入れるかは重要事項である。危ない保育所であっても入れればよいと考えている親はほとんどいない。自治体の担当者から、「最近はどこの保育所でないと嫌だとわがままを言う親もいて困るんです」という発言を聞いたことがあるが、とんでもないことである。審査会の答申は、これに等しい考えともいえ、親の気持ちをわからないばかりか保育とは何かを理解しないものである。

　第一順位として希望した保育所に入所できたときを除いて、不服審査や行政訴訟において、訴えの利益が存在すると考えるべきである。[※9]つまり、不服申立てにおいて特定の保育所における保育の提供の義務の存否も扱うべきであるから、却下裁決は許されず、行政不服審査会に諮問し、答申を受けた上で、認

※9　交告尚史（2004）は、さいたま地判平成14年12月4日の評釈において、他の保育所で保育を受けていたとしても、処分庁の選考が違法であったとすると、希望保育所への入所が認められる可能性があったとして、訴えの利益は観念できると述べている。「判例研究　保育園入園不承諾処分取消請求事件」『季刊教育法』142：91-。

容または棄却の裁決を行うべきである。先に、横浜市立保育園廃止条例最高裁判決でふれたが、同判決では、児童福祉法第24条にふれ、「その保育所の受入れ能力がある限り、希望どおりの入所を図らなければならないこととして、保護者の選択を制度上保障したものと解される」とされていた。中野区の審理員意見書及び審査会答申でも、同条の解釈が論点となっている。最高裁判決後に同条が改正されているので、その点について説明する。

　2012年成立の子ども・子育て関連法によって児童福祉法第24条は改正されたが、改正前の同法の第24条第1項に規定されていた「市町村は、…乳児、幼児又は児童の保育に欠けるところがある場合において、保護者から保育の申込みがあったときは、それらの児童を保育所において保育しなければならない」とされていたのが、最終的には、「市町村は、…乳児、幼児その他の児童について保育を必要とする場合において、…当該児童を保育所において保育しなければならない」と修正された。「最終的には」と述べたのは、当初の政府の法案では、「市町村は、…乳児、幼児その他の児童について保育を必要とする場合において、当該児童に必要な保育を、保育所、総合こども園若しくは…政令で定める基準に該当するもの（「保育に係る施設」という。）又は家庭的保育事業等により確保するための措置を講じなければならない」との規定であり、24条1項の市町村の保育実施義務を定めた規定が削除されていた。これに対して、多くの保育関係者の反対がまき起こり、3党修正により、保育所の利用児童に対する市町村の保育実施義務が再び挿入された。新制度のもとでも、保育所を利用する場合には、引き続き、市町村が保育実施義務を負い、利用者負担（保育料）の徴収も市町村が行う形となっている。

　また、政府は、利用調整の原則的な取り扱いとして「市町村は、施設・事業所ごとに当該申請者の指数と利用希望順位を踏まえ、施設・事業所ごとに申請者の指数が高い方から順に利用をあっせんすることとし、高い指数の順番からあっせんした上で、同じ指数であれば、利用希望順位を踏まえて利用をあっせんすることとする」（「児童福祉法に基づく保育所等の利用調整の取扱いについて」平成27年2月3日府政共生第98号・雇児発0203第3号）との通知を発出している。つまり、改正後の児童福祉法の仕組みにおいても、自治体は保護者が入所を希望する施設・事業所ごとに、保護者の利用希望順位を踏まえて利用調整してい

る。言い換えれば、利用調整においては、保護者の希望の有無は選考において前提となる条件となっていると言える。

　次に、中野区では、「希望保育所等への申込者が多く、利用可能な順位に達してないため」と記載された不承諾通知書について、審理員意見書では、「この記載では、審査請求人において、本件処分の正当性、妥当性をチェックのしようがない」として、行政手続法第8条違反を認め処分を取り消すとの意見であった。しかし、審査会答申（2017年9月14日）では、「もし理由付記の不備により本件処分を取り消した場合、同様の抽象的理由付記によって保留処分とした処分のすべてが違法で取り消されるべきものとなり、区規則により定めた本件利用調整基準に基づく区の利用調整の制度に混乱を生じさせることとなり、それは「公の利益」への著しい障害に該当すると解される」として、事情裁決（行服法第45条第3項）が相当であるとして棄却の答申を行った。しかし、裁決庁は、「行服法第45条3項を適用しなければならないものと認めることはできない」として処分取消しの認容裁決を行っている。

　審査会答申は、「公の利益に著しい障害を生ずる場合」にあたると評価するが、それ以上に公の利益に生じる「障害」にあたる事由の説明はない。行政が行う処分には、保育所入所保留処分に限らず、定型的で大量に行われる行政処分は多数存在しており、このような処分を理由付記違反で取り消すことを許さない審査会答申の立場は適切なものとはいえない。行服法が「行政の適正な運営の確保」を目的としていることからも、処分庁に理由付記のあり方の改善を速やかに促すためにも、処分を取り消す旨の認容裁決を行うべきである。他の自治体の行政不服審査会では、「理由付記違反で取り消す」答申が多く出されている。取消裁決を行った審理員意見書及び裁決庁の判断が適切である。

　上記の2つの事例についての審理員であった須田徹弁護士は、中野区行政不服審査会（委員は3名で構成）がこのような答申を行ったことについて、新法の特色である「公平性の向上」の観点及び行政不服審査の目的である「行政の適正な運営を確保」する点から、本来の役割を果たしていないと批判している。

※10　その後、理由付記に関する同様の事案についても、同じ理由により棄却の答申がなされている（2017年10月27日の2件の答申〔2017年2月15日審査請求事案と同年2月24日審査請求事案に対するもの〕）。

※11　筆者（幸田）が須田徹弁護士から聴取。

審査会が本来の役割を果たすためには、委員の人選が重要である。行政に適正な運営の確保を促すためには、審査会は、できるだけ審査請求人の主張に寄り添って審理することが求められるが、そうではなく、行政の立場に寄り添って審理するのでは、審査会としての役割を果たすことができないばかりでなく、行政の自己修正機能を弱体化させることにもなってしまう。中野区行政不服審査会の当時の会長であった兼子仁氏（東京都立大学名誉教授）は、大変見識の高い行政法学者として著名な方である。先の２事例ともに、兼子氏の考えは審理員意見書と同様の考えであったが、残りの委員２人（伊東健次弁護士と安井賢光（元）板橋区副区長）の意見が多数意見となったことで、先のような問題ある答申となったとのことである。大変残念なことであり、兼子仁氏の名誉のためにここで記すことにする。当時、筆者（幸田）の周辺では、中野区行政不服審査会の答申に対して、早稲田大学教授の人見剛氏をはじめとする相当数の行政法研究者の間で、「兼子氏の考えによるものとは思えない。不可解である」との声が多数出されていた。

4.　企業主導型保育の制度的欠陥

保育所を選ぶのは保護者だけではない。働く側の保育士もブラック保育園だと思えば、「一斉退職」も辞さない。

2020年３月には、広島市の株式会社ニックスが運営する保育所３カ所で保育士が一斉退職し、４月に休園状況に陥っている。報道によれば、食物アレルギーに対応していない、高齢者向けの食事が園児に提供されていた、などずさんな運営が改善されないことで保育士が退職に至ったとされる。休園したうち２園は企業主導型保育だった。

東京都世田谷区では、2018年４月に開園した企業主導型保育所「こどもの杜上北沢駅前保育園」が11月に入って突然、休園した。系列の「下高井戸駅前保育園」も他の事業者に切り替わり波紋を広げた。給与の未払い報道もされている。

内閣府が2019年４月に発表した検証結果では、2016年度・2017年度に助成決定した2079法人（2736施設）のうち、助成決定後の事業者が申請を取り下げたり、事業を取りやめたものが237法人（252施設）で約１割もあった。取消

しとなったのは、不正受給を行った有限会社心理教育相談室クローバー（秋田県）、運営実態が確認できず代表者とも連絡がとれなかったという株式会社CFO（沖縄県）の2社。そして、破産・民事再生法が3法人（10施設）にも上り、そもそもの審査体制も問題視された。

　問題はそれだけにとどまらなかった。合同会社ANELAは、施設整備費の助成申請で必要経費を水増し、利用児童等も水増しして助成金を不正受給したことが発覚。19年7月には、コンサルティング会社「WINカンパニー」が助成決定を得たかのように偽って金融機関から融資を受けたとして詐欺容疑で逮捕者が出るに至るなどの問題が起こった。

　企業主導型保育所には毎年、監査が行われるが、7～8割もの施設で問題が見つかった。幼児用のトイレを整備していない、食物アレルギーの対応を行っていない、保育計画を作成していないなど初歩的なことすらできていない状態。安倍晋三政権のかけ声のもと待機児童解消のために急ピッチで受け皿整備が行われ、その重要な役割を担う企業主導型保育所は、早い段階からそのずさんさが指摘されてきた。

　2016年度から始まった企業主導型保育は、企業から拠出される「事業主拠出金」で運営費が賄われている。内閣府が管轄となる政府肝煎りの待機児童対策に位置づけられ、企業が従業員に向けてつくる福利厚生の一環として従業員の働き方に応じた運営をすることが目的とされている。

　認可保育所などは市区町村が細かなニーズを予測しながら保育所を設置する計画を立て、時間をかけて事業者の選定・審査を行うが、企業主導型保育所の設置については市区町村に設置に関する権限はなく、内閣府から事業を委託された児童育成協会が審査や運営費用の給付を行っている。立入調査による指導・監査業務の実施主体は児童育成協会だが、業務の一部は株式会社パソナが受託した。かねてから企業が保育所を設置しやすくするように提言していたのが、政府の産業競争力会議（現・未来投資会議）であり、このメンバーの中に、パソナグループ取締役会長の竹中平蔵氏がいる[12]。なお、その後、指導監査については、株式会社パソナが行うことは取りやめとなった（2019年3月末日で、

※12　「パソナの利権『企業主導型保育園』」『選択』2018年5月号。

指導監査の委託契約は解消）。国の助成金詐取など問題が相次いだ企業主導型保育事業をめぐり、内閣府は2020年3月6日、申請の審査や助成金支給といった実務の委託先の再公募を行ったが、結局、これまでと同じ公益財団法人「児童育成協会」（東京）に委託することが決定されている。

　企業主導型保育は定員の半分まで地域枠として従業員以外の子どもも預かることができるため、待機児童対策の政府の目玉政策とされた。企業主導型保育は認可外保育所となるものの認可保育所並みの助成が受けられることが大きなメリットとなり、乗り出す事業者が急増した。

　企業主導型保育を広めるため、国は事業者の参入障壁を低くした。その1つが、内装工事など施設整備費の助成だ。通常、認可保育所を新規開設する時には事業者が工事費などをあらかじめ用意しなければならないが、企業主導型保育所は認可保育所と同水準の工事費用の4分の3が最初に交付される。スタート時、都市部で定員20人の施設を新設する場合は工事費用が1億円も受けられるケースもあり、施設整備費欲しさで「1億円が入る、おいしいビジネスだ」という事業者が紛れてしまった。また、企業主導型保育事業への参入に際しては、認可保育所の申請には必要な「会社が3年以上存続していること」という縛りもなく、参入が容易になっている。

　保育士不足の中、配置基準も実質緩和された。認可保育所であれば、0歳児は子ども3人に対して保育士1人（「3対1」）、1〜2歳児は「6対1」など年齢ごとに保育士の最低配置基準があるが、企業主導型保育は配置基準の100％が保育士の資格をもつ者でなくてもよい制度とされ、配置基準に占める保育士の割合が100％、75％、50％の3段階が認められ、それぞれに助成金の額に差がつく仕組みとなる。こうしたことから、「企業主導型保育は簡単に始められるおいしいビジネスだ」として、保育の理念などまるでない事業者が次々と参入したあげく、保育ニーズのない地域にも乱立してしまった。

　前述したように、東京都世田谷区で2018年11月に開園半年ほどで突然撤退した施設があった問題が波紋を広げ、翌月12月には所管する内閣府に「企業主導型保育事業の円滑な実施に向けた検討委員会」が設置された。2019年1月に初めて利用状況が内閣府から公表されると、開設から12か月目の定員充足率は全体で72.8％という低さであることがわかった。うち0〜2歳児は86.3％、

3歳以上は30.2％にとどまっていた。企業主導型保育に進出したはいいが、ニーズを取り込み切れず、結局は経営難に陥ってしまう。

　企業主導型保育事業は認可外施設であるから、児童福祉法第59条第1項の報告徴収及び立入調査の対象であり、本来は都道府県が監査をする必要がある。しかし、制度の発足当初は、児童育成協会による指導監査が予定されており、「企業主導型保育事業指導・監査実施要綱」（公益財団法人児童育成協会）も作成されていたが、基準が緩く、新設の審査が甘かったため、不祥事が多発したことは先に述べたとおりである。そして、都道府県が「児童福祉のために必要と認めれば」監査できるとはいっても、その必要性は情報がなければ判断のしようがない面もある。また、児童福祉法第59条の2による都道府県への届出はされるが、児童育成協会の監査が予定されている制度でもあることから、監査の件数は限られたものとなっている。このような欠陥だらけの企業主導型保育事業は、数年以内に認可保育所への移行を進め、制度としては廃止すべきである。

5．コロナ禍における小平市の対応

　経営のずさんさは、企業主導型保育にとどまらない。本来、親が一番安心して預けられる先であるはずの認可保育所で、保育士が辛酸をなめる思いをさせられている。

　新型コロナウイルスの感染拡大予防のため保育所は2020年4月中旬から5月にかけて「臨時休園」あるいは「強い自粛要請」が行われた。内閣府は、コロナ禍の中でも通常どおりの運営費を支給。登園する園児が少なくなる中、園児数に見合う保育士配置で済むようになると、休業した保育士に対する不適切な賃金カットが行われた。シフトをわざと外したり、休業しても賃金を満額補償せず法定ギリギリの6割に抑えて浮いた人件費で儲けようとする事業者の姿勢に失望した保育士は多かった。

　そうした事態を保育士が自治体の保育課にいくら相談しても指導を徹底してくれず、保育所を辞め「この自治体で子育てしても意味はない」と他の自治体に引っ越しした保育士まで現れた。東京都小平市のパート保育士が、園側から一方的に「4月19日から休んでください」と告げられていた。その際、4月19

日から5月6日までのパート保育士の休業補償は6割とされた。園長にかけあっても「コロナの影響で収入が減る」の一点張りで、給与カットについての明確な説明はなかった。納得いかず小平市の保育課に何度も相談して、自治体から園に注意を促してもらおうとした。

しかし市側は、園側からの「法人の努力の部分で配置基準以上に保育士を雇っているため、そこまで払えない」という言い分を鵜呑みにし、「園の努力でパートを雇っているということでは、休業補償を満額できなくてもやむを得ない」と言って、真摯に向き合おうとしてはくれなかったという。保育士らや市議会議員が何度も市に対して、市として各保育所に休業補償を満額支払うよう通知を出すことを求めたが、市はそれを無視し続けたため、内閣府が直接、小平市に連絡をとり、事業者に対して指導をするよう強く注意をするに至った。

コロナ禍の不当な休業補償のカットは筆者（小林）の第一報から1週間後の4月28日、内閣府が「コロナの影響を受けても運営費用は通常どおり給付するため、人件費も適切に対応するように」と、自治体に改めて周知を図った。そして5月29日には、厚生労働省も適正な給与の支払いと年次有給休暇を強制して取得させないよう呼び掛けた。それでも満額補償しない事業者が多かったため、6月17日に内閣府、厚生労働省、文部科学省が連名で「新型コロナウイルス感染症により保育所等が臨時休園等を行う場合の公定価格等の取扱いについて」を通知した。

同通知は、コロナの影響があっても運営費を通常どおり支給するため、職員の休業補償は労働基準法上の休業補償の6割以上にとどまることなく通常どおり支給するよう明記され、踏み込んだものとなっている。それと同時に、運営費が適正に使われているか、自治体に適切な「確認指導監査」を行うよう求めたのだった。この通知は非常に強いトーンの内容だったため保育業界内では「6・17通知」とも呼ばれた。

そもそも自治体には休業補償を通常どおり支給するよう指導できる権限があり、自治体は事業者に対して強く指導し、監査すべきだろう。監査で人件費分の使途を厳しくみて、個別に是正させなくてはならない。

自治体は「労働基準監督署に相談してみて」「労使の問題だ」「監査に入れば言えるが、監査でなければそれ以上は言えない」など、逃げ腰になりがちであ

る。ただ、コロナに関する休業補償に関しては、現場保育士から園や事業者が
きちんと補償してくれないと通報ないし相談があった場合、監査だけにとどま
らず、指導を徹底するべきだ。コロナ禍で露呈した、保育士をコストとみる事
業者の体質から、保育士が現場を去り始める中、質の担保が難しくなっていく。

6.　その他の不適切保育事例

　筆者（小林）は2013年頃から保育現場で虐待が行われるなど不適切な保育が
横行していることを問題視してルポしてきた。ここ数年、新聞やテレビなどで
も不適切な保育事件が頻繁に報道されるようになった。

　西日本新聞（2019年2月16日付）によれば、福岡市では認可保育所の「あか
つき保育園」で、保育士が園児に「ブタ」「ばか」など暴言を浴びせたり、押
し入れに閉じ込めたりする虐待が見つかり、社会福祉法人北斗会に改善勧告が
出された。2016年から2018年の間に、園児をトイレに連れて行かずに尿を漏
らすと叱る、長時間正座させる、壁をたたいて驚かせて笑う、口から出した給
食を押し込む、食べる早さが遅いと給食を減らすなど、13件の行為を不適切
と市が認定した。

　また、毎日新聞（2019年9月3日付）では、山口県下関市の認可保育所「新生
保育園」で、園長も体罰をしていたという臨時監査の結果が市から発表された
と報じている。しつけと称して園長が園児の手をたたいていたほか、園内で発
生した園児のけがの状況などの記録をまとめていなかった。

　このような事態を受け、厚生労働省は2020年度、保育所のなかで起きた園
児への暴言や暴力、放置などの虐待が疑われる「不適切保育」について初の実
態調査に乗り出すこととなった。

　虐待については、証拠が残されていない限り自治体の多くが指導にも監査に
も消極的だ。ある自治体の監査担当者も「通報を受けて現場に行っても、その
時に大抵の保育所ではよい顔をするため指導できない」と頭を悩ませる。特に
心理的虐待は「現認」していないとハードルが高くなる。子どもにけがやあざ
があったといって保護者が転園を希望しても保育課が柔軟に対応するかは、担
当者の判断に委ねられやすい。自治体の対応の良し悪しは、自治体の権限であ
る指導監査を積極的に行うかどうかと密接にかかわっている。

7. 自治体の保育行政への姿勢

　大前提となるのは、自治体の保育行政についての姿勢である。児童の健全な育成が図られることが第一に重要であり、そして、それを願っている保護者の声を踏まえることが何よりも優先されなければならない。行政の都合を優先することがあってはならない。

　そして重要なのは、自治体は自らの権限行使を積極的に行うことである。特に、積極的な指導監査が求められる。総務省行政評価局が2017年4月から2018年11月にかけて地方公共団体を調査した「子育て支援に関する行政評価・監視結果報告書」（2018年11月）によれば、年1回以上の保育施設等に対する児童福祉法に基づく実地監査が実施できているのは2割から3割程度にとどまっていることが明らかになっている。[13]

　このような実態を見ると、監査の実施率を上げることが第一に大事であるが、不正を見抜く目を持つベテランの職員の育成も大変重要である。園児数を偽って報告していた姫路市の私立認定こども園「わんずまざー保育園」の不正を明らかにしたのは、姫路市で長く監査に携わっていた岡本勝也氏（健康福祉局監査児童課長）が定期監査の際に、園との口頭でのやり取りに違和感を覚え何かおかしいと感じ、その後に抜き打ち監査を行い、定員外園児がいることを発見したのであった。[14]

　保育の質の確保という目的のためには、日常的に施設や事業者に関する情報を得ることが重要である。保育経験の豊かな元保育園長などによる巡回支援指導は効果的な1つの方法といえるだろう。先にふれた荒川区の事例は、参考になると思われる。

　また、保護者や地域の幅広い人たちからの情報、保育士など保育所職員からの内部通報などを「保育所等ホットライン」などの名称で電話による相談を受けつける取り組みは一部の自治体では行われているが、保育所の様々な問題を発見する契機として有効と考えられる。

※13　総務省行政評価局「子育て支援に関する行政評価・監視－保育施設等の安全対策を中心として－結果報告書」（2018年11月）：81。https://www.soumu.go.jp/main_content/000583885.pdf

※14　筆者（幸田）が2018年10月30日に姫路市を訪問し、ヒアリング。

　次に問われるのは、国が発出する通知への姿勢である。横浜方式は、まやかしの待機児童「ゼロ」によって、弊害の多い企業の参入を推進したものであるが、それを、国は、地方自治の理念に反する「横展開」という言葉で全国に広げ、全国的に多くの問題を発生させることになった。自治体は、国からの助言等に無自覚に従うのではなく、自らの地域の実態を踏まえるとともに、保育の質を確保する方向で判断すべきである。特に、国は、保育の質を置き去りにして、待機児童の解消を優先する姿勢が強い。2016（平成28）年4月7日に発出された厚生労働省通知[※15]は、保育の受け皿拡大のため、保育士配置や部屋面積の基準が手厚い自治体に国基準までの緩和を要請、20%超の定員オーバーでも補助金減額を猶予する期間を2年から5年に延長、保育士について短時間正社員制度の活用の推進などを内容とするものであったが、当初から保育士の負担増の懸念や見直しは危険であるとの自治体の意見が聞かれるとともに、基準緩和の通知は、「児童福祉施設の設備及び運営に関する基準（昭和23年厚生省令第63号）」第4条違反になるのではとの指摘もされていた。同条の規定は、次のとおりである。

（最低基準と児童福祉施設）
　第4条　児童福祉施設は、最低基準を超えて、常に、その設備及び運営を向
　　上させなければならない。
　2　最低基準を超えて、設備を有し、又は運営をしている児童福祉施設にお
　　いては、最低基準を理由として、その設備又は運営を低下させてはならない。

　保育士の配置基準の緩和要請については、通知から1年後の2017（平成29）年4月25日に、要請を受け入れた自治体がゼロだったことが判明している[※16]。この結果に対して、「厚労省の担当者は『自治体は保育の質が下がる懸念を抱

※15　厚生労働省雇用均等・児童家庭局長通知「待機児童解消に向けて緊急的に対応する施策について」（雇児発0407第2号）https://www8.cao.go.jp/shoushi/shinseido/administer/office/pdf/s49-2.pdf
※16　「受け入れ自治体　実はゼロ　保育士の配置基準緩和」（『朝日新聞』2017年4月26日付記事）。その後、緩和を実施している自治体があるが、国の通知が出されたことによって、保育の質が低下する方向に進むことは残念である。

いていることが、改めてわかった』としている」と報道されているが、自治体は保育の質の低下への保護者の懸念を十分に理解しているのに対して、国は保護者の声もわからずに待機児童「ゼロ」を進めていることが改めて明らかになったといえるだろう。いずれにしても、自治体は、国からの通知に対して、常に批判的な目をもちながら対処することが求められるといえる。

　また、自治体の最も重要な権限としての条例制定権も有効に行使すべきだろう。委託費が私立保育園に支出されているが、委託費の弾力運用通知によって、保育士に支払われるべき給与が他の経費に流用されている実態がある（第1部第2章を参照）。それ自体が問題であり、改善すべきであるが、委託費という公金がどこに使われているかを開示する条例を制定することは可能であり、それによって、当該保育園の実態を明らかにすることが可能となる。企業秘密という言葉で、保育の質や保育にかける事業費の開示に消極的な企業の隠蔽体質を許してはならない。これは、一例であるが、保育の質を確保するために条例制定権を積極的に行使することも検討すべきである。

　国は委託費の弾力運用の規制強化には消極的だ。そうした中、筆者（小林）は内閣府に対し、2019年の夏頃から公定価格の地域区分別の保育士の人件費の額を通知で示すことを提案している。通知に向けて動くことを期待したいが、たとえ国が通知で示さなかったとしても地域区分別の年収は機械的に計算できるため、自治体が自ら試算し、その金額を参考にした指導や監査を行うなど、自治体独自にできることは多いはずである。子どもの健全な育成を第一にした施策を実施するかどうか、自治体の真価が問われる。

※17　※16の朝日新聞記事。

第4部

パネルディスカッション

安心して子どもを預けられる保育所の実現
──子どもの立場から見た良き保育所とは

パネリスト
　　○ 小林 美希（こばやし みき）ジャーナリスト
　　○ 後藤 英一（ごとう えいいち）世田谷区（前）保育担当部保育課長
　　○ 寺町 東子（てらまち とうこ）弁護士・社会福祉士・保育士
　　○ 濱 和哲（はま かずあき）弁護士

コメンテーター
　　○ 普光院 亜紀（ふこういん あき）保育園を考える親の会代表

コーディネーター
　　○ 幸田 雅治（こうだ まさはる）神奈川大学法学部教授・弁護士

　幸田　パネルディスカッションを始めさせていただきます。最初に、自己紹介をお願いします。

　小林　労働経済ジャーナリストの小林美希です。小泉純一郎政権の頃に経済記者で、構造改革＝リストラの問題を追ううち労働問題そして保育や医療を追うようになりました。

　後藤　世田谷区保育担当部保育課長の後藤英一です。よろしくお願いします。

　濱　大阪弁護士会の濱和哲です。行政不服審査や行政訴訟、自治体法務にかかわる機会が多く、日弁連では行政訴訟センターの委員をしています。これまで「保育」という切り口で研究・検討をしたことはなかったのですが、「保育」をめぐる諸問題に関し、不服審査や行政訴訟をいかに活用すべきかという観点からコメントをさせていただければと思います。

　寺町　東京弁護士会の寺町東子です。20年ほど前から、保育施設での重大事故防止に取り組んできました。保護者の立場で民営化問題にもかかわりました。現在は、保育士のキャリアアップ研修の講師や、自治体の保育施設への巡回支援指導にもかかわっております。保育士と社会福祉士の資格も有しております。保育の質の観点からコメントさせていただきます。

1. 保育をめぐる昨今の課題状況

　幸田　本パネルディスカッションは、「安心して子どもを預けられる保育所の実現──子どもの立場から見た良き保育所とは」と題しており、保育所が子どもを安心して預けられる場でなければならないということを十分に踏まえ、より良き保育所のあり方を考えていきたいと思います。パネリストの方々から、様々な視点から、この問題についての視点を提供いただくとともに、今後の方向性について考えていきたいと思います。

　最初に、小林さんから、現在の保育所に関する実態や制度の問題点等についてのご意見をお願いします。

　小林　安倍晋三政権の下で急ピッチに保育所整備が進められてきた結果、保育所という箱に人材が追いつかず、保育の質が低下しています。それは、規制緩和による制度の問題も原因となっています。人件費を施設整備費などにも流用できる仕組みがあり、次々に保育所を展開する大手では人件費比率が低い傾

向があります。そのため新規開設された保育所は新人ばかり。経験の浅い保育士が子どもを統制するように怒鳴ったり、保育士の思うように動けない子を別室に閉じ込めるなど虐待まで起こっている。同様のことは、非正規雇用が半数を占める公立でも起こっています。保育士は常勤と非常勤で分断され、常勤はクラス担任、非常勤は補助で清掃ばかりというような保育の分断もあり、チームで子どもをみるという発想ではなくなりつつあります。（詳しくは、第1部第3章を参照）

　幸田　今、小林さんから保育の質が確保されていない昨今の状況についての問題が出されました。次に、寺町さん、日本の保育の質について、OECDにおける保育の質の考え方とも対比しながら、お考えをお聞かせください。

　寺町　「保育の質」という言葉は多義的ですが、最初に明確にしておかなければならないのは、子どもの命を守るための最低ラインとしての「保育の質」と、未来を担う子どもたちにどのように育ってほしいのか、そのためにより高い質を目指すための指標としての「保育の質」がある、ということです。

　たとえば、最低ラインとしての「保育の質」は、認可外保育施設指導監督基準のように、この基準を下回ったら、営業させない、事業停止命令、閉鎖命令をかけて排除していくべきラインです。「子ども・子育て支援新制度」の導入に伴い、小規模保育C型とか、家庭的保育などで、認可外保育施設指導監督基準を下回る保育事業も、制度の対象となりました。さらに、今回の「幼児教育の無償化」により5年間の経過措置として、認可外保育施設指導監督基準を下回る施設をも無償化の対象として、公金が投入されることになりました。もはや、命を守るための最低のラインが守られていないのが、日本の現状だと思います。

　これに対して、より高い質を求める「保育の質」としては、2018年4月から施行された保育所保育指針、幼保連携型認定こども園教育・保育要領、幼稚園教育要領から、小学校、中学校の学習指導要領まで、未来を担う子どもたちに「主体的で対話的な深い学び」を提供することとされています。これをどのような指標で評価するか、たとえば、イギリスでは、OFSTED（The "OFfice for STandards in EDucation"、教育基準監督局）が、領域をまたがっていくつ以上の遊びが提供されているか、子どもが自由に遊びを選ぶことができるか、保育士

が応答的にかかわっているか、など、子どもの主体性や対話性など、質の面もチェックして、Outstanding（素晴らしい）からInadequate（不十分）までの4段階で評価します。

これに対して、日本では、子どもの意思に関係なく、教諭側が選んだ活動を一斉に行う活動しか行われていなくても、「主体的な学び」に照らしてマイナスに評価されることはないわけです。むしろ、先生の指示に一斉に従うことができない子どもを、「発達障害ではないか」などとラベリングして排除する施設や学校も少なくありません。これらは、幼稚園の「子ども35対幼児教諭1」、保育園だと「4・5歳児30対保育士1」「3歳児20対保育士1」に見られるような、OECDでも断トツ最低の職員配置基準のもとで、「一斉保育しかできない」ということでもあります。「主体的で対話的な保育」を実践している園では、3歳以上の幼児クラスでも10〜15人に先生1人になるように職員を「加配」していますので、小林さんが指摘するような委託費の流用を行っている施設以外でも、保育士1人あたりの人件費が薄まる原因になっています。

保育の質の話をする場合には、子どもの命を守るために排除すべき最低ラインのことを述べているのか、より高い質の教育・保育を提供するための質の話をしているのか、明確にする必要があると思います。

幸田　小林さんと寺町さんの話をお聞きになって、濱さん、いかがでしょうか。

濱　保育所をめぐる多数の問題の根源は保育士の待遇改善、社会的地位の確保にあるように感じました。一定の質が確保された保育所に対し、保護者が安心して子どもを預けることができることの重要性を社会全体で認識し、それを制度として構築する必要性を再認識したところです。

2. 保育の質をどのように確保するか

（1）自治体の取り組み

幸田　保育の質のとらえ方、基準についての議論がありましたが、この保育の質を確保するための自治体の取り組みが大事になってきます。（保育の質については、第1部第2章を参照）まず、世田谷区の取り組みについて、後藤さんからポイントについてご紹介いただきたいと思います。

　後藤　それでは、世田谷区の3つの取り組みを簡単にお話しさせていただきます。1つ目は、職員の巡回支援相談です。これは、区立保育園元職員の先生や栄養士・看護師を中心としたチームを編成し、施設の巡回を行っているものです。施設の悩みについて一緒に考えたり、アドバイスをさせていただいています。（世田谷区の取り組みについては、第3部第1章を参照）

　2つ目は保育の質の向上のため「保育の質のガイドライン」というものを区のほうで独自につくっております。2015（平成27）年以降、株式会社など事業主体が多様化したこともあり、保護者の方々を含め、世田谷区の考えを理解していただくために策定いたしました。①子どもの権利、②職員に求められる資質、③保育環境、④保育内容、⑤安全管理、⑥保護者支援・地域の子育て支援、⑦運営体制の7項目について掲載しています。

　3つ目が「保育ネット」というものです。子どもの育ちについて共有し、質の向上を全体で目指していきましょうというものです。これは、認可、認可外などの施設種別を一切問わずに、5地域ごとに分かれ、自主的に集まっているものです。それぞれの施設の悩みなど、語り合ったり、研修会を行ったりしています。

　巡回支援相談では指導的な立場と、寄り添いながらアドバイスをする立場を明確にしていかなければならないところに難しさがあるかと思います。

　「保育の質のガイドライン」については、最初は文字数が多くて、みなさんに読んでいただけないという課題がありましたが、ガイドラインの内容を漫画にした「なるほど！せたがやのほいく」という冊子を2年前に作成し、普及に努めているところです。

　「保育ネット」は、施設数が増えれば増えるほど、有意義な活動につながっているという実感はありますが、運営や会場の確保、調整など難しさがあります。

　非常にざっくりですけれども、大きく3つについてお話しさせていただきました。私のほうからは以上です。

　幸田　後藤さんの話を聞いて、小林さん、いかがでしょうか。

　小林　自治体によってはまだまだ高齢者優先というところもある中で、子どもの権利を明確にうたうのは貴重です。保育を受ける機会、保育の質の担保・向上のベースには子どもの権利がある。子どもの処遇を守るために保育士の処

遇を守る。

2015年度の23区内の株式会社立の認可保育所で、園長を含む全体の人件費比率を見ると、区内で50％未満という保育所が半数以上というのが23区中16区もありました。その中で、世田谷区は5割未満はゼロだったのです。

　幸田　後藤さん、いかがですか。

　後藤　世田谷区では、運営費（区加算）の一般保育所対策事業加算の加算要件として前年度の経常収入に対する人件費の比率が50％以上という要件を設定している。毎年、財務状況の確認も行っている。このことにより、人件費比率に関しては園でかなり意識をしていただくことにつながっていると思います。

　幸田　寺町さん、世田谷区の取り組みをお聞きになって、いかがでしょうか。

　寺町　素晴らしいと思います。

地域での取り組みという意味で、15年ほど前に、私たちが文京区の保育園父母の会連合会として区と協議の場を持ち、区に働きかけた経験をご紹介します。公設民営の委託園での職員の定着率が低い（職員の入れ替わりが激しい）ことに対して、区から委託先に定着率を上げるよう要求することを求めました。その結果、委託先の某大手企業が、子会社をつくって正社員化を進めました。

　行政が、人件費比率についての要件を課したり、アウトプットとしての定着率を公表させたりすることで、事業者の意識は大きく変わると思います。行政のそのような動きを支えるのが、住民からの声だと思います。

　幸田　今、世田谷区の取り組みの紹介がありましたが、保育の質を確保する上で、自治体が特に留意すべき項目、観点としては、何が重要でしょうか。小林さん、いかがでしょうか。

　小林　各保育所がきちんと人件費をかけているかチェックすることが最重要課題です。自治体は「あくまで民間の給与。高いとも低いとも評価できない」と逃げがちですが、それをいいことに低賃金のままでは保育士が長く勤めて良い保育を実践しようという気持ちにはなれなくなります。適正な給与額かどうか、そこにアラートを鳴らすためにも、一定の人件費比率で線引きして補助をすることは有効だと思います。

　幸田　寺町さん、いかがでしょうか。

　寺町　保育の質を支える要素として何をあげるかは諸説ありますが、最もシ

ンプルな考え方は、「条件の質（大人と子どもの人数比、保育者の学歴・経験・訓練・研修など）」と、「労働環境の質（保育者の賃金、労働条件など）」が、「プロセスの質（子どもと保育者の相互作用、保育者の子どもへの態度など）」を支える、というものです（大宮勇雄『保育の質を高める——21世紀の保育観・保育条件・専門性』ひとなる書房、2006年）。

　この「条件の質」はまさに配置基準や設置基準など行政が定める基準であり、「労働環境の質」は行政が出す委託費を保育者に行きわたるように行政が事業者を縛るか否かにかかわるものです。行政が適切な基準を定め、その履行を確保させ、情報を公開していくことが、重要だと思います。

　幸田　世田谷区は、東京23区の中でも特に保育政策に熱心に取り組んでいる区ですが、自治体の取り組みが不十分な場合に、保護者や市民はどのような法的手段を取って、その是正を図ることができるのかについて、濱さん、いかがでしょうか。

　濱　他の自治体が、世田谷区がされているような先駆的・熱心な取り組みの詳細を把握されているとは限りませんので、まずは、他の自治体への積極的な情報提供・情報共有が必要かと思います。その上で、自治体に対し積極的な保育政策を求めることになろうかと思います。

　「政策の実現」という意味では、議員や議会を通じた運動論として進めていく必要があります。条例制定という方法論としては、自治体の規模によっては現実性が乏しい場合がありますが、保育の質を確保するため、自治体独自の条例制定もあり得ると思います。地方自治法上、有権者の50分の1以上の要件を満たせば、直接請求権を行使することができますので（地自法74条1項）、そういった手段も視野に入れて条例制定に向けた取り組みを行うことになろうかと思います。

（2）委託費の弾力運用の問題

　幸田　保育の質においては、保育士の処遇は大変重要です。先ほど、小林さんからも、保育士の給料に充てるべき委託費が流用されているという話がありました。国が保育士の処遇改善費を措置しても、委託費が流用されるとなるといわばバケツの底が抜けている状態になりますので、何のために処遇改善費を

措置しているのかわからないと思います。なぜ、このようなことがまかり通っているのでしょうか。後藤さん、どうしてなんですか。

後藤 日本全国で保育園を運営している法人もあり、勤務地によって給与に大きな差が出ないように調整している現状があります。区でも折にふれ区が交付している処遇改善費については、区内の保育園で働く保育士の処遇の向上に役立ててほしいというお願いをしています。制度的に許容されている実態があり、依頼しても強制力はなく、区としても課題として認識しているところです。区補助金の交付要件として人件費比率を厳しくしているのは、こうした課題認識からということもあります。

お話のとおり、保育士の処遇改善は現場の保育を担う職員の質を担保することにつながり、これまでお話ししてきた保育の質の維持向上に大きく寄与するものであると考えています。保育の質といえば少し話は変わりますが、待機児童解消に向けこの10年間で1万人近くの保育定員を拡大し施設整備を行ってきましたが、同時に保育の質の維持向上にも努めてきました。施設を整備する過程で保育現場の職員、保護者の方々からは、保育の質が落ちてまで施設整備を進めてほしくない、量と質は車の両輪で維持していってほしいとのご意見をいただくことが多いです。

幸田 流用をさせないようにするのは、流用の禁止措置をすることとお金の流れを明らかにすることが必要になると思いますが、小林さん、いかがでしょうか。

小林 もともと委託費は「人件費は人件費に」という使途制限がありました。ある程度の弾力運用は仕方ないとしても、人件費比率は一定の割合でラインを引いて、それ以下になったら個別に調査した上で、弾力運用を停止するとか補助を出さない、委託費を返還させるなど縛りをかけなければ、もはや法人の良心には期待できない状況です。国が法改正を伴わず、通知ひとつでどんどん規制緩和してきたという恐ろしい状況です。教員には人材確保法があり、一般の公務員より給与が高く設定されています。そうした法を保育士にもつくって処遇を担保する。法整備や通知を変えるには時間が必要かもしれませんが、東京都のように処遇改善を出す、それに対して誰でも見やすい財務諸表や人件費比率、モデル賃金を提出させて公表するというのは、すべての自治体でやるべき

で、やれることだと思います。

　幸田　委託費の弾力運用の通知については、地方自治の観点からも大きな問題があります。この通知は、委託費の運用に関するものですが、そもそも国が出す通知は、地方自治法で定められる「技術的な助言」に位置づけられるもので、法的拘束力はないのです。2000年の地方分権一括法の前までは、国の通知の多くは法的拘束力をもっていましたが、地方分権一括法施行後は、国から自治体への通知はすべて技術的助言にすぎなくなり、法的拘束力はなくなりました。国と自治体の関係に「法定主義の原則」が導入され、自治体の事務を国が法的に縛るためには法令の根拠が必要となったからです。委託費の弾力運用の通知には法的拘束力がないにもかかわらず、国は、自治体に「通知に従わなければならない」と思い込ませていた面があり、自治体はそれに従って保育の質をどんどん低下させているということにもなります。寺町さん、いかがでしょうか。

　寺町　国が出す通知が「技術的な助言」にすぎず、法的拘束力がないというのは、一般論としては、そのとおりです。

　他方で、保育所等の委託費も税金が支出元であるという点においては、補助金適正化法（補助金等に係る予算の執行の適正化に関する法律）の対象となる補助金と性質を共通にするはずです。補助金適正化法には「補助金等が国民から徴収された税金その他の貴重な財源でまかなわれるものであることに特に留意し、補助金等が法令及び予算で定めるところに従って公正かつ効率的に使用されるように努めなければならない」とあります。にもかかわらず、保育所の委託費に関しては、同法の適用外として、当該保育所を設置する法人の運営経費のみならず、当該法人が運営する他の社会福祉事業や介護保険事業に流用してよい、という、いわゆる「弾力化」を認めているのは、本当に大きな矛盾だと思います。

　幸田さんの地方分権に委ねる、という方向性とは逆の意見ですが、保育の質は、保育労働者の質によるところが大きいわけですから、国の税金から委託費の2分の1を支出している以上、委託費の算定基礎となる人件費は人件費として使用するという使途制限を、法律及び法律の委任による政省令で全国一律に定めるべきだと思います。

　幸田　私も、人件費は人件費として使用するという使途制限を法律及び法律に基づく政令で定めることに異存はありません。ただ、国がそのようなことを定めない中で、自治体が自らの権限で使途制限することができるということを言っているので、目指す方向は同じと思います。小林さん、いかがでしょうか。

　小林　自治体の保育課や監査部門の担当者からは「国の制度があるから指導できない」という声をよく聞きます。まさに、そう思い込んでいる、ということですよね。その意識から脱することができれば、人件費の流用をしすぎだと見ている自治体は多くあるので、指導していくことができるようになりますね。

　幸田　濱さん、委託費を本来の保育に使うようにするには、どのような法的方法があるでしょうか。

　濱　委託費の使途については、条例を制定して、使途の範囲を明確化することも可能と思います。また、委託費は、あくまでも自治体から交付される公金である以上、保育所における支払実態も明らかにされる必要があります。まずは、委託費が、実際に保育の直接経費に充当されなければならないと自治体が委託費の使途を限定することは第一に必要となると思います。その上で、それが守られていることを保育所から報告させることとし、仮にその実態がない場合には、加算費の返還を求めることになるかと思います。実務上は、翌月以降に支払う委託費や運営費と相殺処理することもあり得るでしょうし、それとは別に返還請求を行い、返還を求めることもあり得ます。自治体がこういった対応をすることで、委託費が適切に人件費や保育の直接経費の原資とされることが期待されます。

　幸田　濱さんがおっしゃるとおり、条例制定することも可能ですが、先ほど申し上げたように、委託費の弾力運用の通知そのものに法的根拠はなく、通知には拘束力はないので、条例を制定せずとも、自治体が自らより厳しく縛りをかけることも可能です。通知に示された使途範囲を超えて委託費を使うと補助金適正化法違反になりますが、使途の範囲内のルールを定めるのであれば、違反にはなりません。この問題は、これまで視野の外に置かれていた問題で、非常に重要な論点と思います。

　それと、先ほどの地方分権との関係について、もう少し申し上げたいと思います。昭和40年代の高度成長期に公害問題が発生し、自治体が住民の命や健

康を守らなければならないという中で、公害防止条例で国の規制基準よりも厳しい上乗せ規制や国が対象としていない施設を規制対象とする横出し規制を行い、住民の健康と命を守りました。この公害防止条例の上乗せ条例などの動きは、その後、公害国会と呼ばれた国会で公害対策基本法の中にあった「経済配慮条項」を削除する動きにつながりました。この経済配慮条項というのは、国民の健康と経済活動の両方を考慮するという書き方になっていました。国民の健康を害して経済活動を優先することはあり得ないことですが、この経済配慮条項によって、公害被害が拡大したといわれています。条例が先行し規制を厳しくし、その後に経済配慮条項を削除する法改正がされたわけです。

　保育に関しても、基本的に昨今の国の姿勢には信頼がおけないと私は思っていて、国が法律、政令で人件費の使途制限を定めるとなると、「委託費の算定基礎となる人件費の8割は人件費として使用する」といった規定をつくりかねないと思っています。その場合は、条例を制定する必要があることになると思いますが、自治体は、「委託費の算定基礎となる人件費の10割は人件費として使用する」という条例を定める必要が出てきます。つまり、国に期待しても、逆効果になる可能性が高いことも考えておく必要があります。

　また、濱さんが指摘された公金の透明性の観点は当然のことで、企業の保育所の場合、細かな財務内容を「企業秘密」だと言って開示しないケースがありますが、公金の流れを明らかにしないのは明らかにおかしいです。このことも自治体が条例をつくって情報を開示させることができると思います。保育の質を守り子どもをきちんと保育する責任が自治体にはありますので、国の考えに遠慮することなく、その責任を果たしてほしいと思います。

（3）保育士の配置基準

　幸田　次に、保育士の配置基準についてお聞きします。まず、寺町さん、いかがでしょうか。

　寺町　まず、命を守る基準として、1歳児の6対1というのは不十分ではないか、と推認させる研究データがあります（図表1）。突然の予期せぬ死亡（SUDI）の発生率が、0歳では日本全国平均より保育施設のほうがはるかに低い（保育園のほうが安全）のに対し、1・2歳児では日本全国平均を保育施設で

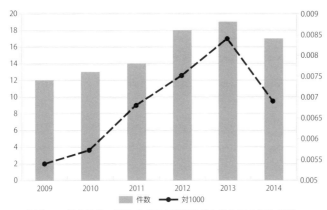

図表1　保育施設で発生する死亡事案件数と発生率の年次推移
発生件数を棒グラフで、発生率を折れ線で示す。
発生率は事案件数をその年次に在籍した保育園児数1000人に対する割合で示した。
（出所）小保内俊雅ほか（2017）「安全で安心な保育環境の構築に向けて」『日本小児科学会雑誌』121（7）：1224-1229

　の突然の予期せぬ死亡の発生率が上回ってしまっています。プロが預かっているはずの保育施設で、より高い確率で子どもの死亡が生じているのは、由々しき事態です。

　また、3歳以上児では、水の事故が比較的多いのですが、これを受けて、国は重大事故防止ガイドラインの中で、プール遊びの際には監視に専念する係を配置することを求めました。しかし、35対1、30対1では、監視に専念する人など置けないのです。子どもたちの安全を確保しつつ、様々な経験をさせてあげるためには、配置基準の見直しが必須です。

　大事なことは、保育士や保育教諭、幼稚園教諭の配置基準を、抜本的に見直すことです。そのことによって、子どもの主体性を尊重し、受容的・応答的・対話的にかかわることが可能になりますし、給与に比して、仕事がきつすぎる、という保育士の離職理由を解消することも可能になります。

　幸田　国の保育士配置基準を緩和することを可能とする通知が2016年に出されましたが、世田谷区の対応はいかがでしたか。

　後藤　世田谷区では、通知による緩和は行わず、世田谷区保育の質ガイドラインで示すように、子どもの視点での保育環境の整備を行い、保育の質の確保・向上をしていけるよう、国の基準よりも厳しい配置基準を堅持し続けています。

幸田　小林さん、いかがでしょうか。

小林　実は、厚生労働省は2012（平成24）年の段階で、国として保育士の配置を引き上げようと具体的に計画を立てています。現在の1歳児子ども6人に保育士1人の「6対1」を「5対1」へ、4～5歳児の「30対1」を「25対1」へ。最初から基準を引き上げるのが難しくても加算していこうと。それに必要な予算が約1300億円。消費税以外の財源確保が条件となっていますが、財源の目途が立っていない。良識ある官僚はみな、配置を増やしたいと思っています。無償化に7800億円も出して、なぜ、疲弊する保育士の負担軽減のための1300億円を出せないのか。

幸田　本当にひどい状態ですね。国の通知に従って緩和した自治体もあるようですが、自治体は国のほうを向くのではなく、子どもの成長を第一に考えてほしいと思います。国の通知に従ったところは、早く、元に戻してほしいと思います。

3.　保育の質の評価

（1）保育所に関する情報の提供、開示

幸田　次に、保育の質を誰がどのように評価するのかという問題ですが、まず、保育園に関する情報を保護者に適切に提供することが大事ではないかと思います。この点について、世田谷区では、いかがでしょうか。

後藤　保育の質に関する情報提供としては、「第三者評価」があります。3年に1回の受審に取り組むことを推奨し、情報の提供に努めています。評価の中の保護者アンケートの項目には、毎年、内容について検討し、区として追加したほうがいいものを加えたりしています。

また、区で『世田谷区の保育施設』という冊子を作成し園の現況について情報を提供しています。また、日々、相談を電話、メールでいただくことも多いので、その際には、保護者と園の間の橋渡し役を担うこともあります。

幸田　第三者評価については、そもそもの制度的仕組みに問題がある、つまり、第三者評価の経費を保育所が負担し、都合の良いところに委託するので客観的な評価になっていないという意見もよく聞きます。第三者評価について、それと情報提供全般について、寺町さん、いかがでしょうか。

　寺町　手始めに、都道府県による監査結果や、立入調査結果を、ありのままにすべて公表することが重要だと思います。東京都は、「蒲田子供の家」での死亡事故の検証委員会の提言を受けて、過去の指摘事項と、それを受けて改善した経過なども開示するようになりました。しかし、そのほかの自治体では、立入調査でもともと基準を満たしていて指摘がなかった場合も、指摘を受けて改善した場合も、公開されている情報では「基準を満たしている」で同じように見えるなど、非常に問題のある公表方法になっています。

　また、開示している項目も、職員の経験年数の分布や、定着率、スポーツ振興センターの災害共済給付制度に加入しているのか、民間保険しか加入していないのか、など、質にかかわる情報がチェックされておらず、公開もされていない、という問題もあります。

　第三者評価は、第三者といっても保育園が依頼したコンサルタントであるということ、プラスの面を伸ばしていくための評価です。行政がチェックする、子どもの命を守るために下回ったら排除していく最低基準を満たしているか、というものとは性質が異なります。

　幸田　小林さん、いかがでしょうか。

　小林　第三者評価は、保育園がお客様になってしまっている問題があります。第三者評価が良くても、事故が起こっている保育園もあります。利用者アンケートを保育園が回収しているケースもあり、都合の悪いものを抜いている可能性もあるので限界があります。

　第三者評価や各種のアンケート結果、苦情などが園にとって都合の悪いことだと、それを知られたくなくて園内での掲示が1週間程度ということもあれば、いつでも見られるよう年間を通じて掲示している園もある。東京都はキャリアアップ補助を受けている保育施設に翌年度末まで財務諸表の公表を義務づけ、していなければ補助金返還というルールがあるので、そのくらい徹底したほうがいいと思います。

　幸田　この点、後藤さん、いかがでしょうか。今、後藤さんから、保護者が直接かかわれる「第三者評価」というお話があり、世田谷区では、第三者評価の内容検討会をしているということも聞きました。このあたりを説明していただけませんか。それと、併せて、今の寺町さん、小林さんの意見へのコメント

もお願いします。

　後藤　まず、第三者評価を導入するにあたっては、世田谷らしい評価の内容検討を、区内の烏山地域の様々な保育施設代表者の集まりで行いました。この集まりが保育ネットの始まりになったようです。その後も毎年、世田谷区保育の質のガイドラインを踏まえ、保護者アンケートに独自項目を加えるなど検討を継続しています。評価自体、ある程度、園の傾向はつかめるものにはなっているとは思いますが、確かに客観性の面では課題があると感じています。特に、世田谷区において保育施設が増える中では、今後、施設の状況を客観的に保護者が判断できる情報をどのように開示していくのかは大きな課題だと認識しています。

　幸田　情報開示について、保育所を考える親の会の普光院亜紀さんは、国が示しているものでは不十分で、保護者が知りたい情報をきちんと提供するようにすべきと主張しておられ、情報開示の項目の案を提案されています。寺町さん、いかがでしょうか。経営に関する情報と保育内容に関する情報に分けて、ご意見をいただきたいと思います。

　寺町　経営に関する情報としては、他の事業に流用しているのか否か、その金額、というのは公表されるべきでしょう。また、経費の最大費目である人件費に関しては、経営者の同族に対する給与と、同族以外の者に対する給与を分けて公表するとか、看護師がいるのか、常勤か非常勤か、常勤職員と非常勤職員の人数比、待遇の格差などが公表されるべきでしょう。定着率（離職率）や常勤・非常勤比率、職員の勤続年数分布などは、有料老人ホームでは検索サイトで見られますから、子どもの施設でも、比較材料として公表されるべきだと思います。

　保育内容に関しても、保育士の配置が、国基準ギリギリなのか、加配しているのか、保育室のレイアウトや、おもちゃ・絵本などの保育道具がどのように配置されているのか、安全に関してどのような配慮を行っているのか、実際に30日以上の治療を要するけががどの程度生じているのか、特別な支援を要するお子さんの受け入れ状況、どのような配慮が受けられるのか、など、開示してほしいです。開示されることによって、保護者も、「保育の質」についての考え方が深まると思います。

　幸田　世田谷区では、この保育所からの情報開示の項目については、どのよ

うに考えておられますか。区としての情報提供については、いかがですか。

　後藤　情報提供として、まず第三者評価の結果は東京都作成のWebページ、それ以外でも公立保育園は、第三者評価を受審しない年は「利用者アンケート」を実施し、結果をホームページで公表しています。事故情報等、基本のところに加え、日頃行っている保護者とのやり取りも参考にしながら、保護者の方々は、どんな情報がほしいのか、検討していく必要があると考えています。また、世田谷区は「世田谷保育親の会」があり、保護者代表の方々と年に2回情報交換も行っています。

　幸田　第三者評価がずさんだったり、保護者への情報提供が不十分だったりしたときに、取れる法定手段としては、どのようなものがあるでしょうか。濱さん、いかがでしょうか。

　濱　第三者評価がずさんであった場合の法的対応ですが、第三者評価は保育所と評価機関との契約に基づき実施されたものと理解されますので、保護者の立場から、ずさんな評価内容をやり直させるとか訂正を求めることを法的に実現することは難しいかと思います。これは、法的に実現を求めるというよりは、第三者評価の不十分性を批判する意見を高めることで、適切な第三者評価のあり方を実現していくべき問題だろうと考えます。

　他方、各保育園の情報開示が不十分であるという場合については、自治体への情報公開請求ができるかとなると、公立を除く保育園は情報公開請求の対象にはなりません。第三者評価の過程における議事録や、各保育園に関する情報等について、相当の情報を提供するように自治体自身が取り組む必要があると考えます。地道な取り組みかもしれませんが、不開示とされた場合でもそれを法的に争うことは可能ですし、そういった開示請求・不開示に対する不服申立てがなされた結果、自治体自らが情報提供を積極的に行うようになってきたという大きな傾向はあるのだろうと思います。自治体としては、情報公開請求があった場合には開示対象となる情報であれば、むしろ積極的に保護者等に対し情報提供する取り組みが求められます。

（2）保育所への親の参画

　幸田　日本総研の池本美香さんは、親の参画を推進すべきと主張されていま

す（詳しくは第2部第3章を参照）。この点について、小林さん、いかがでしょうか。

　小林　先進的な保育所は、保育園の経営や保育士の待遇についても保護者が話し合いに参加して意見を出しています。対立しがちに見える園と保護者の関係ですが、両者が参画することで理解が深まり、本当に必要な保育や支援が何か一緒につくり上げることができると思います。保育園側がただ親をクレーマーとしてしか見ていないと、保護者同士が園に都合の悪い情報交換することを嫌って、保護者を分断させている傾向があります。廊下に日誌を掲示しない、お迎えに来たらさっさと帰れと言って保護者や子ども同士を遊ばせない、連絡は携帯アプリ。父母会の廃止。すべて、保護者負担の軽減とか家庭の時間を大切にともっともらしいことを言って分断する。そして園で事故や虐待があっても嘘をつける状態になっていく。小さなことでも正直に気軽に話せる環境を作るためにも、親の参画は必要不可欠だと思います。

　幸田　寺町さん、いかがでしょうか。

　寺町　保護者に開かれている、ということや、同じ時・場所で子育てをする保護者同士を結びつけていくことは、大切だと思います。

　他方で、保護者が過度に競争的な早期教育に走っていたり、「自分だけ」「自分の子どもだけ」という思いが先に立つ人もいたり、日本社会全体が効率性や成果主義に傾斜している中で、教育虐待的な保護者に対して、子どもが育つためのゆっくりとした時間の流れを守ってあげる必要も感じています。そういった未就学児の育ちについて保護者の理解を促すことも含めて、保護者を巻き込む必要性を感じます。

　幸田　後藤さん、いかがでしょうか。

　後藤　内容のレベル感が違う気もしますが、区の例としては「保育の質ガイドライン」策定委員会に保護者の代表に参加いただいたことや、先ほどの保育親の会との懇談があげられます。保護者・事業者・地域・行政が保育理念、方針等を共有し、みなさんで保育の質の維持・向上を目指していけるように取り組むこと、「子どもを中心とした保育」を保護者とともに実施していくためには、様々な保育の取り組みに保護者の参加や参画を推進することが、とても大切と考えます。

　幸田　ここまでの議論をお聞きになって、普光院さん、コメントをいただけ

ますか。

　普光院　保育士のありようは子どもにとって最大の環境であり、保育の質の根幹をなすものです。人材不足で、その水準の低下も懸念されています。本来人気職業である保育士であるのに、これだけ不足するのは施策の失敗だと思っています。意欲・能力のある人材が保育士を目指し、現場に入ってくれるようにするために、処遇改善、特に保育単価における保育士の基本給のところをもっと改善し、それが保育士に届くように事業者の監督・情報公開を徹底し、配置基準も上げていくことが不可欠です。保育や教育を公的な制度で行わなければならない必要性はまさにこの部分にあるので、制度がしっかり担保する必要があります。

4. 監査・指導の仕組みと課題

　幸田　保育所が子どもに対して本来の保育をしているかどうかを自治体が監査・指導することは、きわめて重要です。普光院さん、いかがでしょうか。

　普光院　1つ事例を紹介したいと思います。保育園を考える親の会への相談によれば、横浜市在住の保護者は、2014年に第一子を出産し、0歳11か月で育児休業から復職する時に、認可保育園に入ることができませんでした。そして、子どもを新設された認可外保育施設に入園させることになりました。通わせるうちに、次のようなことが気になるようになりました。「持参している紙おむつの枚数の減り方が少ない。着替えもあまりしてくれない。子どもの様子がおかしい。帰宅後、親と目を合わせず、10分ぐらい経過して、ようやく笑顔が出るようになる」などです。

　保護者は区役所に行き、認可外保育施設が異常であることを訴え、認可保育所への転園を希望しました。そこで約3か月を過ごし、ようやく公立保育所に転園することができました。そこで、保護者は公立保育所の保育のやり方が、問題の認可外保育施設とまったく違うことに驚いたといいます。しかも、転園後、子どもは見違えるように元気になったということです。

　さらに、問題の認可外施設で働いていた保育士と、保護者同士として、その公立園で再会しました。在園時に知らなかった施設の内情について、保育者の数が基準を満たしておらず、職員が姉妹園を行き来する状態だったこと、施設

は掃除がほとんどされておらず、とても不潔だったことなどなど、様々なことを聞かされました。

　保護者は再度、区役所に行き、問題の認可外保育施設を指導するように訴えましたが、区役所は「文書で提出されている保育士配置等の基準は満たしているため、指導することはできない」と回答しました。横浜市は政令市であり、認可外保育施設の指導監督権限も有していますが、区役所はこの施設の指導に積極的ではありませんでした。立入調査について保護者が聞いたところ、事前通知をして訪問しているということでした。

　幸田　自治体が適切に指導などの対応をしないと、大きな事故につながりかねないですね。寺町さん、いかがでしょうか。

　寺町　①都市部を中心に実施率が低い自治体があること。保育行政は性善説にすぎます。誰からもチェックが入らなければ、易きに流れるのは必然です。特に、護送船団方式から規制緩和の連続で、民間参入が進んでおり、社会福祉法人以上にばらつきが大きくなっています。チェック機構の整備は車の両輪です。都市部でありながら、実施率100％の埼玉県は、県条例で指導監督権限を市町村に移管しています。現場に近いところに権限を委譲することは有効だと思います。

　②実施方法について抜き打ちを行う自治体が少ないこと。重大事故が起こったさいたま市や川口市では抜き打ち立入調査を実施しています。「抜き打ちでいきますよ」と広く知らせることでアナウンス効果が生じて、さいたま市では初年度は41％の施設で基準違反の指摘事項があったが、3年後には15％まで下がったという成果が出ています。私が巡回支援指導のお手伝いをしている千代田区でも、常に予告なしで巡回支援指導に回っています。緊張感をもちつつ、普段着の保育を見て助言する中で、施設職員の悩みを聞く場面もあり、抜き打ちだから関係性が壊れるとはいえないと感じています。

　幸田　私がヒアリングにうかがった姫路市は、「わんずまざー保育園」が園児数を偽っていたという悪質な事例ですが、抜き打ち検査で発覚しました。監査については、世田谷区ではどのように取り組んでおられますか。

　後藤　区では現在、認可保育所に対し、子ども・子育て支援法に基づく指導検査を行い、家庭的保育事業や小規模保育事業に対しては、児童福祉法及び子

ども・子育て支援法に基づく指導検査を行っています。2018（平成30）年度は、認可保育所等の特定教育・保育施設30件、家庭的保育事業等特定地域型保育事業9件の指導検査を行いました。現在、保育室、保育ママ以外の認可外保育施設については、2019（令和元）年度までは、東京都が立入調査を行っており、実施率としては全体の約2割となっています。

これとは別に、東京都では1年に1回すべての認可外保育施設に対して巡回支援指導を実施しており、保育サービスの質の向上を図っています。区では、立入調査及び巡回支援指導についても同行立ち会いをして、施設状況の把握に努めているところですが、2020（令和2）年度からは、認可外保育施設の指導権限は区に移管されました。今後は、東京都よりも機動的に指導できるようになると考えています。

区が行う抜き打ち検査は2018（平成30）年度はなしで過去に数回程度です。区に提出された書類、区民等からの通報、苦情又は相談等により、重大な法令・基準等の違反、不適切なサービスの提供の疑いがある場合に実施しています。

幸田　以上、お聞きになって、小林さん、いかがでしょうか。

小林　保育園を増やしている分、監査の人員も増やさないと回りきれない。国が監査人員の予算を自治体につけていく必要があります。

幸田　自治体の監査、指導が不十分な場合に、それを是正する法定手段としては、どのようなものがあるでしょうか。濱さん、いかがでしょうか。

濱　実際の例としては聞いたことがないのですが、保育所の利用者（保護者）が自治体に対し、保育所への監査や指導を求める方法として、行政手続法36条の3を活用することはあり得るところです。行手法36条の3は2014（平成26）年改正で追加された条文ですが、何人も法令に違反する事実がある場合において、行政機関に対し行政指導をすべきことを求めることができる旨を定めています。行政機関に対し保育所への処分を求めるということであれば、行訴法上の義務づけ訴訟の活用という議論になりますが、あくまでも指導を求めるという場合は、行手法36条の3を活用することができます。

具体的には、自治体等の指導権限を有する機関に対し、保育所における法令違反等の事実を指摘して、適切な指導を行うことを求める書面を提出するということになります。行手法36条の3第3項は、1項の申し出があった場合は必

要な調査を行うとありますので、積極的に活用してよい制度だと考えています。

　幸田　次に、昨今不祥事が続出している企業主導型保育事業についておうかがいしたいと思います。小林さん、どのような実態なのでしょうか。（企業主導型保育所については、第3部第2章を参照）

　小林　そもそも安倍首相（当時）の目標である「待機児童ゼロ」の実現のためにできた制度で、官邸を向いているのが間違い。だから、なんとしてでも企業にどんどん保育所をつくってもらいたいから、なんでもあり。保育士の配置が有資格者が5割でもいい。工事費用も、本来は設置者が自己負担分の費用を貯金したり借金したりして用意するのに、最初にどーんと最大で1億円も出してしまう。審査はずさんなため、反社会的勢力が関与できる隙もある。自治体が設置に関する権限をもたないので、企業が自由に設置でき、需要がなくて定員割れして結果、撤退。助成を決定した1割が運営に至らなかったという大問題が起きています。

　幸田　世田谷区内には、企業主導型保育所はいくつあって、それに対して区として、どのような対応をされていますか。

　後藤　世田谷区内には、2020（令和2）年4月1日現在で企業内保育施設は32施設あります。企業主導型保育施設は、待機児童対策に一定の効果があるものの、制度上の課題と今後の指導・支援に向けた区としての課題があると思います。

　2018（平成30）年度、保育士の一斉退職に伴い事業継続が困難になる、職員の不足により経営が困難になるなど複数の園で問題が起こり、施設を利用されている保護者からの問い合わせや相談、緊急的に児童を預かれる場所の確保という作業に追われたことを受け、区は内閣府に対し保育の質や自治体との連携の確保といった見直しを強く求めたところです。国が設置した検討委員会が2019年3月に改善に向けた報告をまとめ、公表されました。今後は、国による諸課題の改善による制度の見直しの行方を注視していきたいと思います。

　幸田　世田谷区は、2019年11月に国に対して、企業主導型保育事業に関する要望書を提出されています。自治体の関与の強化、審査方法の見直し、検証にあたっての自治体との意見交換の場の設定などです。この要望についての国の考えを受けて、後藤さん、いかがでしょうか。

　後藤　設置の際の自治体の関与が認められなかったのは残念です。それ以外については、今後、実効性がどこまであるか注視していきたいと思います。

　幸田　企業主導型保育所に対して、自治体として、保護者として、どのような法的手段が取れますでしょうか。濱さん、いかがでしょうか。

　濱　企業主導型保育に関しても、自治体には報告の徴収権限や指導、勧告の権限、立入調査の権限がありますので、そういった権限の発動を求めることで保育所の適切な運営を確保していくことを考えるのだと思います。適切な指導を求めるという場合は、先ほど述べました行手法36条の3は有効に活用できると思います。

　幸田　監査指導のあり方、企業主導型保育事業の問題について、普光院さん、いかがでしょうか。

　普光院　監査の仕組みや実際の監査のやり方については改善の余地があると思いますが、東京都のように実施率が低いところはしっかりやってほしいし、できないなら基礎自治体に委ねたほうがうまくいく場合もあるのではないでしょうか。私が特にお願いしたいのは、保護者や内部の方からの苦情や通報があった場合は、抜き打ち調査を行うようなアンテナの高さと機動性を備えていただくこと。企業主導型は現在見直しがかかっていて指導監査も模索中ですが、自治体が担うしかないのではないでしょうか。

5. 保育の無償化について

　幸田　2019年5月10日、幼児教育や保育を無償化する改正子ども・子育て支援法が可決・成立し、同年10月から保育の無償化が始まりました。この問題は、国の提案に対して、全国市長会が反発したという経緯もありました。後藤さん、その経緯と世田谷区のご意見をお聞かせいただけますか。（幼保無償化については、第2部第2章を参照）

　後藤　全国市長会の反発の件については、地方行政に係る政策立案にあたっては、地方の意見を十分踏まえ、地方分権の趣旨に基づき、施策を決定すべきという立場から市長会が異論を唱え、関係省庁や国会議員に対し、財源についての地方負担が発生しないよう主張をしていただきました。その後2度にわたる国との協議の場や内閣府特命担当大臣との個別協議、財務大臣への要請をし

ていった結果、財源負担割合の見直し、初年度分は国が全額負担、2年目まで
は事務費についても国が全額負担するなどが示されました。

　しかしながら、自治体の財政負担、事務負担は相当なものであり、保育の質
の観点からも、自治体が果たす役割は重大であると認識しています。

　幸田　この問題について、寺町さん、いかがですか。

　寺町　基準を満たさない認可外も対象としたことが大問題です。経過措置期
間に、改善命令・公表・事業停止命令・閉鎖命令を自治体はかけられるのか、
法的には別物として権限行使すべきですが、事実上、伝家の宝刀が抜けなくな
るのではないかと心配です。

　無償化の範囲の問題で、給食費の実費徴収を施設が行うことになりますが、
保育所は、虐待の恐れがある保護者に受容的にかかわりながら、子どもへの適
切なかかわりを促していく役割を担っているのに、債権者として給食費を滞納
する保護者に法的に強く当たれば、ケースワークができなくなります。ケース
ワークを優先すれば、保育所が未収金を被ることになり財政が圧迫されます。
非常に問題です。

　幸田　2017年12月のNHKの番組「時事公論」では、認可保育所などはす
でに所得に応じた負担に設定されていて、無償化は高所得の人ほど恩恵を受け
ることになること、政策の優先順位がこれでよいのかなどと疑問を呈していま
した。小林さん、いかがでしょうか。

　小林　消費税なので税財源が違うと官僚は言い訳をしますが、無償化に多額
の財源が投入されることには変わりありません。当然、財務省は保育にこれ以
上の財源を充てられないと考えるため、削られる予算まで出てくる可能性があ
ります。配置基準の引き上げは絶望的になり、むしろ経済界の要望どおり規制
緩和されるかもしれない危険があります。処遇改善はもちろんトーンダウンし、
今後、大幅に改善することは難しくなるでしょう。地方自治体では、消費税の
増税分が自動的に無償化にもっていかれてしまうのですから、他の弱者支援が
停滞していくことが懸念されます。結果、自治体ごとの保育格差も拡大してし
まう。

　無償化に7800億円使うなら、1300億円で実現できる保育士の配置基準を引
き上げるべき。基準の緩い保育施設を段階的に認可並みにしていくために予算

を投じたほうがいい。

　幸田　おっしゃるとおりだと思います。先ほど普光院さんが、横浜市のひどい例をあげていましたけれども、2019年3月30日の『朝日新聞』で、無償化について自治体が対象拡大に懸念を強めるという記事がありました。アンケートで無償化について75自治体に尋ねたところ、ほとんどの自治体がやはり懸念があると答えていたわけですが、懸念がないと答えていたのが、認可外保育所がゼロである千葉県印西市を除けば、横浜市のみでした。まったくあきれます。先ほど横浜市の事例が出てきたので、この記事を紹介させていただきます。（関連して、横浜方式については、第3部第2章を参照）

　貧しい家庭はすでに幼児教育は無償になっている中で、無償化は、貧困対策にはならないと思いますが、寺町さん、いかがでしょうか。

　寺町　貧困対策どころか、保育所はもともと応能負担ですから、高所得者ほど無償化の恩恵を受ける一方、待機児対策や保育士配置基準の改善など、低所得者層により恩恵の大きい施策が後回しにされていますから、格差を拡大する施策と言わざるを得ません。子ども関連予算を抜本的に増やすのであれば無償化も結構ですが、パイを増やさないのであれば、大問題です。

　幸田　おっしゃるとおりと思います。無償化することで他の子ども関連予算にしわ寄せがいくのでは本末転倒ですし、より優先度の高い施策がある中で、幼保無償化という響きの良いスローガンありきで、あたかも良いことであるかのように国民を誤解させるやり方自体がおかしいと思います。それに、先ほど、後藤さんが言われたように、国が一方的に決めておいて負担は地方に押しつけるという国の提案は、地方自治をないがしろにするものです。それが初年度だけ国が負担しますとなっても、その基本は変わっていないと思いますが、後藤さん、いかがでしょうか。

　後藤　もとは同じ税金であるということではありますが、自治体経営の観点からあるべき適正な財源負担について、また、保育の質の確保の観点からは、現場を担う自治体として引き続き声を上げていくことが大事と考えています。

　幸田　認可外施設についても5年間の猶予措置を設けて質の条件なく無償化することになっていました。これは明らかに質の低下を招く措置と言わざるを得ません。その後、質の低下を懸念する地方との話し合いで、市町村が職員配

置等に関する基準を設け、無償化の対象施設から外すことができることになりました。この対応については、世田谷区はいかがでしょうか。

　　後藤　世田谷区においては、子どもの安全・安心が保障され、「子どもを中心とした保育」が区内の保育施設で実践されるよう、区が目指す「保育の質」を確保するため、指導監督基準を満たす施設に無償化の対象を限定するための条例の制定を検討しています。ただし、指導監督基準を満たしていない認可外保育施設の利用者の中には、認可保育所等の申し込みをしたものの入園できずに施設を利用している方が一定程度見込まれるため、指導監督基準を満たしていない施設についても、条例が施行されるまでの間、経過措置として無償化の対象としています。

　　条例制定までの対応としては、指導監督基準を満たしていない施設の利用状況や保育の質の確保状況等の実態把握を行い、無償化の対象範囲を「指導監督基準を満たす認可外保育施設」とする条例を制定する予定です。

　　また、条例制定までの間は、指導監督基準を満たしていない施設に対して指導監督基準を満たすよう支援・指導し、改善を求めていきます。

　　幸田　認可外施設のことが出てきましたが、もともと認可外施設の基準違反が４割超であるという厚生労働省の発表が2019年６月にありましたし、保育事故が多く発生している中で、相当問題がある状況です。認可外施設の認可への移行については、世田谷区はどのような状況でしょうか。

　　後藤　認可外保育施設の認可保育所等への移行については、2019年８月現在、予定も含めて認証保育所からの移行は19施設、区独自事業の保育室は12施設が移行しています。ベビーホテルなどの認可外保育施設は、４施設が認可への移行を希望していましたが、指導監督基準を満たしていないなどの理由で、実際には２施設の地域型保育事業への移行にとどまっています。

　　幸田　認可外施設の問題について、寺町さん、いかがでしょうか。2019年になって出てきた国家戦略特区区域における地方裁量型認可化移行施設についても併せて、お願いします。

　　寺町　従来、認可外保育施設は重大事故の発生率が高い一方、熱心に運営されている施設もありました。子ども・子育て支援新制度が始まった翌年である2016（平成28）年には、認可外保育施設に預けられている子どもの人数は、10

万人ほどポンッと減っています。その後も、認可化移行事業などの影響もあって、2017（平成29）年には15万人に減っています。要は、基準を満たして認可に移行する意欲がある施設は、どんどん認可施設に移行しているのです。にもかかわらず、確信犯的に子ども子育て支援新制度にも移行せず、基準を満たさずに認可外であり続ける施設を、延命させるべきなのか疑問です。

さらには、2019年4月からは国家戦略特区で地方裁量型認可化移行施設として、認可外保育施設指導監督基準を下回る施設にも認可並みのお金が出ることになりました。これでは、基準をクリアしようというインセンティブがなくなります。頑張って基準を満たそうとする正直者が馬鹿を見る制度で、モラルハザードを引き起こします。首相官邸発の「国家戦略特区」は、子どもの命を守る制度をズタズタにしてきています。

幸田　小林さん、いかがでしょうか。

小林　基準に満たない認可外は撤退してもらったほうがよいと思います。企業の論理からすれば、保育士は最低限の6割の配置にとどめ、認可並みの運営費をもらったほうがコスト削減できて利益が出るので、そちらに傾きます。今、株式大手では配置基準以上に保育士は雇わないと断言しているところもある。保育が利用する親子のためでなく、完全にビジネス化していて、さらに悪い意味での公共事業になっている非常に危険な状況だと思います。

幸田　保育無償化について、保育園を考える親の会が自治体を対象に緊急アンケート（2018年11月30日最終集計）を実施しました。その結果は、「反対」が42％、「無償化より優先して欲しい施策がある」が56％で、「賛成」はわずか3％でした（「幼児教育無償化の費用負担に関する緊急アンケート」2018年12月1日、http://hoikuoyanokai.com/opinion/1531/）。また、同じく、保育園を考える親の会が保護者を対象に実施した保育無償化についてのアンケートでは、「幼児教育無償化は完全廃止して以前の制度に戻すべき」が32.1％、「幼児教育無償化は縮小して保育料軽減措置として実施すべき」が32.1％、「その他」の記載欄で「無償化に賛成しない意見」が18.3％で、これらを合計すると、82.5％に上っており、一方、「幼児教育無償化はこのまま継続すべき」はわずか6.4％でした（「幼児教育無償化に関する保護者アンケート」2020年1月8日、http://hoikuoyanokai.com/opinion/2235/）。保育の無償化に関するこれまでの議論をお聞

きになって、普光院さん、コメントをいただけますか。

　普光院　すべての子どもが質の高い幼児教育・保育を受けられるようにすることは重要ですが、日本の現状を見ると、そのために優先すべきことは無償化ではなかったのではないかと思います。自治体のアンケートは保育所管課の方々に答えてもらったものですが、地域行政に真摯に取り組んでいる担当者からは自由記述回答に熱心な書き込みがあり、無償化に抗議していました。しかし、今後はこれを逆手にとって、費用を償還するというつながりを手段にして基礎自治体が施設に目を届かせ支援・指導していく必要があると思います。そのためには、基礎自治体の巡回支援指導などの施策を国も支援して強化していく必要があるのではないかと思います。

6.　入園・利用調整のあり方

　幸田　入園拒否処分に対して、保護者から審査請求や取消訴訟が可能です。審査請求に対する処分庁の不適切な却下事例や行政不服審査会の答申を経て長の裁決における不適切な棄却事例も相当程度見られるところです。この点について、濱さん、いかがでしょうか。（行政不服審査については、第3部第2章を参照）

　濱　待機児童問題が完全には解消されない状況において、毎年2月から3月には、入所拒否処分に対する審査請求が多く出されます。私は大阪府下の自治体の審理員として、審査請求案件の対応をしていますが、実務上悩ましい問題がいろいろとあります。

　経験上、審査請求の認容意見を書いたことはないですが、理由付記の違法で取消しをしても、結局定員の枠がなければ入れない、または次の順位の保育所にすでに入っており、あとで取消しと言われても今さら保育所を変えるわけにもいかないので意味がない、という状況になることが想定されます。

　また、第1順位の保育所から第6順位くらいの保育所までの希望があって、各保育所に入るための点数等の条件（たとえば、点数が何点以上で、かつ第1順位で希望した者が入園できるなど）が決まっているわけですが、果たして、それが本当に正しいのかを検証しようとすれば、全申込の内容を検討しそこに事実誤認がないか、判断の間違いはないかを確認しないといけない、ということになります。実際にはそれは不可能なので、個別の審査請求事件の審理としては、

事実レベルの問題として、兄弟の数、仕事の時間、介護の有無といったことに事実誤認がないかを確認し、そこに事実誤認がなければ、あなたの点数は何点であり間違いはないですね、という判断になって、結局は、審査請求は棄却になるということになってしまいます。

　現実的にはこういった審理に留まるほかないように思いますが、それでも、一定の審査請求がされることにより、自治体に対し適切な判断を行うための牽制が働いていることは確かだろうと思います。

　幸田　理由付記の不備での審査請求を認容する答申や裁決は相当程度出されています。手続違反は、それ自体、行政処分の手続的価値を損なうものであるので、違法であり請求認容とすべきと考えます。いかがでしょうか。

　濱　ご指摘のとおりです。理由付記の不備は1つの違法事由ですし、理由付記が不備であれば入所拒否処分は取り消されるべきです。これは、行政処分一般に言えることですが、手続的違法を理由に処分を取り消したとしても、改めて手続をやり直して再度不利益処分をすることはできてしまうので、実効的な救済に欠けるという場合があります。

　たしかに、審査請求には一定の時間もかかりますし、現実的に見て、個々の審査請求人の権利救済という観点から審査請求制度が十分に機能しているのかと言われると、保育所の入所のような一定の時期までに判断が示されないと意味がないような事案に関しては、十分に機能していない側面はあると思います。

　しかし、保育所の入所拒否に対する審査請求が継続されることで、自治体としても、待機児童の解消措置への取り組みや、入所拒否をする場合の理由付記のあり方の改善を検討する契機にもなりますので、審査請求が自治体に対する牽制になっていることは事実だと思います。

　幸田　希望順位の後順位の保育所に入れた場合に、優先度の高い保育所への入園を求める審査請求に対しては、濱さんはどのようなお考えですか。

　濱　保護者からは、複数の順位の保育所への入所希望申請があり、それに対し後順位の保育所にのみ入所を認めるというわけですので、これを法的に見た場合は、先順位の申請に対する入所拒否処分と後順位の申請に対する認容処分が1つの書面にまとめて出された処分だと考えられます。そのため、後順位の保育所への承諾があるとしても、先順位の保育所については拒否されているわ

けですので、審査請求は可能であり、全体を却下するのは不適切だろうと考えます。

　幸田　あと、行政不服審査では、訴訟とは異なって、不当性の審査が行われることが重要です。裁量権行使が不適切な場合に「不当」とされるケース、十分な調査検討が行われなかった場合に「不当」とされるケースなどがあるとされていますが、保育所の入園に関しては、どのようなケースが「不当」となりますでしょうか。濱さん、いかがですか。

　濱　ご指摘のとおり、審査請求の場合は「不当」を理由とする取消しが可能であり、そこが訴訟の場合との大きな違いですが、具体的な例として、「違法ではないが不当」という事例をあげるのはなかなか難しいです。裁量の余地がない処分に関しては、事実認定に誤りがあれば違法なので不当を理由とする取消しの問題は生じませんが、裁量の幅がある処分に関しては、違法ではないが不当、という事案はあり得るところです。たとえば、入所の基準に関して、裁量の余地があるような基準の適用に関し、それを適用するかどうかで入所の可否が決まる事案では、不当を理由とした取消事案は考えられると思います。入所の事案で不承諾の取消しがされているのは理由付記の不備がほとんどだと思いますが、今後は、さらに、不当取消による権利救済が図られてもよいと考えます。

　もう1つ具体例をあげてみますと、入園申込書の記載が不十分であり、自治体としては、不十分な記載の内容を申請者に確認することもできたが、そこまでの確認はしないまま入所不承諾としてしまったようなケースはどうでしょうか。不十分な記載内容に基づけばたしかに不承諾処分は適法とも思われますが、自治体がもう少し手を差し伸べて詳しく申請者への確認作業を進めた場合、承諾できた可能性があるとします。この場合、これを違法として取り消すこともできますが、なかなか違法と宣言することには躊躇されるという場合は、不当を理由とする取消しを検討すべきです。審査請求人としては、違法の主張だけではなく不当の主張を積極的にしていくべきと思います。

　幸田　世田谷区は、保育所の入園調整に関してはいかがですか。

　後藤　入園選考における利用調整では、客観性・公平性を保てる選考に努めておりますが、世田谷区でも一定数の審査請求が提出されています。事由としては、児童福祉法24条における「市町村は保育を必要とする場合において保

育をしなければならない」に違反しているとの申し出が多いです。それ以外の個別の事由としては、必要書類（勤務証明書）の未提出により選考できなかったことや、長期間休業して勤務をしていなかった者に対して、勤務実績が1年以上の加点がない等に対する申し出等がありましたが、それぞれ事由が異なり、この事由が多いとの傾向は見られませんでした。

　ただし、世田谷区では4月入園については申込み希望者が多いことから、第1次調整会議と第2次調整会議を行うことにより、入園選考の処分を行っていますが、2020（令和2）年4月入園に関する審査請求は1件もありません。なお、近年、世田谷区では審査請求に対して、不適切と判断された事例はありませんが、審査請求につながる、保育が必要な度合いを公平に判断する際の手法につきましては、区民のみなさまの声や社会情勢の変化により、今後も検討を重ね、よりていねいな説明に努めることにより、審査請求となる事例を減少させていきたいと考えています。

　幸田　足立区のように、保育所ごとに、一人ひとりの点数を公表することについては、どのように考えられていますか。

　後藤　数が多いので、事務的になかなか難しいと感じています。ただ、内定に至らなかった場合には、各ご家庭の事情に沿った対応が求められますので、引き続き、電話において選考状況や希望園の順位等をお答えするとともに、今後の予定等の相談をお受けするなど、区民に寄り添いながら対応していきたいと考えています。

　幸田　寺町さん、いかがでしょうか。

　寺町　待機児童問題が切実なだけに、かつては「議員の後押し」など不明朗で不公正な入所判断もあったように聞いておりますので、手続の公正性が担保されることは重要だと思います。が、他方で、養育不全による「虐待のおそれ」など要保護児童としての優先入所の必要性もありますので、点数万能主義にも問題があります。そもそも、保護者同士が点数を競い合うような現状自体が一番の問題で、すべての希望する子どもが入所できるだけの保育所を供給するべきだと思います。

　幸田　小林さん、いかがですか。

　小林　子ども・子育て新制度では、「保育の必要性」が問われています。虐

待のおそれがある、ということでも保育を受けられる。誰でもアクセスできる
ようにしていくくらい受け皿を整備するべきです。

7.　保育事故への対応

　幸田　2019（令和元）年 8 月に内閣府子ども・子育て本部発表の「平成 30 年
教育・保育施設等における事故報告集計」では、2018（平成 30）年 1 月 1 日か
ら 12 月 31 日の期間内に、死亡事故は 9 件（0 歳児 4 件、1 歳児 4 件、6 歳児 1 件）
で 0 〜 1 歳児が 9 割を占めました。認可外保育所での事故は 6 件で最多、認可
保育所が 2 件で続いており、2017（平成 29）年までの傾向と同様となっています。
安心して保育所に預けるためには、保育所における事故をなくすことが一番に
求められます。そのためには、保育所がその運営を適切に行うこと及びそれを
確保するための監査・監督体制が整備されていることが求められますが、同時
に、不幸にして事故が起きてしまった場合に、事故の調査が適切に行われ、将
来に向けて事故を起こさないようにすることがきわめて重要となります。保育
事故について、寺町さん、いかがでしょうか。（保育事故については、第 3 部第 2
章を参照）

　寺町　2009（平成 21）年以前は、保育施設での死亡事故の件数集計すらされ
ておらず、類似の死亡事故が繰り返されていたことに照らすと、隔世の感があ
ります。

　ただ、必ずしもすべての死亡事故で検証が行われていない、死亡原因に関し
て警察の捜査資料が共有されないなど、原因究明と再発防止に迫りきれない面
も残されており、CDR（チャイルド・デス・レビュー）の法制化に併せて、保
育版の CDR を整備していく必要があると思います。消費者安全法や運輸安全
委員会設置法のように法的根拠を定め、検証委員会に調査権限をもたせ、委員
会の提言に対して国の機関や地方自治体に応答義務を負わせることも必要でし
ょう。

　幸田　後藤さん、世田谷区では、事故対応の体制はどのようになっているで
しょうか。

　後藤　医療機関の受診を伴う事故が発生した際は、まずは第一報を保育課に
連絡してもらいます。状態に応じて保育課の職員が園に出向き、確認を行うな

どしますが、園には通常、事故の原因をさぐり再発防止につながるように、事故報告書の作成をお願いしています。「保育安全便り」で事故の分析や対応等情報の提供に努め、保育園全体で気をつけていけるように取り組んでいます。また、重大事故（治癒までに30日以上かかるケース）は、東京都に報告をし、こちらは年間の件数を世田谷区のホームページでも公表し区民の方々にも情報提供に努めています。

　幸田　小林さん、いかがでしょうか。

　小林　骨折などの重大事故が認可保育所で増えています。これは、急ピッチで保育所ができても人材育成が追いつかず、保育士が子どもをみきれないという裏返しなので、見逃せないと思います。

　幸田　保育園における事故の予防・再発防止のための制度としては、第一に、調査の端緒、つまり、報告がきちんと行われることは大前提となります。保育園の事故報告は、法律によって義務付けられていますが、総務省報告「子育て支援に関する行政評価・監視結果報告書」（2018〔平成30〕年11月）では、報告されていない事例も見受けられます。このような事例をなくすには、保育に重大事故が発生しているにもかかわらず報告されないことを防ぐ措置が必要となります。その方策としては、自治体への通報窓口などの設置や保育所に関連する紛争処理機関の設置が有効ではないかと思います。

　第二に、事故調査の主体となるべき検証委員会については、内閣府の通知により速やかな設置が求められていますが、総務省報告によると、長期にわたり設置されない事例も見られます。自治体の姿勢に任せるのではなく、法律または条例による義務づけが必要と思われます。また、検証委員会の権限についても、十分な調査ができるよう、明確な権限を法定することが必要と思います。

　第三に、調査結果の取り扱いですが、「教育・保育施設等における重大事故の再発防止のための事後的な検証について」（2016〔平成28〕年3月31日内閣府ほか連名通知）では、「都道府県又は市町村は、プライバシー保護及び保護者の意向に十分配慮した上で、原則として、検証委員会から提出された報告書を公表すること」とされていて、保護者の意向によって、非公開とされているものもあります。報告書自体を非公開とするのは、事故原因の究明や将来の事故の予防の観点から疑問があります。

　第四に、将来の類似の事故を防ぐためには、事故の検証結果を踏まえた措置が重要となります。つまり、報告書作成後の対応については、現在は、自治体は、法律に基づき有している権限の範囲で行うことになるので、保育施設や保育事業者に対する事故前及び事故後の指導監査が重要となります。なお、現在の権限で十分な対応ができるのかについてはさらなる検討が必要ではないかと思います。濱さん、いかがでしょうか。

　濱　保育事故への対応は、保育所から適切な「報告」が速やかになされること、それに対し適切な「調査」がされること、調査結果が「公表」されることの3つが大切だと思いました。保育に限らず、公的施設・公的機関で何らかの事故があった場合、第三者が検証し報告書として取りまとめるということがありますが、それは自治体における今後の検討資料として取り扱われるだけでなく、あくまでも広く開示・公表がされた上で、社会において保育事故の実態と原因が認識されることが重要であろうと考えます。

　幸田　小林さん、いかがでしょうか。

　小林　行政側の中には、今後の園児募集などに影響するからと死亡事故があったとしても保育所名を公表しない、情報開示請求をするとマスキングされるケースがあります。でもそれは保護者にとってみれば、死亡事故を起こした保育所と知らずに預けることになる。もしまた事故が起こった場合、保護者は「知っていたら預けなかった」と思うはず。保育所を選択する上で事故の情報開示は不可欠だと思います。他の自治体にとっても、たとえばずさんな管理体制で事故を起こした法人でも、それを知らずに認可するかもしれない危険があるかと思います。

8. 新型コロナウイルスによる保育園への影響

　幸田　2020（令和2）年4月7日、新型コロナウイルスの感染拡大防止のため緊急事態宣言が発せられ、さらに、5月4日には、緊急事態宣言が5月末まで延長されました。自治体は、宣言と前後して、保育所の一斉休園や登園自粛を要請しました。休園や登園自粛となっても自治体から保育所に支給される委託費は変わらないにもかかわらず、保育士の給料を減らすといった問題が発生している保育所があると報道がされています。危機が発生すると、その社会が持って

いる歪みや問題点が露わになると言われています。コロナによって、保育所には、どのような問題が露わになったかについて、小林さん、いかがでしょうか。

　小林　この問題の第一報を書きました。自粛要請によって登園児数が減り、子どもの人数に応じた職員配置にして自宅待機・休業を命じられた保育士が、無給になる、あるいは給与の6割だけ補償するということが横行しました。その後、新聞各紙も報道したことを受け、内閣府や厚生労働省も委託費は変わらず保証しているため職員給与も満額支給する旨の通知を出しました。事業者は、委託費の弾力運用で人件費を満額使わなくてもいいということに慣れてしまった結果、コロナでも「ノーワークノーペイ」といって施設収入が減らないのに人件費を削るという事態が起こったのだと思いました。

　幸田　後藤さん、いかがでしょうか。

　後藤　区では厚生労働省の通知を受けて、改めて運営費等の取り扱いについて、「保育所等の給与は、運営費等で賄われていることを前提に、給与の支払いを行っていただくと共に、休業や年次有給休暇の取得を促すことがないよう適切な対応をお願いいたします」と施設長あてに通知しています。

　幸田　寺町さん、いかがでしょうか。

　寺町　まず、保育現場は、濃厚接触の場だということは、大前提にしなければならないと思います。幼い子どもにマスクやフェイスシールドを着けさせ、距離を保つことはできません。換気や消毒など可能な対策はとっていても、感染リスクは避けられません。しかし、エッセンシャルワーカーのみなさんの子どもを預かる必要性はあり、保育所で働く職員も感染リスクに晒されている中、使命感をもって子どもたちを預かっています。その意味で、保育所で感染が起こっても非難すべきではないし、その後の拡大防止の措置を取ればよいだけのことです。にもかかわらず、感染が生じた保育所で、保育士のプライバシーが侵害されたり、非難を浴びたりする例が散見され、由々しき事態だと思います。

　また、保育所が社会のインフラで、エッセンシャルワーカーだからこそ、委託費が満額支給されているのですから、人件費は人件費として支払われるべきです。たとえば、自宅待機している人の分を多少削って、出勤している人の危険手当を上乗せするなどの調整は、目的の範囲内で許容できますが、それを超えて、6割の休業手当しか払わないとか、パート職員は無給で雇止めとか、ひ

どい事業者もあるので、行政が委託費の適正支出についてチェックする必要があります。

9. 保育制度のあるべき姿

　幸田　ここまで、いくつかの論点について議論してきましたが、最後に、保育制度は、何を重視して組み立てられるべきか、保育所が果たすべき役割など保育政策全般についてお考えをお聞きしたいと思います。小林さん、いかがでしょうか。

　小林　保護者は孤立した育児を強いられ、企業からの子育てに対する理解も十分でないことを考えると、子どものために保護者を支援するという見方をもっと重要視しないといけない。金銭的なものではない「気軽に話せる人がいる」というのが保護者にとって実は最も重要な存在で、それが保育所であるはず。そこには子どもが安心して過ごせる環境がある。保育士こそが環境なので、子どもをみるには背景にある親の状況にまで目配りできる保育士が育つ環境整備を行政や政治が行うことが一番重要だと思います。

　保育がまるで公共事業化してしまっているため、人件費の流用に縛りをかけ、搾取の構造に歯止めをかけなければならない。消えた補助金の行方をこれからも追いたいと思います。

　幸田　後藤さん、いかがでしょうか。

　後藤　「子どもを中心とした保育」の実現を一番重視することは言うまでもありません。質の高い保育とは子どもの主体的な遊びを学びへと発展させ、成長につなげていくものである、そして、質の高い保育は保育士のやりがいも高まり、長い目でみれば離職防止にもつながります。

　それを実現するための人員配置等の基準、安全対策、職員の働きがいを保証する処遇改善、情報開示等の保育制度でなければならないと考えています。また、子どもの健全育成のためには、親支援も保育施策として重要な要素であり、単なるサービスを提供するということではなく、ともに育つ、育てるという視点からの親支援が今後ますます重要であると考えています。先生方からいただいたアドバイス、ご意見を今後に生かしていきたいと思います。ありがとうございました。

幸田　寺町さん、いかがでしょうか。

寺町　保育制度は、公共政策として公金を注ぎ込んでいます。公共政策である以上、日本国が、どんな子どもに育ってほしいのか、ということを体現するものであるはずです。そして、日本中のすべての保育所に適用されている保育所保育指針には、2万8000字ほどの中に「一人ひとり」という言葉が37回出てきます。たとえば、「子どもの発達について理解し、一人ひとりの発達過程に応じて保育すること。その際、子どもの個人差に十分配慮すること」「保育所は、子どもの人権に十分配慮するとともに、子ども一人ひとりの人格を尊重して保育を行わなければならない」これは、日本国憲法の13条が「すべて国民は、個人として尊重される」とする個人の尊厳そのものです。

重大事故防止の観点からも、「一人ひとりを大切にする保育」が重要です。たとえば、2018年7月に愛知県豊田市で小学校1年生が校外学習で熱中症になって死亡する事故がありましたが、「つかれた」「いきたくない」というつぶやきを拾っていたら、結果は違っていたのではないか、など、一人ひとりを大切にすることが、重大事故を未然に防ぐことにつながります。

また、人は、育てられたようにしか育ちません。一人ひとりの違いを尊重され、大切にされて育った子どもは、他人の違いを尊重し、大切にするようになります。この多様性教育こそが保育の根幹です。これを実現可能にするためには、保育士配置基準を改善し、保育士がやりがいを感じられ、仕事の責任と給与のバランスがとれるようにすることです。配置基準の改善をおいて、処遇改善といっても、付け焼刃です。

「保育士不足」は、責任と給与のバランスが悪いからであって、有資格者の人数比率を減らす規制緩和は、一人ひとりの保育士有資格者にとっては労働強化ですから、保育士不足を加速させます。逆説的ですが、保育士配置を手厚くすることが、保育士不足を解消することにつながります。

幸田　濱さん、いかがでしょうか。

濱　行政手続法、行政不服審査法、行政事件訴訟法が順次改正され、これらの法律に基づく対応の活用が期待されています。各場面と状況によってとるべき法的措置は異なりますが、本日申し上げた中では行手法36条の3は活用の余地があると考えます。保育施策に関して申し上げるべき立場にはありません

が、やはり保育士の役割の重要性を社会全体で認識して、保育士の待遇が改善されること、社会的地位が確保されることが重要ではないかと思っています。

　幸田　最後に、普光院さん、全体を総括してのコメントをいただけますか。

　普光院　このところまた、悲しい児童虐待のニュースが多くなっています。子育てをしにくい社会、大人の事情に子どもが巻き込まれる社会になっています。そんな中で、保育園は、日々の保育を通して親子の生活をまるごと支えることができる子育て支援機関でもあります。子どもに豊かな体験を保障して発達を促す教育機関としての役割と、子どものセーフティネットとして機能する児童福祉施設としての役割の両方をもつという意味で、ここをしっかり支えることは、日本の将来にもかかわってくると考えています。社会における保育の役割を社会がしっかり認識し、制度によって多面的に支えていく方策をさらに充実させていただきたいものです。

おわりに

　幸田　このパネルディスカッションの主題は、「安心して子どもを預けられる保育所の実現」で、副題が、「子どもの立場から見た良き保育所とは」です。保育所は、子どもの健全な育成を社会として支える仕組みですので、わが国において、人材こそが国民の将来の幸せを左右するわけで、最も重要なものであるといえると思います。

　しかし、不幸なことに、昨今は保育事故や保育所の不祥事が頻発し、また、保育という重要な仕事をしている保育士が依然として低処遇におかれているという状況にあります。それが、国民に認識されてきて、保育所への関心が高くなってきているといえます。この重要な保育所に関して、様々な論点について議論ができたのではないかと思います。このパネルディスカッションをきっかけに、将来に向けて、安心して保育所に預けられ、保育の質が向上する方向に進んでいくことを期待して、閉じたいと思います。

索　引

【執筆者略歴】　執筆章順

本田 由紀（ほんだ ゆき）　第1部第1章執筆
東京大学大学院教育学研究科教授。
徳島県生まれ、香川県育ち。東京大学大学院教育学研究科博士課程単位取得退学。博士（教育学）。日本労働研究機構研究員、東京大学社会科学研究所助教授等を経て、2008年より現職。専門は教育社会学。教育・仕事・家族という3つの社会領域間の関係に関する研究を主として行う。『多元化する「能力」と日本社会』（NTT出版、2005年）で第6回大佛次郎論壇賞奨励賞受賞。

普光院 亜紀（ふこういん あき）　第1部第2章執筆、第4部コメンテーター
保育園を考える親の会代表。
早稲田大学第一文学部卒業。出版社に勤務中の1993年より保育園を考える親の会代表。2011年、東洋大学大学院博士前期課程修了（修士：社会福祉）。全国私立保育園連盟・東京都社会福祉協議会理事。浦和大学非常勤講師。保育ジャーナリストとして講演・執筆するほか、国・自治体の委員会にも参画。著書は『保育園は誰のもの』（岩波書店、2018年）ほか多数。

川田 学（かわた まなぶ）　第2部第1章執筆
北海道大学教育学研究院准教授。
1973年東京都生まれ。東京都立大学大学院人文科学研究科博士課程単位取得退学。博士（心理学）。香川大学教育学部幼児教育講座准教授を経て、2010年より現職。専門は発達心理学。乳児期の自我発達に関する論文で第16回日本発達心理学会学会賞受賞。主著は『保育的発達論のはじまり』（ひとなる書房、2019年）『遊び・育ち・経験――子どもの世界を守る』（明石書店、2019年）。

池本 美香（いけもと みか）　第2部第3章執筆
日本総合研究所調査部上席主任研究員。
神奈川県生まれ。1989年日本女子大学文学部卒業、三井銀行入行、三井銀総合研究所出向。所属先の合併で2001年より現職。同年千葉大学大学院社会文化科学研究科博士課程修了。博士（学術）。主著は『失われる子育ての時間──少子化社会脱出への道』（勁草書房、2003年）『子どもの放課後を考える──諸外国との比較でみる学童保育問題』（勁草書房、2009年）『親が参画する保育をつくる──国際比較調査をふまえて』（勁草書房、2014年）。神奈川県および世田谷区の子ども・子育て会議委員。

後藤 英一（ごとう えいいち）　第3部第1章執筆、第4部パネリスト
世田谷区（前）保育担当部保育課長。
大分県生まれ。1992年、世田谷区役所入所。2017年度〜2019年度　保育担当部保育課長。2020年度〜　総務部総務課長。

寺町 東子（てらまち とうこ）　第4部パネリスト
弁護士・社会福祉士・保育士。
1968年愛知県生まれ。1991年中央大学法学部卒業、1994年弁護士登録（東京弁護士会）。2019年度日本弁護士連合会理事。著書は『重大事故を防ぐ園づくり──研修＆実践＆トレーニング』（ひとなる書房、2019年）『子どもがすくすく育つ幼稚園・保育園──教育・環境・安全の見方、付き合い方まで』（内外出版社、2018年）『保育現場の「深刻事故」対応ハンドブック』（ぎょうせい、2014年）ほか。

濱 和哲（はま かずあき）　第4部パネリスト
弁護士。
京都府生まれ。1999年、東京大学教育学部卒業、住友銀行（現三井住友銀行）勤務を経て、2007年、弁護士会登録（大阪弁護士会）。2016年、税理士登録（近畿税理士会）。日弁連行政問題対応センター事務局次長、大阪府行政不服審査会委員、立命館大学法科大学院客員教授。

【編者略歴】

近藤 幹生（こんどう みきお）　第2部第2章執筆
白梅学園大学・短期大学学長・教授。
1953年東京都生まれ。信州大学教育学部卒業、聖徳大学大学院博士課程修了。
博士（児童学）。1978年〜2004年山梨県、長野県、千葉県にて私立保育園保育
士・園長を経験。2004年〜2007年長野県短期大学幼児教育学科講師・同付属
幼稚園長兼務。2007年より白梅学園短期大学准教授、同大学教授を経て2018
年より現職。専門は保育学・保育史。日本保育学会、幼児教育史学会会員。著
書は『保育とは何か』（岩波書店、2014年）『保育の自由』（岩波書店、2018年）
ほか。

幸田 雅治（こうだ まさはる）　第3部第2章執筆、第4部コーディネーター
神奈川大学法学部教授・弁護士。
1979年東京大学法学部卒業、自治省（現総務省）入省。内閣官房内閣審議官、
総務省自治行政局行政課長、総務省消防庁国民保護・防災部長など。2014年
より現職。2013年弁護士登録（第二東京弁護士会）。日弁連では自治体等連携セ
ンター委員、公害対策・環境保全委員会委員等。著書は『行政不服審査法の使
いかた』（法律文化社、2016年）『地方自治論——変化と未来』（法律文化社、
2018年）ほか。

小林 美希（こばやし みき）　第1部第3章・第3部第2章執筆、第4部パネリスト
ジャーナリスト。
1975年、茨城県生まれ。2000年、神戸大学法学部卒業。株式新聞社、週刊エ
コノミスト編集部を経て2007年にフリーのジャーナリスト。労働問題がライ
フワークで保育や医療分野にも詳しい。2013年、マタニティ・ハラスメント
問題で貧困ジャーナリズム賞を受賞。著書は『ルポ保育崩壊』（岩波新書、2015
年）『ルポ保育格差』（岩波新書、2018年）ほか多数。

保育の質を考える

──安心して子どもを預けられる保育所の実現に向けて

2021年2月28日　初版第1刷発行

<table>
<tr><td>編著者</td><td>近　藤　幹　生</td></tr>
<tr><td></td><td>幸　田　雅　治</td></tr>
<tr><td></td><td>小　林　美　希</td></tr>
<tr><td>発行者</td><td>大　江　道　雅</td></tr>
<tr><td>発行所</td><td>株式会社　明石書店</td></tr>
</table>

〒101-0021　東京都千代田区外神田6-9-5
電　話　03 (5818) 1171
ＦＡＸ　03 (5818) 1174
振　替　00100-7-24505
http://www.akashi.co.jp

装丁　　　　　谷川　のりこ
印刷・製本　モリモト印刷株式会社

〈価格は本体価格です〉